综合实践活动课程的设计与实施

ZONGHE SHIJIAN HUODONG KECHENG DE SHEJI YU SHISHI

赵筱侠　宋秋前　主　编
戴建明　徐朝挺　副主编

内容提要

本书收录浙江省舟山市各中小学、幼儿园教师开发设计的优秀综合实践活动案例，每个案例从活动背景、活动设计和活动实施等三个模块出发，系统地介绍、阐述该综合实践活动提出的背景和设计、实施的过程，具有原创性。这些优秀案例大都结合舟山本地特色进行开发和设计，充分体现了舟山的渔业渔家文化、海岛特色等鲜明的地方特色。本书各案例基于实际需求，以学生为中心，达到理论与实践的有机结合，具有较强的针对性和可操作性，对于综合实践活动的开发和实际具有一定的借鉴价值。

本书适用于中小学、幼儿园教师和师范相关专业学生。

图书在版编目（CIP）数据

综合实践活动课程的设计与实施 / 赵筱侠，宋秋前主编 . -- 上海 : 上海交通大学出版社，2021

ISBN 978-7-313-24459-8

Ⅰ . ①综… Ⅱ . ①赵… ②宋… Ⅲ . ①活动课程—教学研究 Ⅳ . ① G423

中国版本图书馆 CIP 数据核字 (2021) 第 011550 号

综合实践活动课程的设计与实施

ZONGHE SHIJIAN HUODONG KECHENG DE SHEJI YU SHISHI

主　　编：赵筱侠　宋秋前

出版发行：上海交通大学出版社　　地　　址：上海市番禺路 951 号

邮政编码：200030　　电　　话：021-64071208

印　　刷：广东虎彩云印刷有限公司　　经　　销：全国新华书店

开　　本：710mm × 1000mm　1/16　　印　　张：19.25

字　　数：240 千字

版　　次：2021 年 1 月第 1 版　　印　　次：2021 年 1 月第 1 次印刷

书　　号：ISBN 978-7-313-24459-8

定　　价：156.00 元

前　言

随着我国基础教育改革的全面启动，以学生的经验、社会实际问题为核心，以有效培养和发展学生解决问题的能力、探究精神和综合实践能力为目的的综合实践活动课程，已经成为中小学的必修课程。自综合实践活动课程进入学校课程领域以来，在经历了课程内容的开发与设置、有效实施策略的探讨、教学方法论的研究等历程后，已经走向了常态的广泛实施阶段。

为配合学前教育和义务教育阶段新课程实验，推进我市综合实践活动课程的发展和教学改革，引导中小学综合实践活动教学朝全面推进素质教育的方向迈进，我校与舟山市各中小学、幼儿园合作，共同开展了综合实践活动课程的实践与研究。在此过程中，一线教师们边研讨、边设计、边实施，形成了许多综合实践活动课程的优秀教学案例，辑为本书。

本书所收集的综合实践活动课程，注重原创性和地方特色。每一个案例都是一线教师亲自设计开发，课程目标以培养学生综合素质为导向，课程开发面向学生的个体生活和社会生活，课程实施注重学生主动实践和开放生成；内容涉及社会实践活动、研究性学习活动和劳动技术教育活动等类型；活动方式涉及考察探究、社会服务、设计制作和职业体验；实施过程关注自主性、实践性、开放性、整合性和连续性。这些课程案例充分体现了教育部印发的《中小学综合实践活动课程指导纲要》的相关要求和精神。同时，不少案例的开发和设计，结合了舟山地域的海洋、海岛和渔文化元素，具有非常浓厚的地方特色。在结构方面，每个案例都从活动背景、活动设计和活动实施等环节，对该活动课程进行详细论述，不仅完整地展示了该课程设计的过程，也向读者展现了该活动实施的生动场面。

本书是浙江海洋大学师范学院与中小学、幼儿园教学一线教师合作研究取得的成果，理论与实践结合程度高。所辑案例基于实际需求，以学生为中心，达到理论与实践的有机结合，具有较强的针对性和可操作性，对于综合实践活动的开发和实际应用具有一定的借鉴价值。本书可供高等院校小学教育专业的本科、专科学生使用，也可作为在职教师继续教育的培训教材，或供其他相关专业人员学习参考。

本书是浙江省“‘十三五’师范教育创新工程”建设项目《层式联动·协同创新·特色发展——卓越教师培养模式研究与实践探索》的研究成果，在编写和出版过程中，得到了浙江海洋大学谢永和副校长、教务处王瑞处长和舟山教育局、舟山教育学院领导的大力支持和帮助。在此，本书全体编写者向他们表示衷心的感谢。

本书在编写过程中，参阅和引用了大量相关的研究成果，在此谨向有关作者表示诚挚的谢意。

2020年9月

目　录

第一编　社会实践

“探寻祖先生活的痕迹”综合实践活动设计与实施

综合实践活动是一门新型的国家基础课程，是高度综合且具有独特教育功能和教育价值的、独立的课程。小学生由于年龄特点和生活空间的限制，综合实践活动课程的开展受到各方面的制约。首先是教学内容的开发与选择存在困难。笔者认为，省市地方课程教材适合作为综合实践活动的教学内容，但需要教师对教材进行梳理与整合，并把它作为综合实践活动的“种子课”进行教学。在“种子课”教学的基础上，教师应结合学生生活的环境进行适当拓展延伸，指导学生进行综合实践活动。本设计就是在整合地方教材教学内容的基础上拓展形成的。

一、活动背景

《探寻祖先生活的痕迹》《回到七千年前的日子》和《新石器时代的宝贝》三课都是浙教版地方教材《人自然社会》六年级教学内容，属于“浙江文化”主题单元。舟山市编教科书《千岛海韵》中也有一篇属于同一主题的教学内容——《古文化遗址》。这两本教材的教学都以传承民族优秀文化、培育学生地方情怀、引导学生感受浙江人文精神为主要目标。“我是谁？我从哪里来？”是一个最具哲学意味的问题。人们在尘嚣喧闹过后的孤独中会不经意间闪现这样的“生命之问”。《探寻祖先生活的痕迹》《回到七千年前的日子》《新石器时代的宝贝》和《古文化遗址》四篇课文都是在向学生讲述浙江先民生活的遗址及在遗址中发现的古文物，通过出土文物的制作精美程度使学生感受劳动在人类进化史中的重要作用，同时激发学生爱祖国爱家乡的美好情怀，培养学生爱劳动爱探究的良好品质。

笔者在和五六年级学生的谈话中，发现多数学生（包括学生家长）对自己家乡先民的遗址及相关知识一无所知，但对此表现出浓厚的兴趣。于是笔者整合上述四课内容进行组块教学，设计了主题为“探寻祖先生活的痕迹”综合实践活动。本活动旨在带领学生围绕主问题，经历一个质疑、解疑、探索和发现的过程，使学生从学习文本走向社会实践，在综合实践活动中了解家乡先民生活的遗址及出土的重要文物，激发学生爱祖国爱家乡的美好情感，并锻炼学生发现问题、提出问题、分析问题和解决问题的能力，培育学生爱劳动、爱探究、善协作的良好品质。

二、活动设计

（一）活动目标设计

本综合实践活动将通过文本阅读、资料分析、实地考察和展示汇报等实践活动，让学生了解浙江省的史前文明和家乡先民的生活状况，感受劳动在人类进化史中的重要作用，激发学生爱祖国爱家乡的美好情感。同时，培养学生发现问题、提出问题、分析问题和解决问题的能力，培育学生爱劳动、爱探究、善协作的良好品质。

（二）活动内容设计

在教师的组织下课内学习地方教材《探寻祖先生活的痕迹》《回到七千年前的日子》和《新石器时代的宝贝》三课，之后教师组织学生组成探究小组，设计进一步探究的方案，学生在家长的带领下进一步阅读文本、查找资料或实地探寻家乡古人类生活遗迹，最后用各种方式进行展示、汇报和交流。

(三) 活动过程设计

本次活动预设了三个阶段实施，分别是课内探究、课外探究和汇报展示。具体预设如下：

课内探究阶段分三个板块进行。第一板块是提出问题。通过播放视频引出本节课的课题，引导学生根据课题提出问题。问题是学生探究学习的方向、有价值的问题也是创新思维的一种表现。笔者鼓励学生从自己的角度提出探究学习的主问题。经多次试教发现，学生总能提出“祖先生活的痕迹是什么?”“是在哪里被发现的?”这样的问题。结合学生提出的问题，教师做适当选择和调整后作为学习中要解决的主问题。第二板块是文本学习。教师引导学生结合任务单学习《探寻祖先生活的痕迹》《回到七千年前的日子》和《新石器时代的宝贝》三篇课文。通过自主学习、组内互学和集体交流等学习活动，了解浙江省内重要的古人类生活遗址：安吉上马坎遗址、建德乌龟洞遗址和萧山跨湖桥遗址等，知道有代表性的出土文物及这些文物出土的重要意义。通过质疑问难，了解一定数量的诸如“遗址、旧石器、新石器、文化层”等考古专业术语。第三板块是制订课外探究方案。结合课始主问题，引导学生的探究学习从文本走向实践。教师给学生准备了探究方案的半成品(具体见表1所示)，引导学生根据自己的学习特点组建学习小组。各小组要结合已有的学习经验合作制订初步的探究方案。初步方案制订好后，教师要组织学生交流、修正探究方案。

课外探究阶段分五个大组进行。第一大组是文本探究组。学生课外自主学习《千岛海韵》之《古文化遗址》一课，抽出时间在父母陪同下去家乡的古人类博物馆参观。第二大组是网络探究组。学生结合启动课提出的问题进行网络搜索，有图有真相，进一步了解古人类的生活状况及出土的重要文物。第三、四、五大组为实地探寻组。学生在老师的指导和父母的陪同下进行实地探寻。在活动前，教师要和家长及时沟通联系，争取家长的鼎力支持。在活动中，教师要随时关注活动的进度，做出必要的指导。在活动后，教师要及时引导学生做好活动小结和反思，并把活动成果做成PPT、展板等，做好汇报展示的准备。

汇报展示阶段分课内展示和展板展示两种形式。课内展示是五大组课外探究成果的展示与交流，互相学习，互相品鉴。教师要适时抛出问题，引发学生的思考：是什么使人类使用的工具越来越先进？是什么使人类的生活质量越来越高？让学生在对比、思考中感受劳动在人类进化中的重要作用。在课内展示中教师还要引导学生进行评价与反思（评价项目见表2所示），根据实际参与情况打星：☆ 表示一般；☆☆表示挺不错；☆☆☆表示很好。通过评价与反思，帮助学生更客观地认识别人、了解自己，并为以后开展综合实践活动提供借鉴。展板展示是五大组把学习成果通过展板的形式在学校或社区进行展出，让更多的人了解古人类活动的遗址及出土的古文物，感受劳动在人类进化中的重要作用。

三、活动实施

本次活动分三个阶段实施：课内探究、课外探究和汇报展示。

（一）课内探究

1. 激趣引入

（播放）河流静静流淌的画面：

同学们看到了什么？一条河流日夜不息，向前流淌，没有尽头。在我们生活中还有一条看不见的河流，带着大家不停地往前走去。猜一猜它是什么？

是的，是时间。时间从远古走来，走过了昨天，走进今天，又走向明天。如果从数学的角度去看，我们可以把时间看成一条不知起点、也不知终点的直线。(画出一条带箭头的直线——时间轴。）如果今天是这个点的话，明天在哪里呢？昨天？一年前呢（大概指一指）？

今天这节课，老师将和大家顺着时间这条河流逆流而上，去探寻远古祖先生活的痕迹。出示课题“探寻祖先生活的痕迹”。

2. 提出问题

看了课题，你想知道什么？预设：祖先在哪里生活？生活得怎么样？人们是怎样探寻到祖先生活的痕迹的？……提炼出本节课的主问题：祖先生活的痕迹是什么，是在哪里被发现的等。

3. 文本探究

“祖先生活的痕迹是什么，是在哪里被发现的？”请大家带着问题，略读《人自然社会》第7、8、9课，并按下列要求完成任务。

自主学习任务单

边读边标注出你感兴趣的、有疑问的、想和大家分享的地方。

按下列提示和小组成员交流你的阅读成果。

通过阅读，你知道了哪些遗址？它距离今天有多少时间？是在哪里被发现的？你印象最深的古文物是什么？为什么你对它印象最深？你还有什么疑问？

小组成员交流的内容不要重复，不能解决的疑问要记录下来。

你们小组打算用什么方式来展示你们的学习成果？（建议用表格形式）

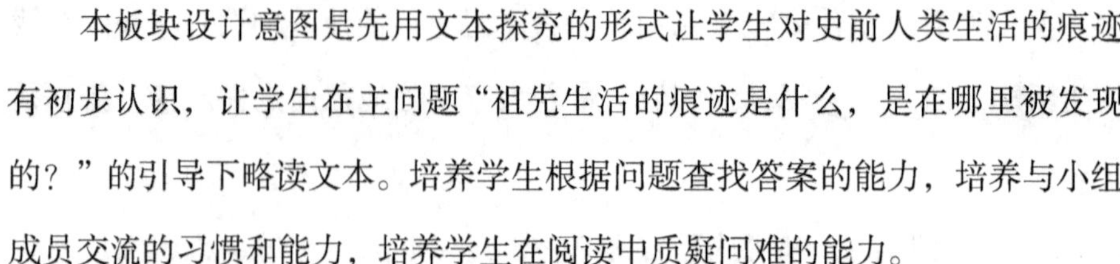

本板块设计意图是先用文本探究的形式让学生对史前人类生活的痕迹有初步认识，让学生在主问题“祖先生活的痕迹是什么，是在哪里被发现的？”的引导下略读文本。培养学生根据问题查找答案的能力，培养与小组成员交流的习惯和能力，培养学生在阅读中质疑问难的能力。

4. 展示汇报与互动交流

先请各小组展示和汇报学习成果并把成果贴示在黑板上，每个小组重点汇报一个古人类遗址的情况即可。教师结合学生介绍，组织学生认识祖先生活中用过的一些石器，并想象这些石器的使用方法，引导学生从劳动工具的进步中感受祖先劳动水平的缓慢进步，初步感受劳动在人类进化中的作用。根据学生的学习成果，教师组织学生把这些遗址名称贴示到相应的时间轴上。

通过自学、讨论和交流，我们初步了解了远古祖先生活的痕迹，发现我们浙江也是中国古人类发源地之一，在浙江大地上很早以前就有古人类活动，我们都是他们的“进化版”。你们通过阅读文本，解决了一些问题，又产生了哪些疑问？（各小组说说自己小组的疑问）

本板块设计意图是，通过展示活动，让学生把文本探究学习获得的认识进行梳理和建构，对浙江大地上古人类的文化遗址产生大致认识；通过教师的引导，初步感受古人类的劳动与生活；通过说疑问，引导学生到课外进行进一步研究和学习。

5. 提出实践活动主题、讨论制订活动方案

我们初步了解了远古祖先生活痕迹的同时，大家又有了很多疑问，怎么解决呢？你有什么好方法？引导学生利用已有的信息技术进行查询，现场举例百度搜索解决其中一个疑问。比如：什么是遗址？

在我们的家乡舟山或岱山，有远古祖先生活的遗址吗？如果想知道答案，我们可以怎么做？引导学生提出实践活动主题——探寻祖先生活的痕

迹。告诉学生：在家乡岱山有3处以上的古文化遗址，我们可以利用课余时间去探寻；也可以阅读《千岛海韵》这本书去了解；还可以利用网络搜索进一步了解。经过交流讨论，学生分成了五大组进行探究，每组选出一名小组长。

一份详细的活动方案是活动成功的关键，制订活动方案能让学生知道：要做什么，由谁来做，怎么去做。笔者为各小组设计了方案的半成品（表1），引导他们制订本组的活动实施方案。各小组充分讨论后，以小组为单位交流汇报本小组的活动方案。其他小组的同学听取后对该小组的活动方案提出改进建议。各小组完善充实自己小组的活动方案，并合理分配任务，为整个活动的实施做好准备。

表1　“探寻祖先生活的痕迹”活动计划表

活动主题	
小组成员	
实施步骤	1. 2. 3. ……
要做的准备	
活动成果及展示的方法	

本板块实践探究分两部分内容：一个是进一步阅读相关书籍和文章。在阅读中发现对某一些字词或名称不认识、不理解的，利用已有信息技术进行信息搜索活动。二是对家乡古人类活动痕迹进行实地考察和探寻活动。由于时间限制，这个实践活动，在课堂中只完成活动方案的设计，学生利用课余时间在家长的支持下完成实地探寻任务。

(二) 课外探究

1. 组织学生开展综合实践活动

实地探寻组的同学分别去位于岱山县东沙镇的念母社区、东沙镇的泥峙社区和岱东镇的北二村进行探寻。其中，北畚斗遗址位于东沙镇的念母社区，江窑湖古窑址位于东沙镇的泥峙社区，大舜庙后墩遗址位于岱东镇的北二村。北畚斗遗址是1983年9月被发现的，面积约3600平方米，现存200平方米，距今有3000到4000年了，那里曾出土过不少新石器时代的文物。本次探寻活动主要是寻找北畚斗遗址的大概位置，阅读遗址上的碑文介绍。江窑湖古窑址附近有一口古井，建造年代不详，在古井附近曾出土一枚精美的商代玉珏。本次探究活动主要去寻找那口古井，实地考察商代玉珏出土的大概位置。大舜庙后墩遗址面积约20000平方米，文化层厚约1米，界桩清晰地伫立在遗址四个角落。本次探究活动主要是找到遗址和界桩，阅读碑文，大概了解遗址情况和遗址的范围。在当地老农的指引下，学生们都顺利找到了遗址所在地。通过阅读遗址碑文，了解到北畚斗遗址、江窑湖古窑址和大舜庙后墩遗址都属于新石器时代，从属于河姆渡文化，是海洋文明的开端之一。学生们通过自己的走访探寻活动，实际探寻到了先民生活的遗迹。

2. 指导学生整理实践活动成果

教师引导学生整理实践活动过程的资料，撰写汇报材料、活动心得，协助制作展板等。

课外探究板块是这次综合实践活动的重头戏，各小组要结合任务和活动方案分头进行探究活动。由于学生活动能力有限，家长对这块内容也不熟悉，实践活动离不开教师的指导，所以实践活动是在老师和家长的共同监护下进行。

（三）汇报展示

1. 各小组展示综合实践活动的成果

按“文本探究组—网络探究组—实地探寻组”的顺序汇报。文本探究组主要通过阅读地方教材和家乡博物馆中的史前文物珍品介绍，了解国家和政府对文物保护的重视和行动。网络探究组展示搜索的方法与过程，介绍关键词搜索方法，并查看一些遗址或博物馆中展品的照片。实地探寻组又分三个小组汇报。江窑湖古窑址探寻组汇报古窑址寻访过程，感受家乡人民对祖先遗址的关注程度，具体见附件1《古井寻访记》。北畚斗遗址探寻组汇报北畚斗遗址的探寻过程，在汇报中穿插文物保护教育，宣传有关遗址保护的法律知识，具体见附件2《北畚斗遗址寻踪记》。大舜庙后墩遗址探寻组汇报大舜庙后墩遗址的探寻过程和探寻结果，破解“大舜庙后墩遗址”命名的秘密，具体见附件3《大舜庙后墩遗址探寻记》。最后把课外实践活动所知道的几个遗址贴示到时间轴上。为让更多的学生了解家乡的古人类遗址和出土文物，分享我们的学习收获，我们把学习成果制作成展板后在校园里展示。

2. 引导学生深入探究与思辨

通过课文学习和课外实践活动，学生们探寻到了祖先生活的痕迹，教师引导学生继续探究与思辨。比如：考古学家是怎样来确定远古祖先生活年代的？是什么使人类使用的工具越来越先进？是什么使人类的生活质量越来越高？在学生疑问之处进行拓展学习。比如：什么是碳14法？通过观察出土文物照片，感受所处年代不同的文物其精美程度也不同。

教师讲解，为了更好地进行劳动，提高生活的质量。千百年来，人类就是在不断的发明新工具中逐渐改善生活、提高生活质量的。到了今天，人类可以足不出户了解更多的信息为我所用，这就是劳动的力量。(教师板书：劳动创造力量。)

3. 活动评价与反思

通过同学们的展示与汇报，我们解决了之前提出的一系列问题。那么大家对自己的表现有什么评价呢？结合以下几个项目进行自评和互评（评价项目见表 2）。同学们在实践活动和汇报展示中一定有很多的收获，同时还会有一些反思。如果我们下次还有这样的综合实践活动，大家肯定会有不一样的想法和做法。现在大家来谈谈活动的心得与反思。

表 2 “探寻祖先生活的痕迹”综合实践学生学习评价表

姓名	活动主题：探寻祖先生活的痕迹		
评价项目	自 评	互 评	家 长 评
活动态度	☆☆☆	☆☆☆	☆☆☆
团结协作	☆☆☆	☆☆☆	☆☆☆
解决问题	☆☆☆	☆☆☆	☆☆☆

四、活动效果

本次综合实践活动取得了令人满意的效果。在实践活动中，学生经历了围绕主问题质疑、解疑、探索和发现的过程，了解了家乡先民生活的痕迹，知道了岱山三大古文化遗址是河姆渡文化的传承与发展，岱山也是海洋文明的发祥地之一；深入体验了所学知识技能对于解决问题带来的帮助，懂得了学习与生活的密切联系；通过参与综合实践活动或被动或积极地融入社会生活中，学会了与陌生人主动交流；在与家长、同伴的积极交往中客观地认识别人，更好地了解自己；还有助于学生形成良好的自我观念，激发与人积极协作的意识，能更加积极和谐地融入学习与生活之中。

【参考文献】

[1] 张华 . 综合实践活动课程：理念与框架 [J]. 教育发展研究，2001(01) .

[2] 刘宝玉 . 学校综合实践活动的实施方法研究 [J]. 成才之路，2019(05) .

[3] 郭元祥 . 综合实践活动课程实施过程中的若干问题及策略 [J]. 全球教育展望，2004(02) .

附件1

古井寻访记

我们从《千岛海韵》这本书中，知道了在泥峙有一处古人类遗址——江窑湖古窑遗址。星期天，我们几个同学约好去寻找家乡古人类的遗址。我们来到泥峙向路人打听，很多老人表示并不清楚。有一位老爷爷告诉我们，沿着这条机耕路，走到狮子山的山脚下，有一口古井，听老辈人说是古代烧窑用的，只是不清楚是不是你们要找的。我们决定，既然来了就要去看看。在老人指引下，我们来到了狮子山畚斗岙，看到了狮子山，也找到了那口井。这口井非常古老，外面的井壁已经看不出原来的样子，下面是深不见底的井水；上面的石板呢，是后来人们为了方便走路才盖上去的。但是我们在附近并没有发现类似于烧窑的活动遗迹。书上还说，这里曾经出土过一枚精美的商代玉玦。我们费尽周折却没能找到它出土的确切地点，实在是一大遗憾。

后来我们通过上网查询，知道了那口古老的水井，现在叫毛家古井，距今已有3000多年的历史，是畚斗岙遗址的一个标志。畚斗岙遗址在泥峙狮子山畚斗岙地下，面积大约10000平方米，曾出土过新石器时代的陶片，现为舟山博物馆收藏。我们要寻找的江窑湖古窑址就在古井周边的江窑湖村。只是因为年代久远，已经看不到任何遗迹了。看来，泥峙的确也是家乡古人类曾经生活过的地方。

在活动中，我们意外地发现这里的古人类遗址居然连很多老人也不知道，更别说我们这样的孩子了。让这样的古遗址随着时间的流逝逐渐淡出人们的视野，实在可惜！

附件2

北畚斗遗址寻踪记

那天，我们小组四人到东沙念母走访家乡的古人类遗址。我们费尽周折终于找到了：就是这块不起眼的石碑。说起来还挺有意思，我们第一次走过时，根本就没注意到，后来在村民的指引下才找到了这块碑。大家看，这块碑的前面写着：北畚斗遗址。在碑的后面我们发现了一些模糊的文字，花了好长时间才看清楚。

根据碑文记载，我们知道：北畚斗遗址，是新石器文化遗址，也是舟山市重点文物保护单位。这个遗址于1983年9月被发现，面积约3600平方米，现存200平方米，距今有3000到4000年了，曾出土过不少新石器时代的文物。据说，现在这些文物都收藏于舟山市博物馆。我们没有机会看到这些文物，真是有些遗憾。

钓鱼的老伯伯告诉我们，他前面的这个水塘就是当年发现、出土文物的地方。看着这碑和周围金色的田野，我仿佛看到：三千多年前，这里气候宜人，湖沼连片。勤劳的祖先们在这里开垦农田，种植水稻，过着安居乐业的农耕生活。

在走访中我们还有一个惊人的发现：在发现北畚斗遗址之前，村民早就在附近另外一个水塘底下发现过不少古文物。但由于历史原因，挖出的一些陶器、石器都被打碎扔掉了。这个是照片中的老人告诉我们的。他还说：现在想想真是太可惜了。如果那时能好好保护的话，让我们这样的孩子看看也蛮好的。

在这里有个问题考考大家：如果有人在生活中偶然发现了古文物，你觉得他该怎么办呢?

我们通过查阅资料了解到:任何单位和个人在生产建设中发现地下文物时,都应当立即停止施工、保护现场,并报告当地文物主管部门或行政部门,也可以打110报警;任何单位和个人不得擅自挖掘、藏匿、哄抢、转移地下文物,不得阻挠文物主管部门和考古发掘单位的工作人员进行考古调查和考古发掘。违反者要承担相应的法律责任。

附件3

大舜庙后墩遗址探寻记

我们也是在《千岛海韵》这本书中知道在岱山岱东有个大舜庙后墩遗址的。星期天上午，我们三个人在老师的带领下去岱东走访大舜庙后墩遗址。我们从三江站乘502路公交车，在护国禅寺站下车；下车后往东走约20米，就来到大舜庙。继续往东走，走过宽宽的柏油马路，我们就发现了写着“大舜庙后墩遗址”的一块碑。真没想到这么顺利就找到了这块碑！在这块碑的后面，我们了解到了有关这个遗址的一些信息。

根据碑文提示，我们打算实地去看看这些界桩。沿着水泥路走到尽头，我们看到了一个白色的水泥桩，上面的字迹很模糊，这是不是我们要找的界桩呢？我们继续往前走，发现好多个这样的水泥桩，其中一个上面依稀可见“军用”两字。原来这并不是我们要找的界桩。就在我们认为没希望找到它时，忽然在一大堆建筑垃圾中看到了一块红褐色的长方体石块，上面依稀有些字。我们跑近一看，“大舜庙后”几个字赫然映入我们的眼帘。我们非常兴奋。为了进一步求证，我们就开始处理这些垃圾。找到了界桩，接下去我们换了一个方向沿路走去，很快找到了第二块。“大舜庙后墩遗址”7个字赫然出现在我们眼前。我们第一次经过时根本就没注意到它。

那么，当年人们是在哪里找到出土文物的呢？我们找到了住在附近的老人了解情况。老人热情地给我们指点发现遗址的地点。

在老人的指引下，我们一路搜索下去，总算在小树林里发现一个小土丘，这就是人们传说中的大舜庙后墩遗址之一。这个庄稼地下面就是当年发现古人类遗址的确切地点。在活动中，我们感受到了老人的热情，他们对家乡的了解让我们探寻到了家乡史前人类生活过的地方。尽管我们没有看到相关的古文物，只看到了种满庄稼的小土丘，但在这里我们似乎触摸到了家乡先民生活的痕迹。

这个遗址为什么叫大舜庙后墩遗址？它跟远古神话中的大舜有什么关系呢，你们有谁知道吗？（等待）那就请听我们进一步讲解。我们来到大舜庙进一步了解情况。庙里的石碑告诉我们大舜庙的来历：大舜庙是明朝时期一些爱戴大舜的人集资建造的，和家乡古人类遗址没有直接关系。只是当初发现的遗址刚好位于大舜庙的后面，所以叫“大舜庙后墩遗址”。大舜庙现在的位置是拆迁后的新地址。齐：我们的汇报到此结束，感谢大家的聆听！

（作者：岱山县高亭小学　董静芬）

“探寻‘鱼’与‘渔’的故事”综合实践活动设计与实施

我们学校开展的“探寻‘鱼’与‘渔’的故事”综合实践活动以五年级学生作为活动对象，教师引导学生走出校园，走向社会，自行完成实地考察、自主探究活动及活动报告等。在这一过程中，我们不难发现：学生更愿意参与此类活动，且收获颇丰。该活动有以下几大亮点：一是培养学生观察生活、参与实践的热情和潜力。学生通过调查、采访、设计、考察、制作等实践活动，掌握一定的探究、反馈与分享的方法，了解有关“鱼与渔”的常识。二是让学生在活动中充分地张扬个性，展示特长，发掘潜质，体验成长的快乐。三是学生在实践调查中体会爸爸工作的辛苦，感受赚钱的不易，懂得珍惜现在美好生活，明白保护地球有限资源，培养孝顺节俭的美德。四是感受形式多样的成果汇报，培养学生用心探究、大胆交流、勇于创新的合作精神。本研究认为，在综合实践活动中，实践操作能使教学活动更灵活有效，更能提高学生的能力，也更加贴近学生的实际生活及需要。

一、活动背景

舟山群岛，位于长江口以南、杭州湾以东的浙江省北部海域。舟山市是一座典型的海岛城市，以海洋渔业为其支柱产业。舟山素有“东海鱼仓”之称，由于附近海域自然环境优越，饵料丰富，海水混浊，为近海鱼虾洄游栖息繁殖和生长创造了良好条件，是众多经济鱼虾类产卵、索饵场所，是中国沿海冬季群众渔业规模最大、产量最多的带鱼渔场，是底拖网作业的良好区域，是中国最大、最有名的近海渔场。

学生虽然从小就在海边长大，知道各种海产品，品尝过各种美味的海鲜，也经常看着家人出海捕鱼，却对他们这种正在从事的、作为全家主要经济来源的捕鱼事业及自己生活的这片土地、家乡的特色知之甚少。于是，我们开展了此次探寻“鱼”与“渔”的综合实践活动，给学生搭建一个走向社会、亲近父母、了解家乡特色的平台，相信学生一定非常感兴趣且从中获益良多。

二、活动设计

(一) 活动目标设计

根据综合实践活动课程的总目标，本次活动通过认识各种海鲜、渔船、捕鱼作业等相关知识，培养学生搜集整合信息、调查采访研究、总结归纳提炼的能力；通过实地调查、访问等过程，培养学生团结协作、交流探究的良好学习习惯及热爱劳动、体贴父母的行为习惯；通过向家长、社会介绍研究过程和成果，介绍与普及鱼与渔相关的海洋知识等，宣传家乡特色，培养学生在公众面前不胆怯、增强自信心和语言表达的能力，以及关注家乡、热爱家乡的深厚情感。

(二) 活动内容设计

本次综合实践活动，学生在老师与家长的指导和帮助下，探讨、设计有效的活动方式，设计完成切实可行的活动方案，有效开展活动后完成一定的报告，并根据自身实际进行有针对性的展示与汇报。在搜集、整理材料，实地调查，采访及宣传家乡等形式多样的实践和探索过程中，培养学生搜集整合、总结归纳提炼信息、调查采访等研究能力，是本次活动的内容与重点。在活动中提高学生发现问题、分析问题和解决问题的能力，激发学生的创新思维，增强学生自信心和在公众面前敢于进行语言表达的能力，是本次活动的育人目的，同时也是本次活动的难点。

三、活动实施

本次活动分三大板块：准备——主题生成板块；实施——实践活动板块；汇报——展示板块。

(一) 准备——主题生成板块

课时：1 至 2 课时

1.激趣导入，引发关注

(1) 激趣导入。同学们，你们都知道“鱼”与“渔”的故事吗？(视频播放)

很久很久以前，有个老人在河边钓鱼，一个小孩走过去看他钓鱼。老人技巧纯熟，所以没多久就钓了满篓的鱼。老人见小孩很可爱，要把整篓的鱼送给他，小孩摇摇头。老人惊异地问道：“你为何不要？”小孩回答：“我想要你手中的钓竿。”老人问：“你要钓竿做什么？”小孩说：“这篓鱼没多久就吃完了。要是我有钓竿，我就可以自己钓，一辈子也吃不完。”

我想你一定会说：好聪明的小孩！错了，他如果只要钓竿，那他一条鱼也吃不到。因为，他不懂钓鱼的技巧，光有鱼竿是没用的；钓鱼重要的不在“钓竿”，而在“钓技”。

有太多人认为自己拥有了人生道路上的“钓竿”，再也无惧于路上的风雨。如此，难免会跌倒在泥泞中。就如小孩看老人，以为只要有钓竿就有吃不完的鱼；像职员看老板，以为只要坐在办公室，就有源源滚进的财源。

所以古人云：此渔非彼鱼也。哈哈，授人以鱼，不如授人以渔。

(2) 引起关注。你知道这里的“鱼”和“渔”分别表示什么意思吗？

鱼是生物，渔是技能。最后一句话“授人以鱼，不如授人以渔”，就是指送给别人鱼，不如教会别人如何捕鱼。在现实中，鱼与渔是不能分离的，它们互相影响。“鱼”是我们现在的资本，或是原始资本，“渔”则是我们获得收入的方法、方式，它们是统一的。

原来此鱼非彼渔，这个小小的故事告诉我们很多的道理。但今天这节课我们不来研究道理，我知道大家的爸爸大多数是捕鱼的。你能用上这里的鱼或渔介绍一下爸爸的职业吗？

(3) 生成主题。我们的爸爸天天与鱼、渔打交道，但你对这里的鱼与渔又了解多少？今天就让我们一起走进爸爸的世界，开展一次关于“鱼与渔的探究活动”吧！

2.分解主题，归纳整理

(1) 引导思考，发散提问。“鱼与渔”里的确有很多值得大家探讨的东西，你想了解哪些问题呢？

学生提出想知道或感兴趣的问题，师生交流、讨论，然后生成“研究小课题”。

小组合作，筛选并展示问题，完成反馈表：“我们小组最想研究的问题是 ____________。”

(2) 分类整理，归纳主题，形成研究内容。通过大家的讨论与归纳，明确了这样五个主题。接下来，我们就按照这五个主题分成五个课题小组，请给自己的小组取个好听又响亮的名字，再配以朗朗上口的口号。最后在大家的共同努力下，形成主题小组分类表，如表1所示。

表1 “鱼与渔的故事”综合实践活动主题小组分类表

小组名称	研究的小主题	小组口号
经济鱼类大搜索	舟山渔场的经济鱼类	鱼鱼鱼，种类多！齐了解，共分享！
渔船历史对对碰	渔船的历史演变	小小渔船，变化大大！ 乘风破浪，我们爱它！
捕鱼现场我分享	在不同天气情况下、不同时间里爸爸们的捕鱼作业情况	捕鱼现场，惊心动魄！争分夺秒，爸爸最棒！
渔业现状小调查	对渔业资源、劳力构成、社会背景、收入来源等进行调查	你在辛劳，我来调查！ 齐心协力，一起成长！
古今作业大比较	捕鱼作业随着渔船的变迁发生着翻天覆地的变化，从古今的作业地点、作业时间、作业种类等方面进行比较	鱼与渔，我喜欢！古与今，都很赞！

3.选定组长，讨论并制订方案

周密细致的活动计划是成功的关键，所以引导学生讨论并制订本组的活动实施方案成为首要任务。

（1）小组讨论，制订活动方案。制订活动方案的目的是让学生知道要做什么，由谁来做，怎么去做，让学生有方法可循，不会漫无目的，这是对学生活动的有效指导。在大家的共同努力下，我们初步制订了两种小组活动方案模式，如表2和表3所示。

表2 “鱼与渔的故事”综合实践主题活动小组活动方案（一）

学校：__________ 班级：__________ 组长：__________

小组名称	
组员	
小组口号	
研究的小主题	
计划研究内容	

表 3 “鱼与渔的故事”综合实践主题活动小组活动方案（二）

学校：＿＿＿＿＿＿ 班级：＿＿＿＿＿＿ 组长＿＿＿＿＿＿

小组名称	
组员	
活动主题	
活动时间	
活动地点	
活动目标	
研究方式	
活动步骤	
预期成果	
预设困难以及解决方案	
汇报形式	
邀请顾问	

为了充分尊重学生的个性，在这里并不要求他们用统一格式，除了这两种方案模版，允许学生有自己的想法与思路。

(2) 全班交流讨论，完善活动方案。以小组为单位，交流汇报本小组的活动方案；其他小组的同学对该小组的活动计划提出建议和质疑。各组完善充实本小组活动方案。 小组长交流修改后的小组活动方案，老师小结。就这样，五个小组初步制订了具有一定可行性的实施方案，形成汇总表，为整个活动的实施做好准备，如表 4 所示。

表 4　“鱼与渔的故事”综合实践主题活动小组活动方案汇总

小组名称	研究的小主题	研究方式	研究时间	汇报形式	顾问
经济鱼类大搜索	舟山渔场的经济鱼类	浏览网页，搜集资料、图片等，利用网络查找相关报道；调查问卷，形成调查短视频等	双休日、课余	PPT、短视频、实践照片、竞猜互动等	家长
渔船历史对对碰	渔船的历史演变	浏览网页，搜集资料、图片等，利用网络查找相关报道；调查问卷，形成调查短视频等	双休日、课余	PPT、调查短视频、实践照片、采访记录等	家长
捕鱼现场我分享	在不同天气情况下、不同时间里爸爸们的捕鱼作业情况	查找相关视频、照片，进行调查问卷等	双休日、课余	小视频、调查问卷分析表等	家长
渔业现状小调查	对渔业资源、劳力构成、社会背景、收入来源等进行调查	利用网络了解相关信息，进行调查问卷等	双休日、课余	照片、数据、表格、分析报告、倡议书等	家长
古今作业大比较	捕鱼作业随着渔船的变迁发生着翻天覆地的变化，从古今的作业地点、作业时间、作业种类等方面进行比较	查找相关图片、视频、文本资料，进行调查问卷等	双休日、课余	PPT、短视频、感言等	家长

(二) 实施——实践活动板块

课时：两周调查、一周整理与准备

主题生成以后，各小组在组长的带领下利用课上与课下时间按照计划与方案进行具体的实践活动，在活动中提出问题与困难，适时调整，并完成记录表。空表如表 5 所示。

表 5 ____________________综合实践活动记录表

<table>
<tr><td>小组名称</td><td></td><td>活动时间</td><td></td><td>活动形式</td><td></td></tr>
<tr><td>活动内容</td><td colspan="3"></td><td>活动地点</td><td></td></tr>
<tr><td colspan="6">活动目的：</td></tr>
<tr><td colspan="6">活动准备：</td></tr>
<tr><td>活动过程</td><td colspan="5"></td></tr>
<tr><td>活动效果</td><td colspan="5"></td></tr>
<tr><td>美中不足</td><td colspan="5"></td></tr>
</table>

这个实施阶段是本次实践活动的重点和难点。下面就以其中一组“古今作业大比拼”课题小组的实践为例展开活动。

1.根据方案，做活动前准备

小组成员一起讨论初步制订的活动计划与方案的可行性，并做必要的修改与针对性的补充。

首先他们讨论了活动的主要形式。组长张瑶瑜在网上搜索后发现：网上对这部分的介绍或相关材料非常少。而舟山目前有较多的渔民，且很多同学的爷爷、姥爷等就是渔民出身，他们对这些作业都非常熟悉，采访他们应该是最有效、也是最直接的获取资料的途径。于是，小组确定了活动形式主要为采访与调查。

然后他们针对这次采访活动进行了进一步的细化讨论：如何分工？需要哪些准备？该提哪些问题？……考虑到孩子们综合实践能力有限，老师建议可以请一位家长顾问，有什么问题或困难可以找家长及时咨询，也可以向老师反馈。

2.分工合作，完成采访与调查

做好充分准备后，我们带着小组活动方案在家长顾问的陪同下，来到渔船聚集的码头（友情提示：时间尽量选择休渔期或渔船上岸期，要不然会找不到采访的渔民叔叔，最好从一个认识的船老大叔叔开始采访）。按照分工，组长身先士卒，率先提出了第一个问题：叔叔，您好！请问您从事捕鱼工作几年了？您主要负责哪些工作？……这次非常幸运，其中一位船老大叔叔热情地接受了大家的采访，把他经历过的几代渔船捕捞作业发生的变化像讲故事一样娓娓道来。从20世纪70年代木帆船到机动船的变化带来渔业捕捞作业的变化。他从人力作业讲到机械化作业再到现在的自动化作业，还给大家现场介绍了目前钢化船上的一些现代化设备，并进行了简单操作，又给大家讲了现在主要雷达网作业的一些程序。同学们听后兴奋极了！第一次看到渔船上的现代化设备与装置，一个个由衷地赞叹：哇！现在船上的设备好先进！渔船上“简单”的捕鱼作业程序这么复杂，讲究这么多，真是一行有一行的门道，一行有一行的辛苦。同时，我们也非常激动，第一个采访就这么顺利地完成，还了解到这么多的信息。接下来，按照计划，我们又对几位比较年长的爷爷进行了采访。我们分工明确、配合默契，虽然中间也遇到了不愿接受采访或回答不了太多的叔叔，但我们还是按计划成功地完成了采访任务。

3.整理资料，整合信息，完成汇报材料

回来后，学生对采访获得的信息进行整理，培养学生搜集信息、整理资料的能力及自己反思的习惯；完善必要的活动记录与汇报材料，为接下来的展示汇报做好准备。

《古今捕鱼作业大比拼》采访成果梳理

渔民捕鱼作业的变化与渔船的升级变化息息相关。

20世纪50年代，舟山渔民还用木帆船捕鱼。木帆船由于船体较小，动力也不是很足，仅靠潮力、风力甚至人力摇橹助航，只能在近海捕捞些常规的鱼虾，而且经常受潮汐与风浪的影响，往往三四个人一条船，几乎都靠人力作业，经济收入非常有限，也难以适应渔业生产的快速发展。

70年代开始，木帆船逐渐升级为机动船。船造得大了，改进机器和网具就成为可能，机器也从80马力不断往上增，产量就不用说了。到了80年代，舟山渔民将木帆船完全升级为机动船。同时在船上安装了起网器，装备了冰库，机动让船行驶更快、作业更远、作业时间更长，拉网等作业基本实现了捕捞渔船机械化，捕捞作业半自动化。

从20世纪80年代后期开始，近海传统水产资源急剧衰退，产量快速下滑。大家迫切想走出近海，到远洋进行捕捞，于是渔船的升级成为迫在眉睫的大事。升级钢质船，群众实现远洋渔业梦想就此拉开了序幕。安装了船用AIS避碰系统、船用雷达、人船联动系统、海上Wi-Fi等硬件软件设备，不但使渔民们的捕鱼作业更便利，最重要的是让渔民海上作业更安全。安装了雷达就像给渔船安装上了眼睛，哪里有鱼群就往哪里跑；使用AIS避碰系统后，大轮碰撞事故发生率有了明显下降；卫星定位系统的使用，则让海上施救更加快速有效。

下一步，渔民们可能将以智能化、数字化推动渔业安全生产，也会让更多有效的“安全家当”上船。

近代以来，在舟山共有以下几种渔业作业方式：对网作业、拖网作业、围网作业、张网作业、刺网作业、笼壶类作业等，每种作业方式都有其不同的作业流程！

（三）汇报——展示评价板块

课时：1至2课时

展示汇报是对活动的整理与延续。在这个板块中，学生通过介绍既展示了自己小组的活动成果，又锻炼了语言表达与动手的能力；由于每人所参与的主题不同，在倾听中了解其他小主题的研究成果，既可以增长见识，又可以丰富感知。微信稿的推送与展板的制作，让学生从校内走向校外，进一步将活动意义深化。

1.回顾过程，导入活动；明确要求，设置奖项

同学们非常的了不起，自从主题生成后，我们五个小组在老师与家长的指导和帮助下，在组长的带领下，探讨、设计了切实可行的活动方案，运用各种有效的活动方式：调查问卷、采访询问、上网查询、资料搜集等，在两周时间里利用各种时间非常完美地开展了实践活动，利用一周时间对本组活动过程与结果进行了整理，同时制作了精美的PPT等汇报材料。相信大家接下来的汇报一定会非常精彩！

在汇报时请每个同学认真听看、积极互动，汇报结束后除了要对自己在本次活动中的综合表现进行评价，还要小组互评，评出超优秀小组、优秀小组、加油小组三种集体奖和五个最佳组员奖。

2.分组展示，各显才能

(1) 给力小组 (经济鱼类大搜索)。给力小组进行的是“经济鱼类大搜索”的相关活动内容。在展示阶段，学生通过播放 PPT、图片等展示鱼的种类，播放小组实践照片与短视频，同时运用知识竞猜互动等形式向其他小组同学进行汇报展示。之后，其他小组对给力小组的成果进行了互评和小结。

(2) 勤奋小组 (渔船历史对对碰)。勤奋小组实践的是“渔船历史对对碰”这一内容。他们主要通过 PPT、图片等形式向其他小组展示渔船的历史演变，同时向大家播放部分调查短视频与采访记录等。其他小组同学根据他们的成果展示，也发表了各自的观点与见解。

(3) 棒棒小组 (捕鱼现场我分享)。棒棒小组针对“捕鱼现场我分享”这一比较特殊的活动内容，主要向其他组同学展示搜集到的一些捕鱼现场小视频，让大家真实地感受捕鱼现场那种紧张、忙碌的氛围及特殊天气条件下爸爸们惊心动魄的劳作场景，同时通过播放 PPT 等形式分享部分问卷调查成果与分析报告。之后，小组成员对本次表现进行自评，同时其他小组成员对他们的表现进行评价。

(4) 顶呱呱小组 (渔业现状小调查)。顶呱呱小组进行了“渔业现状小调查”。他们主要以 PPT 的形式向同学们展示搜集到的照片、调查小视频，同时又以统计图、分析报告的形式向同学们展示调查的结果，最后还向同学们发起倡议，倡议同学们保护渔业资源、做环保小卫士等。汇报结束后，其他组同学对他们的过程与结果发表评论。

(5) 能干小组 (古今作业大比较)。能干小组进行的是“古今作业大比较”这一活动内容。在展示汇报时，他们主要以 PPT、视频的形式向同学们展示自己小组实践的过程：调查了什么、发现了什么、古今作业有何区别……尤其是以实践短视频形式记录的调查过程，充分展示了整个调查研究的过程，同时也向大家展示了古今作业的不同之处。最后，小组成员结合自己的经历发表调查感言，小组其他人对该成员在过程中的表现进行评价与补充。

3.总结评价，课外延伸

(1) 活动总结。本次活动，你们觉得自己小组有哪些较好和欠缺的地方？下次若继续进行此类活动，你们还想研究哪些小主题？完成自主评价表，如表6所示。

表6　＿＿＿＿＿＿＿＿＿＿＿＿＿＿＿＿综合实践活动小组成员评价表

<table>
<tr><td>小组</td><td></td><td>成员</td><td colspan="3"></td></tr>
<tr><td>评价项目</td><td>达到的程度</td><td>学生自评</td><td>小组互评</td><td>老师评价</td><td>家长意见</td></tr>
<tr><td>活动态度</td><td>①积极②一般
③不感兴趣</td><td>☆☆☆</td><td>☆☆☆</td><td rowspan="5">你能在活动中付出自己的努力，老师为你感到高兴，认为你能（达到目标□ 接近目标□ 继续努力□）。</td><td rowspan="5">我想对你说，这次活动你能（达到目标□ 接近目标□ 继续努力□）。</td></tr>
<tr><td>搜集整理信息的能力</td><td>①很强②一般
③学习中</td><td>☆☆☆</td><td>☆☆☆</td></tr>
<tr><td>合作的情况</td><td>①很好②较好
③一般</td><td>☆☆☆</td><td>☆☆☆</td></tr>
<tr><td>交流的情况</td><td>①积极主动
②愿意分享
③学习分享</td><td>☆☆☆</td><td>☆☆☆</td></tr>
<tr><td>活动的收获</td><td>①很多②一般
③较少</td><td>☆☆☆</td><td>☆☆☆</td></tr>
<tr><td colspan="2">你对本次的研究活动是否感兴趣？如果不感兴趣，请说出理由。</td><td colspan="4"></td></tr>
<tr><td colspan="2">通过这次活动，你最大的收获是什么？</td><td colspan="4"></td></tr>
<tr><td colspan="2">这样的活动，你愿意继续参加吗？</td><td colspan="4"></td></tr>
</table>

注：评价为①得3颗星；评价为②得2颗星；评价为③得1颗星。

(2) 根据每个小组的评价反馈评奖。小组互评表如表 7 所示。

表 7 ______________ 综合实践活动展示汇报互评表

小组名称	PPT 制作	讲解	材料搜集	小组合作	互动	总评
经济鱼类大搜索	☆☆☆	☆☆☆	☆☆☆	☆☆☆	☆☆☆	
渔船历史对对碰	☆☆☆	☆☆☆	☆☆☆	☆☆☆	☆☆☆	
捕鱼现场我分享	☆☆☆	☆☆☆	☆☆☆	☆☆☆	☆☆☆	
渔业现状小调查	☆☆☆	☆☆☆	☆☆☆	☆☆☆	☆☆☆	
古今作业大比较	☆☆☆	☆☆☆	☆☆☆	☆☆☆	☆☆☆	

注：按各组在反馈中各项的表现由好到坏依次评价 3 颗星、2 颗星、1 颗星，最后按照总星数再评价出超优秀、优秀、加油三种，没有比例限制。

(3) 每组把本次实践经历与反馈成果以电子稿的形式上传至班级群与微信朋友圈，接受家长与朋友的点评。

(4) 引导学生整理好研究过程的所有资料，一起制作展板，利用大课间活动等时间，向全校师生展示这次活动的成果，宣传我们的收获；让每一位学生都知道我们舟山“鱼”与“渔”的故事，都来了解家乡海洋特色，感受爸爸们的生活，并鼓励每一位学生来当家乡的代言人，宣传家乡。

四、活动效果

通过这一次的主题实践活动，从学生的表现来看，外出调查的学习方式更受学生喜爱，并且他们对身边的人、事、物都很感兴趣，这也符合学生现有的知识水平和认知结构。操作性强，有利于学生真正走进社会，参加实践活动。

1.培养了学生搜集整合信息、调查采访研究、总结归纳提炼的能力

在每个小主题活动中，同学们通过收集资料、采访调查或问卷调查等

形式利用身边一切可利用的资源把经济鱼类、渔船历史、捕鱼现场、渔业现状、古今作业等与“鱼”或“渔”有关的熟悉或陌生的知识分类记录下来，并梳理制作成PPT等，同时再以汇报、展板的形式呈现给同伴或社会。在这一过程中不但培养了学生发现问题、解决问题的能力，而且掌握了一定的探究、反馈与分享的方法，更是进一步深化了活动的精神。

2.培养了学生团结协作、交流探究的良好学习习惯及体贴父母的行为习惯

在这次活动中，学生根据自身的情况团结协作，设置问题、分配工作、搜集资料、调查采访、整理资料、汇报分享……在这个过程中发展了自主、合作、进取等良好的个性品质。正如学生林奕含在总结中说道：“我以前只要跟人谈话就脸红。组长为了锻炼我，逼我去采访，还派两个同学协助我，我只好硬着头皮去采访。开始时，我心里胆怯，问话结结巴巴，眼光没处着落，幸好准备充分才不至于出丑。采访两个对象后，渐渐地我感觉好多了，不紧张了，说话的声音也大了。我想这次采访活动是我毕生的宝贵财富。”还有柴禹凡同学说：“我以前总觉得主持人、记者风光，哪知也并不容易，有时还不被人理解。”可见无论哪个行业要想干出成绩，总要付出艰辛的努力。活动开展的同时还使一些学生改掉了不良习惯，同时也增进了同学之间的情感，增强了集体荣誉感。

3.让身在海岛的学生，通过实践树立自信心、提升了能力

通过这次综合实践活动，学生的胆子大了，自信心也足了，在公众面前不再那么胆怯，能够大大方方地与陌生人交流，语言表达能力也增强了。活动结束后，学生向全校师生展示自己的研究成果，解说整个研究经过。他们表现得那么自然，更是那么自豪！宣传活动从校内走到校外，面对家长们，学生表现得泰然自若，获得大家的一致好评。

4.让学生学会自我评价、互相评价

通过评价，能够促进学生对自己的学习过程进行反思，思索学习中所遇到的问题，发表自己的看法，总结自己的学习情况，有助于培养学生的独立性、自主性和自我发展、自我成长的能力。在交流活动后我问学生："在这次活动中，你觉得自己的表现怎么样？用你喜欢的方式评价一下自己。"并让学生填好评价表格。在这样的评价中，学生看到了别人的努力，也能看到别人的收获，并能勇敢地说出自己的不足与进步。

由于平时学生对海洋知识了解得很少，家长也很少给孩子买这类的书籍，同时很多学生也没有养成上网搜资料与去图书室查阅的习惯，这次综合实践活动课的起步有点难。但是通过本次活动，学生不但对海洋知识有了进一步的了解，就连我们老师也是满载而归。我们一边学习一边组织学生活动，虽然在过程中遇到很多困难，但是这也是成长最快的方式。终于，在四处询问和查询资料后，各种难题迎刃而解。拨开云雾见太阳的喜悦真的无以言表，怎一个喜字了得？

总之，经过这次综合实践活动，笔者发现走进生活的孩子是快乐的，走近孩子的老师是幸福的。只要我们在综合实践活动中放手让学生勇敢去尝试，认真去实践，用心去总结、提升，那么综合实践活动必将让每个学生受益终生！

【参考文献】

[1] 周红 . 授人以鱼，不如授人以渔——例谈综合实践活动中的方法指导 [J]. 新课程（上），2011(7) .

[2] 明志华 . 综合实践活动课程与学科课程有效整合的研究 [J]. 西部素质教育，2015(5) .

[3] 白文昊 . 海洋教育校本课程的实施现状分析——以石老人小学为例

[J]. 亚太教育，2015(30).

[4] 陈华彪 . 浅谈综合实践活动方法指导的有效引领 [J]. 教学月刊小学版，2014(09).

（作者：岱山县衢山镇敬业小学　杨淑芬）

“蓝丝带”行动综合实践活动设计与实施

“21世纪是海洋的世纪。”发展海洋经济，对我国经济发展有着重要的作用。然而，在海洋经济不断增长的同时，也带来了一系列海洋生态环境问题。“蓝丝带”海洋保护协会是以海洋保护为主旨的中国民间公益社会团体。我们以“蓝丝带”行动为主题开展本次综合实践活动，以“知‘东海鱼仓’之变—探‘渔产衰退’之因—解‘东海无鱼’之急”为线索，采用小组合作的方式开展探究活动，既指导了学生科学研究的一般方法，又培养了学生勤于学习、善于思考、勇于实践、敢于改变的良好品质。

一、活动背景

地球表面约71%的面积为水覆盖，广阔的水域构成了一座蓝色的宝库。随着科技的进步和文明的发展，人类对海洋的开发和利用日益加强，从海洋索取的资源越来越多。然而，海洋经济在不断增长的同时，也带来了一系列海洋生态环境问题。比如，工业生产过程中排出的废弃物是海洋污染物的主要来源，它们集中在大型港口和工业城市附近。又如，海岸活动、倾倒废物和港口工程建设等，也向沿岸海域排入污染物。污染物进入海洋，污染海洋环境，危害海洋生物，甚至危及人类健康。除海洋污染外，人类的生产活动，如工程建设和渔业生产，以及全球气候变暖和海平面上升，都会使海洋生态环境遭到破坏和改变。人类对某些海洋生物的过度捕捞，导致海洋生物资源数量减少，质量降低，也使部分物种濒临灭绝，严重威胁着人类的生活和生产安全。海洋环境保护问题已经成为当今社会普遍关注的热点。

舟山是一块富饶的宝地，得海独厚，素以“渔盐之利，舟楫之便”而闻名遐迩，拥有我国最大的舟山渔场，也是我国海洋渔业的重要基地，故有“东海鱼仓”和“祖国渔都”之美称。但是近几十年来，由于各种各样的原因使我们面临着“无鱼可捕”的局面。在这样的现实情况下，探究舟山渔业资源衰竭的原因、采取保护海洋的措施就成了一个不得不面对的问题。

通过问卷调查，我们发现学生对海洋污染及保护的知识掌握十分有限。虽然大家知道应该积极参与海洋保护，但付诸行动的却少之又少。党在十九大报告提出“加快建设海洋强国”，其中很重要的一个方面就是要全面提升国民海洋意识，尤其要从中小学生抓起。目前，中小学海洋意识教育现状还难以适应新时代的新要求。因此，作为海岛建设的主力军，我们必须认识海洋保护的重要性，学习保护海洋的知识与技能，这也是热爱家乡、关注家乡发展的表现。

“蓝丝带”主题综合实践活动的开展，旨在让我校学生认识到海洋环境保护的紧迫性和重要性，唤起和培养学生保护海洋的意识和责任感，为保护海洋奉献自己的一份力量，让我们的家园更加美丽、富饶。

二、活动设计

（一）制定正确合理的活动目标

“蓝丝带”主题综合实践活动的有效开展，首先要制定正确合理的活动目标。树立了正确的目标就有了努力的方向。以目标为导向开展活动，并不断地完善，才能充分发挥综合实践活动的效用。据此，笔者设定了以下教学目标：

(1) 查阅资料和实地走访，了解舟山海洋环境的变化，明白海洋保护与我们生活密切相关，培养学生关注家乡、热爱家乡的情感。

(2) 以小组合作开展“蓝丝带”行动，了解舟山海洋渔业资源衰退的原因，培养学生搜集整合资料、合作探究的能力。

(3) 为保护海洋献计献策，激发学生积极参与保护海洋环境的行动，树立可持续发展的意识。

(4) 以各种方式汇报探究成果，鼓励学生大胆创新，提高语言表达能力。

(二) 设置内容丰富的活动环节

党的十八大报告指出，要“坚持教育为社会主义现代化建设服务、为人民服务，把立德树人作为教育的根本任务，全面实施素质教育，培养德智体美全面发展的社会主义建设者和接班人，努力办好人民满意的教育”。从国家教育方针的大方向来看，国家在学生综合实践的开展问题上鼓励地方和学校结合自己地区或者自身实际来进行具体实践活动内容的设置。

为此，笔者将本次活动设计为三个环节：

1. 知“东海鱼仓”之变

在这一环节中，学生通过查阅资料和实地走访的方式，了解舟山海洋环境的时代变迁，并且亲身感受海岛环境对人们生产、生活的影响。

2. 探“渔产衰退”之因

学生在合理分组的基础上，开展“蓝丝带”行动。根据科学研究的步骤，或者自行设计活动计划展开调查。

3. 解“东海无鱼”之急

在这一环节，学生对探究结果进行汇报，形式不限。在了解了舟山海洋环境现状的基础上，学生畅所欲言，为保护海洋献计献策。

（三）完善多元科学的评价机制

综合实践活动的评价内容力求“全面多维”、评价主体坚持“多元互动”、评价反馈做到“及时公正”。

1. 评价内容力求“全面多维”

教师以定性为主、量化为辅的评价方式，对学生参与综合实践活动过程中的学习态度、探究精神、合作精神、学习能力等进行全方位、多维度的评价。

2. 评价主体坚持“多元互动”

通过讨论、协商、交流等多种形式，将学生自我评价、同学互评、家长评价与教师评价结合起来，坚持“多元互动”，提高活动实效。

3. 评价反馈做到“及时公正”

由于综合实践活动更侧重于过程性评价，因此对学生在活动中的表现应及时给予反馈并加以指导，以实事求是的态度，做到公平、公正、公开。

三、活动实施

近年来，我市经济不断发展，但与此同时近海生态环境也受到了严重影响，曾经的“东海鱼仓”如今却面临着“无鱼可捕”的局面。为了解我校学生对海洋保护知识的掌握程度，在开展本次综合实践活动之前我们专门进行了问卷调查。

结果显示：

初一某班共48名学生参与了调查。在有关赤潮知识的掌握程度方面，64.3%的学生表示不了解；在关于我市海洋污染的预防和治理的法律法规掌握程度方面，了解很少的占70.5%。在有关海洋保护活动所持态度方面，

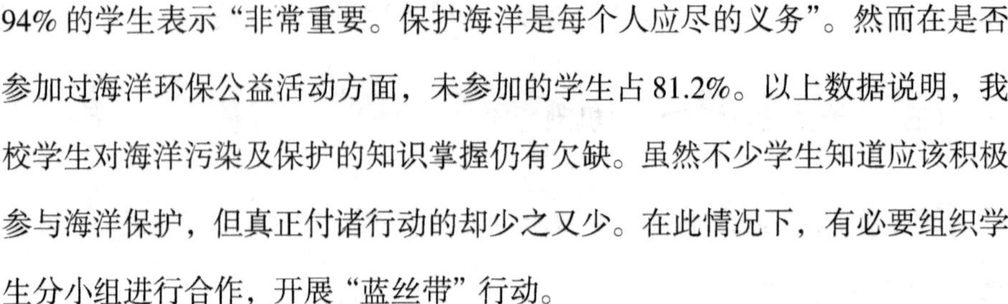
94% 的学生表示“非常重要。保护海洋是每个人应尽的义务”。然而在是否参加过海洋环保公益活动方面，未参加的学生占 81.2%。以上数据说明，我校学生对海洋污染及保护的知识掌握仍有欠缺。虽然不少学生知道应该积极参与海洋保护，但真正付诸行动的却少之又少。在此情况下，有必要组织学生分小组进行合作，开展“蓝丝带”行动。

(一) 知“东海鱼仓”之变

1. 查阅资料，了解时代变迁

舟山海洋环境破坏到底有多严重？学生有必要进行大致的了解。在这个环节中，学生通过查阅报刊、网络等文献资料，了解到舟山拥有中国最大的渔场，其渔业资源十分丰富。但近几十年来，由于各种各样的原因，海洋渔业资源的再生长能力已远远满足不了人类不断增长的水产品需求。这种时代的变迁更容易打动学生，引发学生对家乡海洋环境的关注。

2. 实地走访，感受海岛环境

综合实践课程强调学生亲身经历各项活动，在全身心参与的活动中，发现、分析和解决问题，体验和感受生活，培养实践创新能力。因此，在这一环节中，学生以小组为单位在家长陪同下，利用周末和节假日走访舟山各个地区，并通过采访渔民、实地考察等方式，用照片、视频或文字记录，获得研究的第一手资料。这种亲身体验更加真实，也有利于学生进一步了解海岛环境。

(二) 探“渔产衰退”之因

做好分组工作是有效开展合作学习的前提。首先，教师按照“组内异质、组间同质”的原则构建活动小组，以保证组内各成员之间的差异性和互补性，这样既便于学生之间互相学习与帮助，也有利于小组之间的公平竞争。在这一理念的指导下，依据每位学生的性别、兴趣、学习水平、家庭背景等因素合理搭配，最终将本班学生分成 8 组，每组 6 人。

在进行合理分组之后，教师指导学生通过“发现问题—分析问题—提出问题—解决问题”等环节探讨渔产衰退的成因（见表 1）。当然，学生也可以自行设计活动计划表。

表 1　“蓝丝带”行动活动计划表

姓名		组别		组员及分工	
发现问题					
分析问题					
提出问题					
解决问题					
持续改进					

1. 发现问题

在开展本次“蓝丝带”行动之前，学生通过查阅文献的方式了解时代变迁，就是通过间接路径发现问题；学生通过实地走访，感受海岛环境，就是通过直接路径从实践中求知探索。这两种途径相辅相成，有助于培养学生的阅读思考、观察实践、观察生活的兴趣和习惯。

2. 分析问题

学生通过查阅资料、实地走访等搜集到的信息错综复杂。这时就需要我们整合信息，寻找影响事物的主要因素以及它们之间的关系。例如，导致海洋环境破坏的因素有很多，但要判断哪一个是主要因素，这就要求学生具备一定的科学素养，总结归纳、分析辨别的能力。

3. 提出问题

提出问题就是指出我们要确定研究的方向。进行科学研究，只有在发现问题、分析问题的基础上，才能提出有价值有意义的课题。这一环节要求学生在查阅资料和实地走访的基础上，选择一两个自己最感兴趣、最喜欢的地方进行重点研究。

4. 解决问题

涉及定量因素的，学生可以在调查的基础上，通过数据分析等方式探究保护海洋的措施；涉及定性因素的，学生可以对采访记录、新闻报刊、网络资料等进行整理，并通过“头脑风暴”、绘制“思维导图”等方式探究解决方案。

5. 持续改进

我们永远也不能系统、彻底地解决任何“问题”，所以持续改进极其重要，决不能忽视。真正的教育并不局限于课堂，而是对学生持之以恒地进行影响。这一环节可以保持学生对身边海洋环境的关注，也能让学生更加关注生活，不断学习。

（三）解“东海无鱼”之急

为了使“蓝丝带”行动更加有效，让学生认识到海洋保护的重要性，教师通过上专题课的方式引领推进，并在学生已有的小组合作和探究基础上，鼓励学生以多种形式进行汇报，激励学生大胆创新、积极参与。

1. 汇报

（1）说故事。学生讲述了渔民曾经捕捉大黄鱼的“敲鼓作业”做法：渔船头部挂着大鼓，渔民们猛力敲打，随着惊天动地的轰隆声，大黄鱼不管老少，同归于尽。

从中得出舟山渔业资源衰退原因之一：捕捞强度超过了资源的再生能力。

（2）演小品。两位学生分别扮演乌龟和小鱼，其中鱼哭诉：有难闻、黑乎乎的水流入家中，而且船上乘客往海水里扔塑料袋，自己的姐妹因此窒息而亡。龟哭诉：自己的兄弟姐妹也死了很多，担心会无家可归。

从中得出舟山渔业资源衰退原因之二：工业污水、生活废水、垃圾的排放，导致海水污染。

（3）讲新闻。学生讲述新闻："2006 年 4 月 22 日，英国注册的 6.5 万吨级韩国现代集团集装箱船'HYUNDAIINDEPENDENCE'号，从浙江省舟山海域的马峙锚地驶往附近浙江万邦永跃船舶修造有限公司船厂修理时，在进船坞过程中与船坞的门发生碰撞，造成燃油舱破损，燃油舱内约 447 吨重质燃料油发生泄漏。溢油造成舟山本岛南部海域大面积污染，大量鱼卵、仔鱼、幼鱼因高浓度的油含量而死亡。"

从中得出舟山渔业资源衰退原因之三：生态环境的破坏。

（4）赏照片。学生展示照片，分别是舟山围海造田、过度捕捞等。

从中得出舟山渔业资源衰退的原因之四：人类活动致使鱼类栖息地遭到破坏。

在对舟山渔业资源衰竭的原因进行汇报后，学生们又根据每组的探究结果纷纷列举了保护海洋的措施。有的小组认为可以制定海洋环保法规，严禁污水排放；有的认为可以设定禁渔期，有效保护渔业资源；有的认为应大力发展人工养殖，建设"海洋牧场"等；还有的小组提出保护海洋应该从自己做起，从身边做起，每个人都可以为保护海洋尽自己的一份力……

在学生的汇报基础上，教师发起倡议：从现在做起，做热爱海洋的好学生！从现在做起，做保护海洋的好榜样！

通过一系列的综合实践活动，学生们提高了合作探究、整合归纳的能力，而且也增强了保护海洋的意识，激发了热爱海洋、热爱家乡的情感。

2. 评价

《中小学综合实践活动课程指导纲要》强调课程评价，主张多元评价和综合考察，突出评价对学生发展的价值，充分肯定学生活动方式和问题解决策略的多样性，鼓励学生自我评价与同伴间的互相交流和经验分享。

应试教育对学生的评价往往更注重结果，而在本次“蓝丝带”行动中对学生的评价则贯穿整个探究过程。学生在探究中表现出来的探究精神，获得的经验、能力的提升、情感的体验同样需要关注。本次综合实践活动结合了课内外活动，因此对学生的评价主体包括同伴、教师、家长，非常多元（见表2）。在这一评价方式的指引下，学生表现出了极大的积极性和主动性，学习的兴趣也大大增强。

表2 “蓝丝带”行动评价表

评价项目	评价内容	学生自评	小组互评	教师评价	家长评价
探究精神	① 优秀 ② 良好 ③ 合格	☆☆☆	☆☆☆	☆☆☆	☆☆☆
运用方法	① 优秀 ② 良好 ③ 合格	☆☆☆	☆☆☆	☆☆☆	☆☆☆
动手实践	① 优秀 ② 良好 ③ 合格	☆☆☆	☆☆☆	☆☆☆	☆☆☆
探究结果	① 优秀 ② 良好 ③ 合格	☆☆☆	☆☆☆	☆☆☆	☆☆☆

注：评价为①得3颗星；评价为②得2颗星；评价为③得1颗星。

四、活动效果

（1）本活动的开展拓宽了我校海洋教育途径，丰富了海洋校本课程内容。

（2）学生不仅收获了海洋知识，学习能力也有了不同程度的提升。

通过本课程的学习，学生开阔了视野，培养了语言表达能力、写作能力、团队合作能力、调查研究能力、创新实践能力和科学探究精神。

（3）学生对舟山海洋环境有了更深刻的了解，树立了保护海洋、热爱海洋的意识，激发了他们热爱家乡、关注家乡发展的情感，培养了学生的家国情怀。

（4）在课程开发的过程中，教师不断拓展知识，从实践中总结反思，提升了教研能力，提高了专业化水平。

【参考文献】

[1] 范征世 . 浅谈中小学综合实践活动课程实施的思考 [A]. 教师教育论坛（第四辑）[C]. 广西写作学会教学研究专业委员会，2019：3.

[2] 李秀举 . 立足本土文化 开展综合性学习——综合实践活动课程《走近济南名士》实践研究 [J]. 齐鲁师范学院学报，2019(03)：75-81.

[3] 章春霞 . 多元为梯，为评价增效——小学综合实践活动课程中提高活动有效性的策略 [J]. 教学月刊小学版（综合），2019(Z1)：79-81.

（作者：南海实验初中　黄珊静）

“走近金塘螺杆”综合实践活动设计与实施

课改纲要提出，改革课程实施过于强调接受学习、死记硬背、机械训练的现状，倡导学生主动参与、乐于探究、勤于动手，培养学生搜集和处理信息、获取新知识、分析和解决问题及交流与合作的能力。

对金塘柳行中心小学的学生来说，虽然他们都是地地道道的金塘人，很多学生的父母是在螺杆厂工作的，但他们不知道父母是怎样工作的，是生产什么的……对祖祖辈辈生活的金塘的过去、现在、将来也不是很了解，对“中国螺杆之乡”的美誉知道的甚少。所以，为了加深学生对家乡的了解，激发学生对家乡的热爱和自豪之情，我们开展了本次综合实践活动——走近金塘螺杆。

一、活动背景

金塘镇以岛建镇，位于舟山群岛西南部，是舟山市第一工业大镇，素有“中国螺杆之乡”的美誉。本镇东距舟山本岛最近岸线 6.25 千米，南与北仑港相距 3.5 千米，全镇共有大小岛屿 12 个，陆域面积 82.4 平方千米。金塘镇交通便利，每天有十艘客轮往返于金塘与定海及镇海北仑之间，规划建设中的舟山与大陆连岛大桥穿过全岛……

塑机螺杆业是我镇比较具有块状经济特征的产业，经过十多年的着力培育和发展已初具规模与特色。近年来，以塑机螺杆为代表的非资源型产业群的兴起，为海岛工业增添了活力，成为推进我镇工业实现跨越式发展的重要支撑点和增长源。目前塑机螺杆业作为我镇区域经济发展的重点支柱产业，不仅有利于推动金塘经济的持续快速发展，同时有利于推动我镇产业结构升级，提高产业竞争能力。

新课改凸显出教师应把学生的发展作为一种开放的生成性的动态过程。回归生活世界——课堂与生活相通，知识来源于生活，教师要更新内容，增加或加强现代化技术，生产实际中的新问题、新情况等与新课题联系紧密的学习内容，关注学生已有的生活经验。

根据以上分析，笔者充分利用本地的教育教学资源，进行以下的实践活动设计。

二、活动目标设计

（1）了解螺杆的有关知识，知道金塘螺杆业的现状等；

（2）培养学生的社会调查和社会交际能力；

（3）通过合作小组的集体实践活动，培养学生团结协作精神和社会参与意识；

（4）让学生了解家乡，热爱家乡，体会自己是家乡的小主人，在活动中感受成功的喜悦。

三、活动实施

本次活动主要分三大阶段，让学生对金塘螺杆从了解到能通过各种途径向周围的人介绍。第一阶段（活动时间分散在一周内）主题是“关于螺杆，你知道多少”，让学生了解螺杆；第二阶段（活动时间为3课时）主题是“走在‘中国螺杆之乡’”；第三阶段（活动时间为2课时）主题是“让金塘螺杆走得更远”。

(一) 第一阶段

主题：关于螺杆，你知道多少

1. 布置阶段任务

同学们，我们的家乡金塘虽然是一个海岛小镇，但它却非常了不起，因为它是“中国螺杆之乡”。作为一个金塘人，你了解螺杆吗？从今天起，我们将在两周的时间里，一起去了解螺杆，了解中国的螺杆之乡，了解我们的家乡——金塘。

现在，我们开始行动，每个同学各显神通，先来了解关于螺杆的知识吧！

学生按兴趣自由组合小组，并推选一位学生担任组长。

第一组：上网查找资料、图片。

第二组：询问周围在螺杆厂工作的工人。

第三组：到图书馆查找相关的资料。

具体要求：每组安排一周的时间，具体时间每小组自行安排。组员主要了解螺杆的分类、作用、制作工艺等。最后的汇总可以是纯文字，可以是图片配文字，也可以是自己的录音材料介绍。

2. 分组开展活动

各组学生分头行动，进行汇总后，准备好在班级交流、展示。

3. 班级交流汇报评比

利用晨会课交流、展示，汇报查到的资料，并评选优秀资料组。

(二) 第二阶段

主题：走在“中国螺杆之乡”

1. 布置阶段任务

同学们，通过上一阶段的搜集资料，我们认识了螺杆，知道了螺杆的分类、作用及基本的生产工艺。现在，我们要走出教室，亲身去感受一下“中国螺杆之乡”是否名副其实。

全班分成三个组，到镇政府进行采访。

第一组：采访金塘镇企业办公室负责人，了解金塘螺杆生产的历史，现在有哪些明星企业。

第二组：采访金塘主管企业的副镇长，了解金塘镇政府对螺杆业有哪些优惠政策，现在我镇的螺杆业发展还有哪些困难。

第三组：采访金塘镇镇长，向他了解螺杆业对金塘的经济有何推动作用。

具体要求：采访前，各小组要做好联系工作，设计好采访的话题，努力做到语言简洁，问题不重复；采访时，注意文明礼貌，认真倾听，对采访的内容要及时、详细地记录，需要拍照的及时进行拍照；采访后，各小组组长要围绕话题，组织汇总，形成书面材料。

2. 分组采访

组长带头，分组进行采访，注意安全。

3. 班级交流汇总

全班交流汇总，并评出最佳采访小组。

4. 参观螺杆企业

选择一个螺杆企业，带全体学生参观，主要参观螺杆制造车间及其他配件的生产等。请企业负责人讲述他的创业史，要求每个同学都要进行记录。

(三) 第三阶段

主题：让金塘螺杆走得更远

1. 谈话引入

同学们，通过这一系列的搜集、调查、采访，我们每个人都对金塘的螺杆有了很多的了解。但是，单单是你自己了解还不够，我们要让更多的人了解螺杆，了解金塘的螺杆，了解金塘。你们说，我们作为金塘的小学生该做些什么？

2. 学生分组讨论，并交流

小作家组：可以写螺杆的产品说明书，可以写"螺杆的自述"，可以记叙本次活动有意义的过程，也可以为螺杆业的私营企业家写创业史。

小网虫组：可以把金塘的螺杆介绍做成网页，让更多的网民知道金塘的螺杆；针对螺杆业存在的困难，可以发帖子请专业人士帮助解决。

小画家组：为金塘螺杆绘制宣传画，设计金塘螺杆的形象代言动物，并通过绘画，让更多的人了解金塘螺杆。

小摄影组：拍摄有关图片，配上文字在新闻媒体上发表。

其他学生可以用贴标语或口头的形式向附近居民做好金塘螺杆的宣传，也可以给远方的亲人朋友介绍金塘螺杆，发动他们一起来宣传金塘螺杆等。

3. 每个小组分头行动

分组活动结束后，进行活动总结，汇总前几个阶段完成活动的信息反馈情况。谈谈在这次实践活动中学习的感受，并写下来。组织各小组进行实践活动成果展览，并把实践活动的成果汇编成册。

四、活动理念

伟大的人民教育家陶行知是我国近代教育家的杰出代表。他提出的生活教育理论“社会即学校”，是要把笼中的小鸟放到天空中去，使它能任意翱翔；是要把学校的一切伸张到大自然界去。要先能做到“社会即学校”，然后才能讲“学校即社会”；要先能做到“生活即教育”，然后才能讲“教育即生活”。新课程背景下，我们教师更要践行陶老的教育思想，开放有限的40分钟课堂教学时间，引导孩子走进社会、走进自然、走进生活，接触社会、接触自然，给他们提供能够自由翱翔的广阔天地。

本次活动实施中，笔者努力实践行知思想。为促进学生的综合实践能力，笔者在身边找到了综合实践活动的课程资源——我们家乡闻名于世的金塘螺杆。

(一) 解放孩子，让学生享受开放课堂

早在70多年前，陶行知先生大声疾呼“给儿童以六大解放，把学习的基本自由还给学生”。在案例设计中，笔者努力践行“六大解放”思想，让学生享受开放的课堂。

1. 解放学生的头脑，使他能想

“解放学生的头脑——使他们从只听不思中解放出来，开动脑筋，积极思维，学会思维。”思维是学习的核心，而学生的发展必须要有主体思维的参与。参与的深度与广度，对学生的发展影响很大。所以，必须让学生多动一动脑，提高他们的思维能力。

在案例设计第二阶段“走在‘中国螺杆之乡’”中，全班分成三个组，到镇政府进行采访。原来，笔者是想自己为各组准备好采访的话题，然后让学

生背出。但是陶行知先生认为："教育者要充分发挥儿童的自主、自立、自动和自觉精神，鼓励他们'自己的事情自己做'。"于是，笔者就大胆地放手让学生自己设计话题。采访前，要求各小组根据自己的任务准备好采访的话题。笔者只是给他们提意见或建议。学生不但要清楚地认识自己的任务，有针对性地设计话题，还要努力做到语言简洁、话题不重复。

2. 解放学生的双手，使他能干

"解放小孩子的双手。因为人类的活动靠双手进行，不许小孩子动手会摧残创造力。"解放学生的双手，让学生体验到快乐的情感，才能学得好。快乐的情绪可以带来儿童持久的学习驱动力，这就要求教学必须充满乐趣、充满活力，让孩子的双手动起来。

在第三阶段"让金塘螺杆走得更远"中，笔者让学生分组行动：小作家组写螺杆的产品说明书、私营企业家创业史等；小网虫组把金塘的螺杆介绍做成网页；小画家组为金塘螺杆绘制宣传画，设计金塘螺杆的形象代言动物；小摄影组拍摄图片，配上文字在新闻媒体上发表。这些设计化静为动、以动促思，解放了学生的手，让学生亲自动手，调动他们多种感官的参与。让学生能结合自己的兴趣，做自己喜欢的事情，使他们感到学习就是为了更好地生活。

3. 解放学生的眼睛，使他能看

"解放小孩子的眼睛。不要戴上有色眼镜，使眼睛能看到事实。"（陶行知语）解放眼睛，让学生会看，会观周围的生活。"会看"是聪明大脑的"眼睛"。教师有责任解放学生的眼睛，帮助孩子把"眼睛"擦得更亮。

在"了解螺杆"环节中，笔者让学生充分利用网络资源，上网查找螺杆的资料、图片，学生意识到不仅要留心身边的事，还要留心网络中对自己有用的信息；在学生参观螺杆企业前，笔者又进行了专门的参观辅导，引导学生在参观螺杆制造车间及其他配件的生产时，要有明确的观察目的，掌握正确的观察方法，同时鼓励学生留心观察，不要轻易转移目标，要有顺序、有步骤地观察。在这样的“看”之后，学生已经为后一阶段的学习奠定了良好的基础，学生良好的“看”的习惯也养成了。

4. 解放学生的嘴，使他能说

陶行知先生说：“解放小孩子的嘴巴。有问题准许问，‘发明千千万，起点是一问’，有话敢直说。……小孩子得到言论自由，特别是问的自由，才能充分发挥他的创造力。问题的解答里，可以增进他们的知识。”

语文学习是一个有目的的主动建构知识的过程，是有意义的活动。学习不是被动吸收，而是反复练习和强化记忆的过程。笔者创设了一个新颖而有趣的问题情境——组织学生到镇政府进行采访。笔者要求学生自己“发问”，这引起学生心理上的疑难，激起大脑皮层的神经兴奋。让学生自由“问”，而且又是学生喜欢的“采访”形式，这样学习过程就变得有效了。

同时，笔者还让学生多讨论。在本案例的设计中，笔者还提供了一些问题情境，让学生想说就说，能发表独立见解。

5. 解放学生的时间和空间，使他能学

陶行知先生说，“让他们去接触大自然中的花草、树木、青山、绿水、日月、星辰以及大社会中之士、农、工、商、三教九流，自由地对宇宙发问，与万物为友，并且向中外古今三百六十行学习”“不要用功课填满他们的时间表，要给他们一些空闲时间消化学问，并想一些他们自己感兴趣的东西，干一点他们高兴干的事。多几分学习人生的机会”。

在第一阶段“关于螺杆，你知道多少”中，让学生各显神通，按兴趣自由组合小组，上网查找资料、图片，走访周围在螺杆厂工作的工人，到图书馆查找有关的资料；在第二环节中，到镇政府进行采访，并选择一个螺杆企业，带全体学生参观螺杆制造车间及其他配件的生产等，请企业负责人讲述他的创业史等这些环节的设计，让学生走出课堂学到了书本上学不到的知识。

在整个教学过程中，笔者实践着“不要把儿童关家中，让他们到大自然、到社会中去扩大视野。解放空间，扩大学生认识的眼界。让学生去接触大自然、大社会，扩大眼界，以发挥其内在的创造力”这一理念，把本属于学生的自由发展和思考的空间还给学生。因为，笔者深刻地认识到“社会是最好的老师，它包罗万象，奥秘无穷。让学生到社会中去感受、去体悟、去探寻，到社会中去磨炼是一条极好的丰富知识、开阔视野的途径”。

陶先生说：“有了这六大解放，创造力才可以尽量发挥出来。”在新课程改革的大形势下，我们只有改变自己的观念，彻底解放学生，才能让学生真正有所发展。

(二) 开发资源，让学生走进生活

陶行知先生指出，“生活即教育”“教学做合一”“为生活而教育”。他还倡导开放型的、与生活实际紧密结合的新型教育。教育源于生活，适应生活的需要，因而教学更不能脱离生活。

教师要更新内容，增加或加强现代化技术，生产实际中的新问题、新情况和与新课题联系紧密的学习内容，关注学生已有的生活经验。笔者在身边开发资源，让学生走进生活。我们金塘镇以岛建镇，位于舟山群岛西南部，是舟山市第一工业大镇，素有“中国螺杆之乡”的美誉。塑机螺杆业是我镇比较具有块状经济特征的产业，经过十多年的着力培育和发展已初具规模与特色。近年来，以塑机螺杆为代表的非资源型产业群的兴起，为海岛工业增添了活力，成为推进我镇工业实现跨越式发展的重要支撑点和增长源。目前

塑机螺杆业作为我镇区域经济发展的重点支柱产业，不仅推动了金塘经济的持续快速发展，同时也有利于推动我镇产业结构升级，提高产业竞争能力。笔者让学生回归生活世界，让课堂与生活相通，因为知识来源于生活。

陶行知先生也认为："教育起源于生活。生活是教育的中心，就是倡导每一个孩子都公平地享受为生活做准备的教育。教育要培养能适应社会生活的人，这就是教育的根本目的。"

学生了解金塘螺杆这一社会实践活动是从生活中、在各种活动中进行学习，通过与生活实际相联系，主动学习，获得直接经验。学生不是被动地接受老师的说教或单纯地从书本上进行学习，而是直接从他们熟知的外界事物和周围事物环境中进行学习，同学生的生活实际相结合，从而获得有用的知识。活动中，学生了解了螺杆的有关知识，知道金塘螺杆业的现状，更加了解家乡、热爱家乡，感悟到自己是家乡的小主人，也培养了自己的社会调查能力和社会交际能力、团结协作精神和社会参与意识。

陶行知先生说："时代是继续不断前进的，我们必得参加现代生活里面。与时俱进，才能做一个长久的现代人。"我们相信，只要努力实践行知思想，解放学生，开放课堂，使学生走进生活，让语文综合学习更精彩，学生一定会有更大、更好的发展。

【参考文献】

[1] 方明 . 陶行知教育名篇 [M]. 北京：教育科学出版社，2005：1.

[2] 金培雄 . 陶行知有效教学思想研究 [J]. 教育科研论坛，2009(05)：4–5.

[3] 华中师范学院教育科学研究所 . 陶行知全集 (第一卷) [M]. 长沙：湖南教育出版社，1985.

（作者：舟山市定海区东海小学　方艳娜）

“寻找旧日渔音——舟山渔歌”调查研究综合实践活动

舟山渔歌是一曲回荡在海上的心灵诗篇，它历史悠久，源远流长，极富艺术魅力，是一种独具海洋特色的非物质文化遗产。但是在现代经济的冲击下，渔歌文化正在逐渐萎缩，尤其是青年一代对渔歌的历史、内容了解甚少，渔歌的发展面临着严峻的考验。因此，笔者带领学生开展了一次“寻找旧日渔音”对舟山渔歌的调查研究实践活动。通过此次活动笔者和学生们感受到了渔歌的独特魅力，体会到它所承载的质朴浑厚的海洋精神，也感受到了渔歌现状的岌岌可危，更让笔者对进一步挖掘舟山渔歌深层次的文化内涵，传承和保护像舟山渔歌这样独具魅力的非物质文化遗产有了深刻的感触与收获。

一、活动背景

从主题上来讲，舟山渔歌是一曲回荡在海上的心灵诗篇，它历史悠久，源远流长，极富艺术魅力，是一种独具海洋特色的非物质文化遗产。舟山渔歌，有着与众不同的独特风格和强烈的海洋生活气息，来源于渔民日常的朴素语言，以口耳相传的形式融合了千万人的智慧，充满着渔家人的乐观主义精神和雄壮、豪迈、朴实、奔放的个性。但是在现代经济的冲击下，渔歌文化正在逐渐萎缩，在广大人群中，尤其是青年一代对渔歌的历史、内容了解甚少，大多数人对此表示兴趣不大，渔歌的发展面临着严峻的考验。因此，笔者确定了“寻找旧日渔音——舟山渔歌”的调查研究实践活动，让肩负着祖国未来使命的青少年们行动起来，通过实践活动认识、了解舟山渔歌，并能对舟山渔歌的历史发展有所感悟，能为舟山渔歌的传承贡献一份自己的力量。

从能力培养上来讲，此次实践以“小组合作”的方式展开，通过此方式不仅能发扬我们小学小班化教学中小组合作的特色，更能让学生在合作中学会互助，发挥特长，体会分工的效率，感受团结的力量。此次实践活动从方案的设计到实践再到汇报都将由学生独立完成，教师只是在一旁起指导作用，这是一次对学生的逻辑思维、设计能力、交际能力等各项综合实践能力的大考验，是一次真正放手让学生自由发挥的大舞台。

二、活动设计

(一) 活动目标设计

(1) 让学生在实践的过程中了解舟山渔歌的历史与发展，感受舟山渔歌的现状，为渔歌的传承贡献力量。

(2) 培养学生独立实践和“小组合作”的能力，让学生在实践中了解采访、问卷调查、资料查阅等有效的实践方法，并发挥“小组合作”的优势，取长补短，互帮互助，发挥团队作用。

(3) 能在实践过程中感受到舟山渔歌的魅力，从心底热爱渔歌，做一位光荣的舟山渔歌传承者。

(二) 活动重点与难点

重点：让学生在实践的过程中了解舟山渔歌的历史与发展，感受舟山渔歌的现状，为渔歌的传承贡献力量。培养学生独立实践和“小组合作”的能力。

难点：理解与有效运用实践方法，发挥小组合作的特长。感受舟山渔歌的魅力，从心底热爱渔歌，做一位光荣的舟山渔歌传承者。

三、活动实施

本次活动分三个阶段实施：准备阶段、实施阶段、汇报评价阶段。

(一) 准备阶段——开题

1. 激趣导入，充分讨论生成主题

在活动开题阶段，以外国学生 Marry 想要了解舟山特色文化引入，用 Marry 的话贯穿整个活动。教师引入话题：“同学们，今天我们班来了一位外国朋友，这位朋友对舟山的特色文化特别感兴趣，她想请你为她介绍一下舟山，你最想对她介绍什么呢?”学生们的回答肯定五花八门，可能会谈到舟山小吃、舟山方言、舟山美景、舟山渔歌……若学生提出了舟山渔歌，教师就跟随话题引出本次实践活动的主题——舟山渔歌。若学生没有提到，教师则作为 Marry 的朋友为她介绍，顺利导入活动主题。接着请学生自由谈谈对舟山渔歌的了解。在学生发言的基础上，教师做补充，对舟山渔歌进行简单的介绍。

2. 分解主题，自由组成研究小组

教师继续用 Marry 来引导活动，让 Marry 发言：“听起来舟山渔歌很有意思，你能为我具体介绍一下吗？”学生为新朋友介绍舟山渔歌，请学生思考想要介绍舟山渔歌的哪些方面内容，请学生在组内交流、讨论。根据学生回答和可行性操作，最后在课堂中确定了以下五个实践研究主题：介绍舟山渔歌的历史；调查渔歌现状；介绍舟山渔歌的种类；学唱一首舟山渔歌；做一名渔歌传承人。

学生们自由搭配小组，以4人为一组，一共组成了(介绍渔歌历史、调查渔歌现状、介绍渔歌种类、学唱渔歌、做渔歌传承人)5个小组，针对上述五个研究主题进行了分工。“凡事预则立，不预则废”，周密细致的活动计划是成功的关键，但是如果一开始就直接让他们填写活动方案表格的话，很有可能就会禁锢学生的思路。所以，在学生充分讨论，并自由分好小组后，笔者才开始引导他们制订本组具体的活动实施方案。

3. 以小组为单位，制订活动方案

(1) 根据要求制订小组活动方案。其目的是让学生知道要做什么，由谁来做，怎么去做，让学生有方法可循，不会漫无目的，是对学生活动的指导，一边说一边记录要做的事情，于是我们制订好了小组活动方案，如表1所示。

表1　“寻找旧日渔音——舟山渔歌的调查研究实践活动”方案设计

学校：__________　　组名：__________

研究主题		
人员分工	姓名	分工
活动步骤		
调查方法		
预期成果		

(2) 自由讨论，预期困难。组员们进行了热烈的讨论，根据自己的优势确定不同的分工，并且讨论了在研究过程中可能遇到的问题。大家各抒己见，讨论解决的办法，各组也对成果进行了预期。以下是其中一组的活动设

计方案，如表2所示。

表2 “寻找旧日渔音——舟山渔歌的调查研究实践活动”记录表

学校：＿＿＿＿＿＿＿＿ 组名：＿＿＿＿＿＿＿＿

<table>
<tr><td>研究主题</td><td colspan="2">舟山渔歌的种类</td></tr>
<tr><td rowspan="5">人员分工</td><td>姓名</td><td>分工</td></tr>
<tr><td>潘徐喆</td><td>记录人员（组长）</td></tr>
<tr><td>李灵蜜</td><td>汇报人员</td></tr>
<tr><td>伍凤朝</td><td>资料搜集人员</td></tr>
<tr><td>陆雨欣</td><td>整理资料人员</td></tr>
<tr><td>活动步骤</td><td colspan="2">一、搜集资料（伍凤朝）
1. 网络资源 2. 书籍资源 3. 报纸资源
二、整理资料（陆雨欣）
整理过程性资料
三、活动记录（潘徐喆）
记录活动过程
四、汇报内容（李灵蜜）
整理资料，制作成PPT汇报</td></tr>
<tr><td>调查方法</td><td colspan="2">文献法、采访法</td></tr>
<tr><td>预期效果</td><td colspan="2">了解舟山渔歌的种类及代表作，并了解分类方法</td></tr>
</table>

4. 布置任务、明确要求

分好小组后，每组确定小组队名，并且根据实践活动方案明确分工；组长统筹，组员分配任务，利用一个月的时间进行实践活动；教师从旁监督和协助，了解实践过程和进度，在实践中给予必要的帮助和指导。在活动实施阶段，要求小组每次的实践活动必须以照片为证，若有条件，录像最佳。在活动汇报评价阶段，每组将以PPT的方式汇报展示，汇报内容包括：研究主题，组员分工、讨论过程，实践过程（照片），实践成果，实践收获感想这五个部分。

(二) 实施阶段

接下来的一个月中，学生们依据本小组的活动方案及各自的任务分工，开展了如火如荼的实践活动。虽然天气炎热，但消减不了学生们的热情。学生们积极地设计调查问卷，分发，统计；走访文化局，了解渔歌发展现状；学唱渔歌，文明传承……

1. 多种方式，搜集资料

学生按照组长分配的任务开始行动，利用书籍、上网、询问等多种途径搜集资料。历史组走进老渔民家中，去了解他们耳熟能详的渔歌及渔歌的故事。现状组走进文化馆非遗保护中心，采访了负责渔歌的王科长，从他那里拿到了渔歌现状的第一手资料。传承组则找来了学校里研究渔歌资深的洪老师，跟着洪老师一起学唱渔歌，感受渔歌的魅力……

2. 设计问卷，了解现状

为了更加清楚地了解舟山渔歌的生存现状，学生们带着调查问卷在定海的街头进行调查，问题的内容涉及舟山渔歌的各个方面。以下是学生们的统计表，如表3所示。

表3　舟山渔歌现状调查统计表

是否听过舟山渔歌		是否喜欢舟山渔歌		是否会唱舟山渔歌		是否了解舟山渔歌的历史		是否了解舟山渔歌的现状	
是	85%	喜欢	30%	会	10%	很清楚	8%	清楚	4%
否	15%	一般	42%	会一点	15%	知道一点	10%	知道一点	13%
		不喜欢	28%	不会	75%	不清楚	82%	不清楚	83%

根据上面的统计表可以明显地看出舟山渔歌的生存面临严峻的考验。人们对舟山渔歌的认知度不高，不会唱舟山渔歌的人占了75%，对舟山渔歌

生存现状不清楚的比例也高达83%。舟山渔歌传唱度不高，人们对其了解度低成为舟山渔歌持续发展所面临的问题之一。

3. 实地采访，传承可待

在实践过程中，学生们对定海文化馆从事渔歌管理方面的王科长进行了专访。从他口中，我们了解到，定海的文化工作者进行了长期的采风工作，将搜集起来的渔歌整理成册并加以规范，组织了大型的文艺活动来传播渔歌。

然而，日趋机械化的劳动模式使得渔歌失去了赖以生存的土壤，加上长期以来对文化方面的不够重视，对渔歌的搜集、保护及传承都不够完善，没有形成产业化的文化链。

在渔歌传承人才培养上，年轻化程度不高，高素质人才较少，专门研究舟山渔歌的学者更是屈指可数，这些原因使得舟山渔歌的传承后继无力。

在教学领域，人们虽有想要设立专门学校成为传承基地的设想，但却并未付诸行动，在青少年中未形成有效广泛的影响力。

4. 学唱渔歌，活态传承

传承组找来了学校里研究渔歌数十年的洪老师。洪老师听到学生们要了解渔歌，非常激动。他告诉学生渔歌多介绍了航海知识、生产知识、鱼类知识、历史知识，当然还有气象知识，等等。这些都反映了舟山渔歌的地域性、知识性的特点。这些歌谣，大多采用“借景抒情，咏物言志”的比兴手法，实中有夸张，虚中见真情，深入浅出，词简意赅，寓理于乐，雅俗共赏。渔民通过传唱歌谣，陶冶情操，传播知识，锻炼毅力。说着说着，洪老师就唱了起来。一曲《开洋曲》，让学生们被歌声深深地打动，不由地都跟着哼唱起来。

5. 整理资料，整合信息

在活动过程中，笔者鼓励学生对各种信息进行整理，培养学生搜集、整理资料的能力及自己反思的习惯，教导他们如何合理设计问卷，注意问卷分发的地点和时间；采访时如何设计问题，才能准确搜集信息；采访前约好时间地点、询问对方是否有空、注意礼貌问题；对于搜集的资料及早进行整合，数据进行收集计算……在实践过程中笔者始终扮演着指导者的角色，鼓励学生放手大胆地去做，在他们遇到问题时及时给予帮助和指导。

（三）汇报评价阶段

经过近一个月的实践活动，学生们都收获颇丰，本次活动的亮点满满，获得阵阵掌声。现状组用数据来说话，精准的数据获得大家一致的好评；历史组追溯历史，为大家介绍了渔歌的历史发展；种类组则给大家分门别类介绍了不同渔歌的特征；传承组告诉大家渔歌的岌岌可危，呼吁大家传承创新。

1. 信息与实践相结合

五个小组都认真制作了 PPT，并且安排一名汇报人上台汇报，这也是对学生信息能力、表达能力及整合能力的一种锻炼。每组学生都根据自己的研究主题进行了汇报，内容涉及汇报主题、人员分工、研究内容、活动过程、活动收获，他们在讲台上自信满满地汇报，笔者扮演学生听着他们汇报。通过这次活动，学生们对舟山渔歌有了更加深刻的认识，了解到了渔歌现状的岌岌可危和传承的重要性。这不就是实践的意义吗？

2. 展示形式丰富多彩

除了 PPT 展示，现状组结合自己的调查、采访，撰写了《“寻找旧日渔音”——对舟山渔歌的调查与收获》实践报告，将自己小组在实践中的收获转化成了学习报告；在学校发表，让更多的学生了解舟山渔歌的现状及魅力。传承组更是为大家献唱了渔歌《开洋曲》：“天气好（雷）风已央／起锚拔篷要开洋／旺邦开出去／篷花黑齐齐……”虽然歌声比较稚嫩，唱腔也不标准，但这也是传承舟山渔歌、宣传渔歌的一个有效手段。传承组还希望更多的渔歌能够加入学校的校本课程中，让更多的学生知道渔歌，会唱渔歌，热爱渔歌。成员们汇报结束后，为了加深活动意义，学生和老师共同制作展板，向全校介绍舟山渔歌的历史、渔歌的现状等，并在周一的集体活动中再次为大家表演了渔歌，力求让更多的舟山人民能够关注舟山的非物质文化遗产。

3. 多元评价小组争章

(1) 多元评价相结合。评价采用学生评价与教师评价相结合、过程评价与总结评价结合的方式。评价重点放在了对过程的评价上，从而体现评价的诊断、导向和改进功能；关注参与态度、情感和体验：设计小组活动方案、设计问卷调查、走访文化局、学唱渔歌……充分肯定学生展示成果的价值。活动关注了每一个学生的成长需求，满足了每一个学生的内心渴望，经过体验的呈现，都是最好的评价。

(2)“争章”评价相结合。结合学校大队部开展的“金星少年，星币争章”活动，将实践活动的评价与争章活动相结合。对每次开展的实践活动开展争章比赛，在各小组活动中根据学生的合作情况、成果汇报进行“星币”奖励，在实践结束后对各小组的活动成果进行展示，并采用多种投票方式进行评比，对优秀校本活动进行“金星章”的奖励，与学校的“金星少年”评比相挂钩，以此鼓励学生的参与积极性，也对学生的活动给予积极的肯定与评价，让学生享受收获的乐趣。

四、活动效果

（一）收获一份新知识，舟山渔歌的历史与传承

通过此次实践活动，学生们对舟山渔歌的历史与发展有了一定的了解，也意识到了渔歌的现状岌岌可危，正需要像他们一代的年轻人肩负起传承渔歌的重任，而他们也被舟山渔歌的独特魅力所吸引，不知不觉地爱上了舟山的特色文化——舟山渔歌。

正如传承组陈雨欣在实践日记中写道：

"渔歌的传承和发展，必须为之创造良好的、适宜生存和发展的氛围。首先，必须要建立必要的海洋文化基础设施，为舟山渔歌普及、传承提供良好的物质条件。此外，通过组织开展系列大型群众文化活动，对夯实渔歌之乡的群众基础有着重大非凡的意义。"

现状组傅泽萱则在日记中提到了渔歌的创新和保护：

"保护渔歌、号子这样的非物质文化遗产，需要不断创新，但创新和挖掘、保护并不矛盾。这些非物质文化遗产，其内容毕竟相对落后，难以适应现代人对文化的需求。因此，我们可以适当地选择一些进行再创作，然后搬上舞台，使之走进生活。这样才能更好地迎合现代人的口味。"

（二）收获一份新方法，调查研究学问大

此次综合实践活动，学生们自己设计了问卷调查，通过各种渠道查阅资料，还亲自去文化局走访，在马路上分发问卷，并从中感受到了实践研究的学问之大，实践活动的乐趣之多。原来在实践中我们可以运用调查法、问卷法、文献调查法。这不仅仅适用于本次的实践活动，也适用于各类的综合

实践，为学生以后开展实践调查、学习提供了一个有效的方法指导。

“今天，徐老师教我们设计了问卷调查。我才知道原来设计问卷有这么多的学问，并不是我们简简单单随便列举几个问题就可以的。问卷的题型有封闭式和开放式，一般以封闭式为主，因为大部分人没有这么多耐心去回答你开放式的问题，所以这类问题价值不大。”

“今天采访了文化局的王科长。真的好紧张，不知道该怎么开口才好，幸好徐老师提前让我们准备好了采访的问题，我们小心翼翼地抛出问题，王科长热情地一一解答了我们的疑问，让我们更加清楚地了解了舟山渔歌的现状。”

（三）收获一份新不足，实践过程困难多，真正实践需坚持

不可避免的，此次实践活动也有较多不足，如学生并不清楚如何去开展实践活动。为此在开展实践活动前专门教授了学生如何有效开展实践活动；部分小组分工不明确，所有的实践压力都堆到了组长一人的身上；个别小组不懂得如何汇报，没有将实践内容很好地展示给大家，导致辛苦的实践收获没有得到有效展现等。可见，一次真正的实践活动必定困难重重，需要老师细心指导学生进行耐心实践。虽然此次的实践活动告一段落，但无论是对学生还是对老师来说，实践的探索将永不停止，对渔歌的热爱将永存于心。

【参考文献】

[1] 周一渤 . 穿越千年风浪的渔歌行板 [J]. 人文中国，2010：42–47.

[2] 郭义江 . 对“舟山渔歌”认知的现状调查及构想 [J]. 人民音乐，2009（2）：52–54.

[3] 金涛. 舟山渔歌的归属及特色 [J]. 浙江海洋学院院报（人文科学版），2000(9)：12–17.

（作者：舟山市定海区小沙中心小学　徐佩飞）

当“海纳课程”与小课题研究美丽邂逅

笔者以前误以为“海纳课程”与小课题研究毫不相关，从未想过当“海纳课程”与小课题研究美丽邂逅会是什么情形。直到去年笔者的这种错误想法才开始逆转，因为学校要求学生的小课题研究选题要从海纳课程中找，笔者带着学生翻遍了整本海纳书，最后我们在《家乡的名胜古迹》一课中发现在我们的家乡存活着好多100岁以上的古树，我们决定对家乡的古树现状进行调查与研究。接下来的一年时间，经过课题组成员的共同努力，我们的课题成果居然在区里获得了一等奖。下面笔者就结合自己的亲身体会来谈谈当“海纳课程”与小课题研究美丽邂逅，如何更好地整合各种课程资源，减轻老师们的压力，让孩子们的小课题研究更加扎实有效。

一、活动背景

随着基础教育课程改革的推进和国家海洋战略的实施，我校从2011年开始就成立了海洋教育科研团队，每周五的下午，学校所有班级都会“不约而同”地上一堂海洋校本课程——“海纳课程”。学校海教团队还开发了“海纳”校本课程，内容包括家乡的特色文化、美食小吃、风景名胜等 。比起一般的课堂教学，海纳课程更重视学生的参与感和体验感，通过“引领—活动—体验—分享—呈现”这一流程，带给学生最佳的学习体验。

学生的小课题研究是一种综合性实践活动，也是研究性学习的一种方式。我校从四年级开始就开设了小课题研究的校本课程，每个班有几个同学选修这门课程，每星期一节课。虽说开展小课题研究对于提高学生学习积极性、培养学生自主学习能力、促进学生成长有着积极的作用，但是指导老师都觉得要胜任这一项工作是不太容易的。因此，每次学校布置小课题研究的任务，老师们难免有顾虑。学校教科室曾经动过不少脑筋，想要调动老师们的教研热情，但是收效甚微。自从学校的海纳课程开设以来，要求学生的小课题研究选题可以从海纳课程中寻找，老师们如获至宝，越来越积极。海纳课程不但为小课题研究提供了大量选题，而且为学生提供了一起研究学习的时间和空间，一举两得。

二、活动设计

每周的海纳课和小课题研究选修课，学生可以有充分的时间选课题，分阶段汇报课题近况，老师可以随时了解和跟进学生的课题研究。每周五第二节海纳课小课时间，老师会布置双休日的小课题研究任务，学生可以利用双休日在家长的带领下去实地采访、开展调查研究等。有了时间的保障和家长的支持，学生的小课题研究工作就容易开展了。

笔者先带着我们班的三个学生确定了我们的小课题研究题目：普陀古树现状的调查和研究。接下来是分配任务，让学生们通过各种途径了解普陀古树的分布位置和保护现状。通过这次小课题研究，学生们明白了加强古树保护，对于保护森林资源、提高人们的生态环境保护意识、促进家乡的经济发展都有重大意义。

活动历时约一个学期。在活动的收尾阶段，三个学生分工完成了小课题研究报告。活动让学生们也明白了古树是指树龄在100年以上的树木，是生物界适者生存的完美体现，是森林资源的精华。同时它是不可替代的景观资源，是旅游景观的生态宝藏，肩负着绿化和美化环境的重任，是一个地区形象的重要体现；它还具有丰富的历史、文化内涵，被誉为“活文物”。我们通过查询各类资料及问卷调查、实地采访、现场观察等方式，了解到家乡古树资源丰富，尤其在普陀山古树随处可见。但是普通民众对古树的相关知识缺乏了解，而且保护意识淡薄。通过这个活动，学生们希望未来有更多的人了解古树，保护古树，珍惜古树。活动中的实地采访和调查环节，不但让学生们增长了见识，还锻炼了他们的胆量和与人交往的能力。他们表示下次如果还有类似的采访和调查活动，一定会更加落落大方，口齿清楚，在面对陌生人时更加热情有礼貌。我们的这一小课题研究得了区里一等奖，这既是对学生的肯定，又极大地鼓舞了学生进行小课题研究的信心。

三、活动实施

（一）惊喜邂逅——聚焦学生的热情

小课题研究应强调合作精神，注意培养学生策划、组织、协调和实施的能力。小课题研究应突出学生的自主性，重视学生主动积极参与的精神，主要由学生自行设计和组织活动，特别注重探索和研究的过程，提倡跨领域学习，与其他课程相结合。海纳课程正好也注重学生的参与和体验，与小课题研究整合起来会取得意想不到的教学效果，不但提供了小课题研究的主题，还保证了小课题研究的时间和地点，大大减轻了小课题带队老师们的负担。

当我们在寻找小课题研究主题的时候，一定要从学生感兴趣的身边事物出发。例如，我们在海纳课本中找寻灵感，海天佛国普陀山的美景映入眼帘。有个学生注意到角落里 100 多岁的古树，这才是孩子们感兴趣的事物。笔者看到学生们好奇的眼神，趁机加料：同学们，古树名木作为景区的有机组成部分，不仅是大自然留给人类的宝贵财富，更是活着的、不可再生的文物，具有不可估量的历史文化价值。你们想去研究它吗？学生们都点头表示感兴趣。笔者接着发问：那么你们有些什么问题要研究呢？学生们纷纷提出问题：我们家乡到底有多少古树？它们具体分布在哪里？这些古树有人保护吗？都有哪些保护措施呢？学生的问题一个接一个，看来我们的研究激发了学生的兴趣。趁热打铁，我们成立了小课题研究组，组员之间进行了分工，学生的活动热情空前高涨。

（二）激情邂逅——挖掘学生的潜能

美国心理学家马斯洛·罗杰斯说："人的潜能、个性和价值是高于一切的，人是教育的出发点和归宿，教育的功能就是要助人达到他能达到的境界。"自从成立了小课题研究组以后，学生利用双休日和小课题选修课紧锣密鼓地忙碌开了。课题组长吴佳凝认真细致，主要负责问卷的设计和上网查找资料。组员陈彦达和张晓宇比较外向，负责发放问卷、汇总并分析资料。孩子们各司其职，活动有条不紊地进行着。

1. 选修课上网查找文献资料

我们充分利用一星期一节的选修课，通过上网查找资料，发现家乡普陀有很多珍贵的古树树种，如普陀鹅耳枥、舟山新木姜子等，这些古树名木主要集中于国家级风景名胜区普陀山。我们还了解了舟山群岛古树资源分布状况，知道了舟山有4株古树入围"浙江最美古树"、朱家尖的"沙蓬古树群"还拥有"浙江最美森林"的称号。网上查阅资料让我们了解了古树的价值：古树名木具有不可替代的旅游价值，是旅游景观的生态宝藏。古树还具有一定的文化、历史价值，是祖先留给我们的珍贵绿色遗产，具有极高的历史和文化内涵；它记载着一个地域的自然、历史和文化内涵，是一个地域

“政治经济文化”的“活史料”；它代表了一个地域的形象。

海纳课上，为了了解普通民众对古树的关注程度，我们课题组成员还一起讨论，由组长负责，各成员共同设计了《探索家乡古树之谜》调查问卷。

2. 双休日在商场发放调查问卷

在一个周末的上午，我们去凯虹广场和欧尚超市发放调查问卷。在这次问卷调查中，我们共发了50份问卷表，收回50份，调查非常成功。我们对收上来的问卷进行了整理、归纳，并将有关的调查结果进行分析。我们发现：很多人都不清楚古树的情况，说明古树的存在和对古树的保护没有引起人们足够的重视；大部分人对古树的管理举措认识不清，这也是对古树的保护意识缺乏的一种表现；还有一部分人保护古树的意识是有的，缺少的可能是一个机会或者一个途径。

在发放问卷的过程中，三个孩子各显其能：张晓宇是个性格外向、开朗的女孩子，一直笑呵呵地应对各种人群；而陈彦达虽然是个男孩，一开始却不肯跟陌生人接触，经过鼓励，在一次成功的尝试后终于成功完成任务；而组长吴佳凝也是一个不善言辞的小姑娘，她在妈妈的鼓励下终于走到了一位慈祥的老奶奶面前，有礼貌地提出了自己的要求。看到那位老奶奶向她点头，吴佳凝马上主动提出帮她提货物，让她腾出手填写调查问卷，真是个乖巧的孩子！最终学生们用他们的方法都圆满完成了任务。在活动过程中，他们的潜能被充分挖掘，搜集、处理信息的能力得到了提高，与人交往、团结合作的能力得到了提高。学生之间始终洋溢着一种和谐、合作的氛围。

（三）精彩邂逅——培养学生的探究精神

小课题研究还需要通过多维丰富的系列活动挖掘学生的潜能，展现学生的天赋，培养学生成就感，从而迸发出创造力。因此，我们的课题组利用几个双休日跑遍了普陀古树的生长区，实地考察，让学生们眼见为实，培养了学生主动学习、努力探索的创新精神。

1. 海天佛国普陀山实地观察古树

为了对古树有更深入的了解，同时掌握第一手资料，课题组成员又利用了一个周末，结伴来到了古树名木资源位居全市第一的旅游胜地普陀山。我们发现，普陀山百年以上树龄的古树数不胜数。在普济寺我们见到了一棵有着600多年树龄的香樟，足有七八层楼高，干围粗达8米，枝叶茂盛，浓荫蔽天，犹如一朵遮天盖地的绿色蘑菇云；在法雨寺我们见到好几棵罗汉松，树形高大，四季常青，上部是裸露在外面的种子，光溜溜像个罗汉头，下部较粗壮，像披着袈裟的罗汉上身。在佛顶山慧济寺后门我们见到了普陀鹅耳枥。普陀鹅耳枥为普陀山特有树种，国家一级保护植物，树龄约200年，树高13.5米，世界上仅此普陀山一棵成树。我们还从一个导游那里了解到，普陀山百年以上古树名木多达1300多株，其中千年和500年以上古樟树有十几棵。

2. 普陀茅洋樟树

课题组还专程到普陀茅洋社区探访那里的古树木，古树以樟树为多。我们有幸采访到了社区樟树养护员徐舟兵师傅。从与徐师傅的交谈中，我们知道：①这些古树不是自己随意生长起来的，是人为种植并有专人照料的。②古树一般以樟树为多，是因为樟树容易生长。在科技落后的年代里，樟树的用处也很大。③每年的3月至4月是香樟新梢生长期，需要修剪；7、8月份，因为天气热，降水少，需要浇水。④现在社区里有专用资金用于樟树养护，国家对古樟树非常重视。

3. 朱家尖“沙蓬古树群”

“沙蓬古树群”坐落在普陀区朱家尖里沙西北面，面积100余亩，以落叶植物漆树科黄连木为主，并有石楠、糙叶加、小叶女贞、香樟等25科，计34种植物，植被丰富，常年郁郁葱葱，独具特色。由于常年海风吹拂，古树树枝一致以背向大海方向伸延，状若船上篷帆，形成了奇特的景观，得以“沙蓬”之称。整个“沙蓬”又呈现出黄、绿、白三种色彩，与前面深蓝色的大海和后面茂密成片的古樟林连在一起，构成了一副绚丽夺目的画面。

4. 采访林业部门的相关领导

经过热心家长的几次联系，我们有幸采访了普陀山园林管理处主管古树保护的张清雅阿姨。通过采访，我们知道了普陀区的古树是以普陀山为主。2007年调查显示，普陀山有1315株古树。其中，500年以上的古树是一级古树，有12株；二级古树在300～500年之间，有106株；三级古树在100～200年之间，有1197株。

我们还从张阿姨那里了解到许多关于普陀区古树的保护措施。普陀区古树名木保护措施最主要的是普陀山树洞的修补。修补的方式第一种是涂抹石灰、泡沫剂填充，最后用树皮假植；第二种方式是挖通气井；第三种是树体的支撑。有些古树生长在路边，因为雨水造成水土流失，破坏比较严重，容易使树体倾斜，人们就用钢丝绳，还有钢管进行支撑。还有些古树位丁水泥路石板中，造成树根被压住，他们就敲掉水泥、石板，然后用植草砖，增加美观。为了减少人为的破坏，人们还在树旁增设围栏、护栏；有的还摆放了凳子，供人们休憩。

在这次小课题研究过程中，孩子们去了普陀山，走访了展茅和朱家尖，采访了各处负责园林管理的叔叔阿姨，还询问了当地的村民和导游，在寻访中增长了知识和能力。孩子们还实事求是地记录了各项数据，拍摄了很多照片，保存了录音和录像，原先萦绕在心头的疑团一个个迎刃而解，在科学探究的路上我们一路欢歌、奋勇向前！

(四)美丽邂逅——体验责任和担当

在普陀山园林管理处的采访中，张清雅阿姨见我们对古树身上挂的牌子感兴趣，就告诉我们普陀山的古树一般都有爱心人士领养，有专人负责养护，所以每棵古树身上会有一块牌子。领养的方法有两种：一是直接到普陀山园林管理处提出申请，填写表格，支付领养费；二是通过网络填写电子申请表，网络转账支付领养费。领养申请审核通过后，园林管理处的工作人员会制作好领养牌，挂在古树上，告诉其他游客：这棵古树可是有主人的！我们不禁对这些爱心人士肃然起敬，原来古树能一直活到今天都是他们的无私付出呀!

听了张阿姨对普陀区古树现状和对古树保护的介绍后，我们了解了普陀区古树现在的情况，以及在古树保护方面，园林处的工作人员做了大量的工作；我们也感受到了普陀区丰富的古树资源，体会到了工作人员的辛勤付出。但是普通民众对古树缺乏了解，而且保护意识淡薄。我们觉得古树的保护不能光靠一部分人来做，还需要全社会成员的共同参与。学生决定回学校以后立即拟一份“保护普陀古树”的倡议书。我们希望未来有更多的人了解古树，保护古树，珍惜古树。以下是这次活动后我们小课题研究组对有关部门提出的几点建议：

(1) 加强宣传。增强民众的自觉保护意识，让保护古树的观念深入人心。

(2) 落实责任。切实加强古树保护工作，确定管护单位和具体管护人，落实管护义务、责任和措施。

(3) 定期普查。建立古树管护监测体系，每年定期对古树生长进行监测，跟踪管理。

(4) 依靠科技。搞好古树管护的技术指导，利用科学技术指导古树的日常养护管理工作。

(5) 加强执法。严厉打击破坏古树的违法行为，专兼职护林员各司其职，制止各种损坏活动，杜绝人为损害事件发生。

当学生把课题研究成果在海纳课上进行展示时，笔者发现学生们的眼睛在发光，课题组成员落落大方地介绍活动过程和收获，台下的学生兴致勃勃地倾听着、感受着、激动着、兴奋着。笔者知道，他们也跃跃欲试，想要加入保护家乡古树的行动中来。我们趁机拿出拟好的保护古树的倡议书，号召全班学生去各家各户、去人群密集点分发，小手拉大手，让更多的人加入保护古树的行列中来。这种强烈的责任担当在学校学习中是体验不到的。通过活动，学生学会了深层次思考，学生变得胆大勇敢，认识到了肩头的责任和担当，这也是这次活动带给我们的重要收获之一。

新课程标准要求："倡导学生主动参与、乐于探究、勤于动手，培养学生搜集和处理信息的能力、获取新知识的能力、分析和解决问题的能力以及交流与合作的能力。"这也是小课题研究这种综合性学习活动的价值所在。小课题研究培养了学生主动学习、努力探索的创新精神；培养了学生搜集、处理信息的能力；发展了人与人之间的合作精神，让学生获得亲身参与科研的情感体验。我们学校的海纳课程重视学生的参与感和体验感，通过"引领—活动—体验—分享—呈现"这一流程，带给学生最佳的学习体验。当"海纳课程"与小课题研究美丽邂逅，老师有了更多时间、精力和灵感来指导学生进行小课题研究；当"海纳课程"与小课题研究美丽邂逅，聚焦学生的热情、挖掘学生的潜能、培养学生的探究精神、让学生体验责任和担当，那何尝不是一件很美妙的事情。

（作者：舟山市普陀区沈家门小学　胡芳芳）

“乐游定海”综合实践活动设计与实施

定海古城是我国海上历史文化名城，6000 年文明积淀了深厚的海洋文化底蕴，传承了许多珍贵的文物遗产和人文胜迹。定海也是一座光荣的城市，历经战火与硝烟的洗礼，见证了一个个可歌可泣的英雄故事。随着城市的发展，除了古老的建筑风貌，海岛特色的乡村田野也别具魅力。我们二年级段把“乐游定海”作为研究的课题，让学生了解古城定海的悠久历史，了解定海著名旅游景点，亲身感受家乡的美丽风光和厚重的人文底蕴，激发学生身为舟山人的自豪与骄傲之情。

一、活动背景

定海人杰地灵，自古以来崇文重商，名人辈出，尤其是近现代，涌现了很多名人，如刘鸿生、董浩云等；6000 年文明积淀了深厚的海洋文化底蕴，传承了许多珍贵的文物遗产和人文胜迹。定海还是一座休闲旅游城市，除了古老的建筑风貌，还有海岛特色的乡村田野也别具魅力。美丽的古城等待我们去一睹她的风采。

二、活动设计

(一) 活动目标设计

(1) 通过本活动的设计，让学生了解定海的著名旅游景点，了解古城定海的悠久历史和发展变化。

(2) 通过调查、访问等多种途径，了解定海的名人故居、古街风貌、英雄事迹等。

(3) 通过综合实践活动，让学生了解实践活动的步骤方法，初步培养学生搜集资料、调查、采访等综合能力。

(二) 活动重点与难点

全面深入了解古城定海的悠久历史和发展变化；通过观察与思考、探究与质疑、调查与实践，在探究性学习中，继承良好传统，树立为古城定海服务的伟大志向。培养学生利用多种方式搜集、整理资料信息的能力；培养学生动手制作、动口表达、团结协作、归纳总结的能力；激发学生热爱家乡、热爱自然的情怀。

在活动中提高学生发现问题、分析问题和解决问题的能力；激发学生的创新思维；增强学生自信心和在公众面前的语言表达能力。

三、活动实施

本次活动分三阶段实施：准备阶段、实施阶段、汇报评价阶段。

(一) 准备阶段——开题

1. 激趣导入，充分讨论，生成主题

活动在《魅力舟山——乐游定海》开题课中拉开序幕。一张张美丽的定海古城照片一出来，学生发出一阵阵赞叹，“多么美丽的定海呀！”“啊，这是在定海的什么地方呢？”孩子们的话音还未落，一张张古街老屋、名人故里、绿色乡村的图片随着优美音乐缓缓展开。学生们再也无法抑制内心的兴奋，教室里顿时响起热烈的掌声，伴随着的是啧啧的称赞声。教室里弥漫着对古城定海浓浓的向往气氛，学生们陶醉了。这时，老师不失时机地提问：“同学们，古城定海有很多神秘之处等待着我们去探索，你们愿意吗？”学生们非常感兴趣，好奇心被激发了，探索的欲望被调动起来。又提问：“我们应该怎样把自己眼中的定海记录下来？”学生们发言：可以用画笔把美丽的定海画下来；用照片把美景拍下来；用文章把定海的魅力写下来。这样，就为第二阶段的观察活动打下了基础。

2. 分解主题，自由组成研究小组

通过讨论，学生对古城定海产生了浓厚的兴趣。因此，教师提议：此次实践活动分为四个子主题，分别是古街老屋游、名人故里游、主题公园游和绿色乡村游。接下来学生按居住小区或比较邻近的住址进行组合，每组推选一名小组长，由小组长合理分配任务。分组情况如表 1 所示。

表 1 “乐游定海”主题实践活动分组表

组别	主题	地点
第一组	古街老屋游	东、西、中大街，林氏民居、吴记大房、王家大屋、刘坤记大院

续表

组别	主题	地点
第二组	名人故里游	蓝理故居、刘鸿生故居、三毛祖居、董浩云故居、潘尚林故居等
第三组	主题公园游	竹山公园、海滨公园、定海公园、海山公园、长岗山森林公园
第四组	绿色乡村游	海岛第一村（青青世界）茶人谷、南洞艺谷、凤凰山休闲岛

3. 以小组为单位，制订活动方案

“凡事预则立，不预则废”，周密细致的活动计划是成功的关键。如果一开始就直接让学生填写活动方案表格，很有可能会禁锢他们的思路，所以在学生充分讨论并自由分好小组后，才开始具体引导他们制订本组的活动实施方案。

（1）根据要求制订小组活动方案。制订活动方案的目的是让学生知道要做什么，由谁来做，怎么去做，让学生有方法可循，不会漫无目的，是对学生活动的指导。经过大家共同努力，我们制订好了小组活动方案，如表2所示。

表2　“乐游定海”主题实践活动记录表

活动时间		活动地点	
参加人员			
指导老师		记录人员	
研究主题			
研究方法			
活动过程及资料（文字和图片）			
活动感悟			

（2）根据分组，提出要求，确定负责人。这次活动是学生们走出校门进

行实践体验。对他们来说，这次活动充满了新奇和困难。为了保证这次活动圆满成功，每组选出了一名负责人进行组织安排，还特地请家长配合学校的工作，利用休息时间，带着学生到公园去逛逛，到名人故里、古街老屋去走走，到绿色乡村去看看，让学生亲自去体验，去感受，去获得对定海古城真实的感性认识。笔者还要求学生把体验用自己喜欢的方式记下来，做成文字稿和 PPT 进行汇报。

(二)实施阶段

1. 根据分组进行参观体验

各小组在家长或老师的带领下，设计采访稿，带好拍摄工具，走进公园、古街、名人故里、绿色乡村等，了解名人故事，感受古城定海的魅力。

2.参观名人故里，了解故居详情

学生们首先来到董浩云故里。它是舟山市级文物保护单位。我们到那里时，只见其大门紧锁，里面杂草丛生，只有门上的牌匾告诉人们这里是董浩云的故居。同样，刘鸿生的故居，由于年久失修、缺乏管理、屡受台风侵蚀等，那里墙壁多处开裂，也曾濒临毁坏。幸运的是舟山市华侨办公室在舟山市政府、省侨办的支持下，及时对刘鸿升故居进行了修缮。

董浩云故居无人维护，大门紧锁；刘鸿生故居虽被修缮，却仅由一名老伯伯照管，很少开门；蓝理故居更是面临拍卖。现在只有三毛祖居对外开放，供大家参观。这些都引发了学生的思考。

3. 走近古街老屋，了解其过往

在定海老城中，王家大屋的墙门应该称得上是首屈一指的。门柱上角石雕是笙笛吹歌和迎亲送嫁的图案，门上砖雕，正中是古代故事，左右雕云龙纹饰，下雕蝙蝠纹饰，象征福门吉祥，上雕有四尊瑞兽，向东而踞。上一屋砖雕，正中镌有“紫气东来”篆书砖匾，两旁有人物砖雕四幅，下雕锯齿城墙砖饰，象征大屋牢不可破，固若金汤。

离开王家大屋，学生踏上了雨后老街的石板路。这里两旁是木楼砖墙，抬头可见“屏翰市肆”四个大字。“金汤巩固”“屏翰市肆”“中条拱卫”“物阜民丰”这些书于老街几个拱门之上的文字，表达了我们的祖辈对于“耕者有其田，渔者有其船，樵者有薪柴，猎者有鸟禽，天无旱涝之灾，海无风浪之虐”美好生活的向往。

除了老宅大院，给学生们留下深刻印象的还有几处古井。水井是旧时城镇的生命之源，生动地记录着城市历史的变迁。这些水井方、圆各异，有二眼井，也有四眼井。在没有自来水的年代，这些井为人们的生活提供了极大的便利，真可谓“功不可没”。时至今日，冬暖夏凉的井水依然受到居民们的青睐。而在定海古城内外的44口古井之中，留方井以其特殊的出身和悲壮的故事，成为定海名气最大、文化底蕴最深、令人最难忘的水井。

4. 在参观主题公园和绿色乡村中感受古城定海的自然魅力

舟山是美丽的千岛之城，这里山清水秀，风景优美，拥有非常丰富的自然资源与文化资源，独特的海岛风景蕴藏着丰富的旅游资源，浓浓的海洋文化别具特色。学生在参观主题公园和绿色乡村中发现了舟山一草一木、一山一水的美，感受了舟山独特的海洋文化和海岛遗风，体会了古城定海的自然魅力。

5. 小组根据自己的活动方案，开始搜集相关的资料

按照组长分配的任务，学生们通过网络、借阅书籍、采访老人等不同方法搜集相关的资料。

6. 阶段性指导

对于各小组的研究内容进行初步了解，了解各小组在实践中遇到的困

难，老师提出改进方法。由老师指导各组汇报方式。在家长的帮助下，各小组制作 PPT。确定每位学生在汇报成果活动中的任务分工。

（三）汇报评价阶段

在汇报阶段，我们的亮点在于汇报展示的形式多样化，主要分三大块：一是学生用大胆合理的想象宣传方式来宣传定海古城，培养学生爱定海古城的理念；二是整理研究成果，制作展板，宣传从校内走向校外，进一步将活动意义深化；三是学生将自己的实践成果制作成小册子，让人们更好地了解定海古城。

1. 大胆合理宣传定海古城

学生制作了精美的 PPT，撰写了详细的文字稿来介绍古城定海，特别是古街老屋游和名人故里游这两组学生阅了许多资料。学生对古城的“古今”现状也进行了对比，拍了许多照片，将定海古城的文化底蕴表现得淋漓尽致。

组长分配给每一个组员任务，每位学生负责一个点的介绍，做到人人参与。在老师指导修改后邀请全校师生聆听。组员中不乏舟山晚报小记者，他们负责把自己的实践成果整理完毕进行刊登，让更多的人知道定海古城的今昔。

2. 整理研究成果，制作宣传展板，活动延伸

为了将活动内容拓宽，将活动意义深化，调查研究结束后，学生整理好整个研究过程的资料，并且和老师一起制作展板，利用大课间活动的时间，向全校师生展示这次活动的成果，宣传自己的收获。

随着时代的变迁，我们已经鲜少知晓古城的往昔。寻访古城，走进老宅，一条街巷承载一段历史，一个老宅就是一个故事。我们追溯着历史的

变迁，也惋惜于众多古迹的无存。老街旧埠、清溪拱桥、小巷大院、白墙墨瓦……古城本不善言辞，但深厚的沉淀使它成了一位见证过去的老者。

3. 将自己的实践成果制作成小册子，进行分发

学生将自己的实践成果制作成一本本精美的小册子，图文并茂，既有对古街、老屋、名人故里的介绍，也有精美的图片进行补充说明。当然，其中也不乏学生自己的体悟。小册子中逐个介绍了定海的“古屋”“名人故居”，意义非凡，深受广大师生和游客的青睐。主题公园游和绿色乡村游两个小组的小册子分外引人注目，一张张美丽的风景照和生动的介绍吸引了不少师生和游客。实践成果小册子如表 3 所示。

表 3　实践成果记录表

古建筑名称		
坐落地点		图片
建筑年代		
建筑材料		
特色		
现状		
发展历史		
我的考察心得		

4. 自我评价、互相评价

评价体现育人，关注学生个性和特长的发展理念，重视创新意识和实践能力的培养，激发学生积极、主动地学习，促使学生个性潜能优势充分发挥，促进学生的个性全面和谐地发展。

在评价内容上，既有过程评价，又有结果评价。过程评价关注学生在课程学习中的参与度，如学习兴趣、学习态度、积极性、参与程度等。结

果评价以成果汇报的形式进行展示，如优秀的活动日记、成果小报、采访手记、录音等。

评价是通过各种不同的形式唤起学生对实践过程的回忆，这也是一次自我回忆、内化的过程。评价，能够促进学生对自己的学习过程进行反思、思索自己学习中所遇到的问题、发表自己的看法、总结自己的学习情况，有助于培养学生的独立性、自主性和自我发展、自我成长的能力。活动结束后，及时做出评价是非常必要的。活动评价表，如表4所示。

表4 “乐游定海”主题实践活动评价表

<table>
<tr><th>姓名</th><td colspan="5"></td></tr>
<tr><th>评价项目</th><th>达到的程度</th><th>学生自评</th><th>小组互评</th><th>老师评价</th><th>家长意见</th></tr>
<tr><td>活动态度</td><td>①积极
②一般
③不感兴趣</td><td>☆☆☆</td><td>☆☆☆</td><td rowspan="5">你能在活动中付出自己的努力，老师为你感到高兴，认为你能（达到目标□ 接近目标□ 继续努力□）。</td><td rowspan="5">我想对你说，这次活动你能（达到目标□接近目标□继续努力□）。</td></tr>
<tr><td>搜集整理信息的能力</td><td>①很强
②一般
③学习中</td><td>☆☆☆</td><td>☆☆☆</td></tr>
<tr><td>合作的情况</td><td>①很好
②较好
③一般</td><td>☆☆☆</td><td>☆☆☆</td></tr>
<tr><td>交流的情况</td><td>①积极主动
②愿意分享
③学习分享</td><td>☆☆☆</td><td>☆☆☆</td></tr>
<tr><td>活动的收获</td><td>①很多
②一般
③较少</td><td>☆☆☆</td><td>☆☆☆</td></tr>
</table>

注：评价为①得3颗星；评价为②得2颗星；评价为③得1颗星。

从评价中，可以看到学生的谦虚。他们既能看到别人的努力，也能看到别人的收获。同时，他们也是勇敢的，能说出自己的不足与进步。通过这些活动，学生们有了不同的收获，不但获取了知识，得到了快乐，更增长了实践活动的能力，增强了自信心。

四、活动效果

在此次活动中，在家长的带领下学生们走出校门，带着对定海古城的好奇与向往，投入到古城的怀抱中极力寻找，尽情地感受，用心看，用耳听，表现十分活跃；他们把自己的收获用稚嫩的笔画下来，用夹杂着拼音的文字记下来，用一张张生动的照片拍下来。通过实践体验，学生收获不少，学生的观察、组织能力得到了培养，同时也初步培养了大胆探索和勇于实践的精神；通过活动，学生对古城定海有了一定的认识和了解，同时体验绿色乡村风土人情，对大自然产生了一种亲切感，使大自然成了他们的第二课堂。这次活动，对低年级学生在校外怎样开展实践体验进行了有益的探索，成为低段综合实践活动的新起点。

学生亲身投入到古城的怀抱中，用眼看，用耳听，用心去感受古城的深厚底蕴，亲历了感受和体验的过程，体验到了探索的成功与快乐，这是课堂教学无法给予的。这次实践体验培养了学生认真观察、积极动脑的习惯；培养了学生勤于动手、勇于探索、不怕困难、敢于实践的精神。对于该如何有效保护古宅引发了思考，树立了保护意识，这些将使学生终身受益。

在活动中，笔者跟随着学生的脚步也进行了探访。在最后离开之际，笔者站在街角回望这方静默而坚韧的土地：尽管我们十分不愿意，但古城的确辉煌不再，只留神韵，依稀可辨。城市的发展，需要现代物质的架构，更需要历史文化的滋养。曾经的“古城之殇”已经让这座城的居民们痛入骨髓。痛定思痛，我们需要反思、寻求保护和发展之间的平衡。

无论是相关部门工作人员，还是普通的城市居民，每个土生土长的定海人，对这个城市都是有一份责任的。当更多的人开始尊重这些历史风貌，开始对地方人文精神进行思考时，笔者相信，定海这颗明珠将再次于东海之上熠熠生辉。

（作者：舟山市定海区城西小学　唐舟燕 ）

“舟山方言大家说”综合实践活动设计与实施

近几年，引导学生自主探究学习已逐渐成为一种有效的教学策略，被越来越多的老师用于教学实践中。自主探究就是从学科领域或现实生活中选择和确定主题，创设一种研究的情境，学生自主、独立地发现问题，通过实验、操作、调查、信息搜集与处理、表达与交流等探究活动，获得知识技能、情感与态度的发展，特别是探究精神和创新能力的发展。新一轮课程改革也提出：“改变课程实施过于强调接受学习、死记硬背、机械训练的现象，倡导学生主动参与、乐于探究、勤于动手，培养学生搜集和处理信息的能力、获取新知识的能力、分析和解决问题的能力以及交流与合作的能力。”本次综合实践活动就是以学生的自主探究为主，引导学生通过小组合作、搜集数据、筛选信息等途径去发现舟山方言的奥秘。

一、活动背景

舟山是我们出生、成长的地方。早在五千多年前，我们的祖先就在这里生活了。浓厚的文化积淀和独特的海岛特色，为我们的研究提供了丰富的人文资源。每个地方都有自己独特的方言文化。作为一个地方最具文化特色的标记，方言能深刻地体现一个地方的文化传统、生活习俗、人情世故等要素。

舟山方言又被称作“舟山咸话”，既体现了舟山话的有滋有味，又符合我们海岛的特色。现在的学生接触较多的是普通话，对于舟山方言知之甚少，在家中也只能听到老一辈的人在继续说舟山方言。作为新一代的小学生，也作为舟山文化的继承人，希望通过本次综合实践活动能让学生真正深入了解舟山方言，说好舟山方言，热爱和传播舟山方言，激发热爱家乡的感情。

二、活动设计

(一) 活动目标设计

(1) 通过本次活动让学生多渠道了解舟山方言的来源，初步明白舟山方言的特点；通过舟山岛与岛之间方言的区别，让学生对舟山方言有更多了解。

(2) 学生自主选择成立小组，合作制订综合实践活动计划表，确定自己小组的课题方向。

(3) 鼓励学生尝试着去寻找宣传舟山方言的创意活动，培养学生关注家乡、热爱家乡的深厚情感。

(二) 活动内容设计

在活动中搜集、整理资料，实地调查、采访，以及宣传方言的知识，并通过多种形式的实践和探索过程，培养学生的搜集整合、总结归纳提炼信息的能力和调查采访研究的能力。

(三) 活动评价设计

综合实践活动的评价本身没有固定的标准，我们教师不仅要关注学生某一阶段的学习结果，更要关注学生在学习过程中的发展和变化，要善于借用科学的评价积极引导学生的情感态度和学习兴趣的良性化发展，让每个学生得到合理、科学、公正的评价，从评价中让学生反思自己的不足，为下一次活动的开展做铺垫。

在这次综合实践活动中，要重视对学生的评价。评价表如表 1 所示。

表 1　综合实践活动评价表

评价方面	评价指标	具体内容	自评	互评
活动开展	有计划（15 分）	每次开展活动前都能召开组员会议，聆听大家意见；知道每次活动的意义和目的，能做好活动记录工作		
	有组织（15 分）	每次活动都有三分之二组员参加，较有序提前做好准备工作，在活动中注意安全		
	有分工（15 分）	活动的时候每个人都有分工，有事情可做		
	有收获（15 分）	活动结束之后有收获，有结果，组员能有反思或者心得		
个人成长	团队精神（10 分）	能积极拥护小组的各项决议，以大局为重，不自私，不偷懒		
	开拓进取（20 分）	在活动中充分发挥自己的作用，敢于提出自己的想法，吃苦耐劳，不怕辛苦		
	人际关系（10 分）	在小组内能有和谐的人际关系，能关心组员，互相帮助		

三、活动实施

本次活动分三个阶段实施：准备阶段、实施阶段、汇报评价阶段。

（一）准备阶段——开题

1. 游戏导入，由浅入深激发兴趣

在开题指导课上，教师先从方言大闯关的游戏导入，抓住日常最贴近生活的一些方言词语和句式，利用我说你猜、看图说话、词语联想和我会翻译这四个环节，引导学生在兴趣盎然的状态下自然过渡到关于舟山方言这个主题。教师问了大家几个问题："平时说方言吗？""是谁教你方言的？""你觉得方言有趣吗？"学生踊跃发言，都能根据自己的实际情况回答。教师又出示了几组调查数据和《讲拨侬听》这一档节目引导学生围绕"你最想知道舟山方言的哪些方面"展开小组讨论，学生最终确定切实可行的综合实践小课题题目。在教师的指导和修改下，基本形成了来源、特点、现状和未来四大方面的选题。

2. 兴趣为主导，自由组成研究小组

开题指导课结束之后，教师问学生："如果你只能调查其中一个方面，你最想研究哪一方面？"学生经过思考，最终以兴趣为主导，自愿加入自己感兴趣的小组并推选出一个小组长，报备给教师。

3. 以小组为单位，制订活动计划表

虽然这次活动对象是高学段学生，但是进行这样的综合实践活动还是首次。学生没有相关的经验，具体操作步骤也不熟悉。教师可以适时指导学生讨论并制订本次活动的计划表。

（1）鼓励学生自主设计计划表。学生一开始并不清楚包括哪几个部分，更不知道课题活动计划表的作用是什么。教师先介绍制订计划表是为了让活动的开展更加有计划性和目的性，再告诉学生计划表最基本要包括的几点：课题名称、班级、小组名称、组员名字和分工、课题目的、活动时间、活动安排和成果展示形式等。

学生以小组为单位，展开了讨论，最终呈现出两种表格，如表 2 和表 3 所示。

表 2　综合实践活动计划表（一）

<table>
<tr><td>课题名称</td><td colspan="3"></td></tr>
<tr><td>班级</td><td></td><td>组名</td><td></td></tr>
<tr><td>组长</td><td></td><td>组员及分工</td><td></td></tr>
<tr><td>活动时间</td><td colspan="3"></td></tr>
<tr><td>课题目的</td><td colspan="3"></td></tr>
<tr><td>活动安排</td><td colspan="3"></td></tr>
<tr><td>成果展示形式</td><td colspan="3"></td></tr>
</table>

表 3　综合实践活动计划表（二）

<table>
<tr><td rowspan="4">人员安排</td><td>班级</td><td></td></tr>
<tr><td>组名</td><td></td></tr>
<tr><td>组长</td><td></td></tr>
<tr><td>组员及分工</td><td></td></tr>
<tr><td rowspan="3">前期准备</td><td>课题名称</td><td></td></tr>
<tr><td>课题目的</td><td></td></tr>
<tr><td>活动时间</td><td></td></tr>
<tr><td>活动步骤</td><td colspan="2"></td></tr>
<tr><td>成果展示</td><td colspan="2"></td></tr>
</table>

在不限制表格形式的前提下，学生集思广益，小组讨论得出了这两种形式，说明学生的讨论还是很有成效的。

（2）充实计划表，小组完成表格。有了初步的表格，四个小组在组长的带领下，开始绞尽脑汁研究表格的填写了。在这个步骤中，教师要巡视并鼓励学生打开思路，有发散性思维。活动开展的途径有很多，尽量先把小组思考的写出来，到时候组织一次全班活动，听听其他小组的意见再进行修改，形成最终的活动计划表。

(二)实施阶段

在实施阶段，四个小组围绕自己小组的课题，按照计划表有序开展活动，也得到了家长们的大力支持。教师也在实践过程中看到了学生在各小组的活动中表现出的独立自主和团结合作。本次实践活动的开展主要是以小组为单位，教师定期召开会议，聆听反馈和汇报；组与组之间可以吸取经验，提出意见，也可以共同出谋划策，为下一步活动的开展奠定基础。

珊瑚小组：舟山方言的由来

这个小组的组员并不多，但都特别踏实肯干。在确定了主题之后，他们先仔细琢磨了如何去获取信息、怎样才能通过更多途径获取更多信息。几个学生商量好之后兵分几路去找线索，有的跑图书馆，有的上网查阅，有的去询问自家的长辈……真是颇为用心。

虎鲸小组：舟山方言的基本特点

这个小组是教师最为关注和担心的，这个主题对于十几岁的孩子来说太难了。最开始学生提出这一主题的时候，难免令人担心。但是课题总是有难易之分，我们如果一味让学生做简单的，给学生铺好了道路，那学生不就是顺着我们的思路发展吗？这就失去了课题研究原本的含义，也不能真正发挥学生的主观能动性。从网上找到了关于舟山方言的相关书籍和资料，再加上家长的协助，还真有很多收获。

海贝小组：舟山方言在六横中心小学的使用情况调查

这个小组的几个成员曾经在五年级时在教师的指导下开展过一个学生小课题活动，所以在设计问卷、发放问卷、数据分析等方面还是有一定基础的。学生最初是想调查六横的小学生中间舟山方言的使用情况，但是考虑到六横的小学生比较多，分散在各个学校，在操作方面存在一定困难，于是修改了调查的范围，在自己的学校先开展起来。为了保证数据的可靠性，他们还在学校五年级的六个班级中随机抽取了学生进行调查。由于学校里还有从外地转来的学生，在设计调查人数的时候需要考虑这个因素。有经验的组员在关键时刻能想到细节问题，比较令人放心。

胖头鱼小组：我们小学生如何传承和发扬舟山方言

这个小组的选题范围较广。作为儿童，他们的思路有限，但是组里有头脑灵活的学生，知道传承和发扬其实就是给舟山方言打广告、做宣传。于是，学生就从这个方面发散开去，希望能让更多的人看到舟山方言的魅力，希望舟山方言在未来能被更多的人说起来，特别是在学生中间。学生还想到在学校每周三的校园电视台上开一档集趣味性和普及性于一体的舟山方言小课堂，这个点子是其中一位学生看了《讲拨侬听》这个方言节目得来的灵感。结合了日常生活和之前开展过小队活动想出来许多新奇且有用的传承和发扬舟山方言的好方法。

（三）汇报评价阶段

各个小组在经历了为期一个月的实践之后，终于有了各自的结论。教师集齐全体学生召开了一次主题为“舟山方言大家说”的展示活动。四个小组依次根据自己的主题讲解了活动开展的过程和最终的成果。

1. 珊瑚小组：有图有真相，动手操作强

珊瑚小组通过网上查阅资料、翻阅书籍和询问老人等方式了解了舟山方言的悠久历史，把搜集来的关于舟山方言的由来做成了精美的 PPT，结合找寻的图片向大家叙述舟山方言的诞生可以追溯到明清政府曾两次在舟山实行海禁。明洪武十九年（1386），为了防御倭寇侵扰，明太祖朱元璋一次又一次地把舟山居民数万人强行驱赶至宁波、余姚一带。清顺治十三年（1656）

八月，宁海大将军伊尔德攻占了舟山，为了利用海防前哨防御反清势力，再次把舟山居民强迫迁往内陆。直到清康熙二十三年（1684）建立舟山总镇府时，舟山被遣岛民才陆续返回家园。因为我们舟山群岛基本上是移民岛，原生方言已无从考证。来到舟山的移民不仅有来自宁波象山一带的，还有一部分来自温州、福建一带的。而各岛上来自不同地方的移民，他们带来的原住地的方言通过相互接触、碰撞与融合，最后大多留存为一种口音，也就是舟山方言。精美的PPT和音频的加入让大家看得十分投入，也显示出了高学段学生在电脑操作方面的动手能力和团队协作能力。

2. 虎鲸小组：童谣“助攻”，教材“加持”

虎鲸小组研究了舟山方言的特点。他们经过研究发现：虽然都是舟山方言，但是各个地方也是有差异的。定海和普陀的方言比较接近，岱山和嵊泗的方言比较接近。他们还用舟山方言诠释了几首童谣，比如《囡囡哎，依要啥人抱》：“囡囡哎，依要啥人抱？我要阿娘抱，阿娘腰骨伛勿倒；囡囡哎，依要啥人抱？我要阿爷抱，阿爷胡须捋捋困晏觉；囡囡哎，依要啥人抱？我要阿姆抱，阿姆给囡囡做袄袄；囡囡哎，依要啥人抱？我要阿爹抱，阿爹出门赚元宝；囡囡哎，依要啥人抱？我要阿姊抱，阿姊三根头发梳梳好；囡囡哎，依要啥人抱？我要阿哥抱，阿哥看牛割青草。阿拉囡囡呒人抱，摇篮里面去困觉。”该组组员绘声绘色的表演让大家感受到了方言的魅力。

除了自己的发现，组员们还在网上找到了“舟山方言”选修课程的教材——《舟山咸话》。这本书是根据舟山方言的“语言特点”“海洋特色”“方言文化”“发展变化”四个方面的内容来编排的，旨在帮助学生了解舟山方言所具有的丰富内涵和时代特征，并带领学生共同研究和探讨。找到了这本书，再加上六横本地老人的帮助，学生经过分析找到了六横方言中几个显著的特点，并给大家一一进行讲解。六横的方言独具一格，与沈家门、定海的方言有明显的差距，比如庄、真、壮、粥、双、叔、耷这几个字的发音很独特，大家一听就知道这是专属于六横的舟山方言。虽然这只是简单的几个发音，但是可以体现出学生的用心和坚持。

3. 海贝小组：数据“说话”，思考缜密

这一队在前期准备方面是比较充分的，自主设计了调查问卷，经过教师修改之后随机在五年级的各班发放了问卷。回收了问卷之后，学生又进行了数据分析。为了呈现更加明显的效果，学生还用饼状图和柱状图进行了标注，从中可以看出学生是真正主动参与、乐于探究、善于思考的。通过这一系列的操作，学生提高了搜集和处理信息的能力、获取新知识的能力、分析和解决问题的能力以及交流与合作的能力。

学生根据数据发现舟山方言在家里的使用频率比学校要高很多，特别是在年纪大的长辈家里，更多的是用方言交流。在本校五年级学生中会讲方言的人很多，但是真正有方言韵味的人少之又少。大多数都是蹩脚的舟山方言，有时候讲着讲着就变成普通话了。在方言教授方面，学生发现很少有家庭成员在家中教授孩子舟山方言，学生大都是通过耳濡目染逐渐学习方言的。

4. 胖头鱼小组：趣字打头，花样繁多

在小学生的学习生涯中，想象力和创造力占据着无比重要的地位，它们可以推动、培养学生的创新和创造能力。而这个小组的活动开展是最需要创造能力和创新能力的。

最初学生设想了很多的宣传途径，但是有些设想过于夸张，难于操作，比如利用抖音进行宣传、在六横的广场上进行宣讲、编排一出戏剧等。学生在开会的时候进行了激烈的讨论，共同研究活动的可操作性和效果好坏。基于之前提出来的先在校园内营造说舟山话、爱舟山话的氛围，组员们想到了利用校园电视台这个平台进行每周的宣传。后来，根据铃声又想到可以用舟山方言改编几首简单、朗朗上口的歌曲，既传播快速又十分有趣，学生一定会喜欢的。经过一番绞尽脑汁的创作后，组员们还真的把《新年好》《祝福你》改成了舟山方言的版本。这几首歌谣博得了大家的一致好评。

5. 评价机制

活动结束后每位学生根据内容进行了自评和互评。根据回收上来的评价表格来看，学生细心观察，能看到其他学生的点滴进步，同时对别人的成长评价也是善意、鼓励性的评价更多一点。斯塔弗尔比姆曾经指出："评价最重要的意图不是为了证明，而是为了改进。"有了这次的评价活动，相信学生在以后的综合实践活动中会越来越有经验，做得越来越好。

四、活动效果

(一) 了解操作模式

本次活动中三分之二的学生是第一次接触综合实践活动，尤其是以学生为主导，能自主探究自主调查的活动。学生除了兴趣，更多的想了解什么是综合实践活动，如何自主、独立地发现问题。通过实验、操作、调查、信息搜集与处理、表达与交流等探究活动，学生获得知识技能、情感与态度的发展，特别是探究精神和创新能力的发展。经过本次实践活动，相信学生日后能继续自主开展其他主题的综合实践活动。

(二) 提高探究能力

本次开展的一系列活动总的来说是十分成功的，特别是海贝小组和胖头鱼小组，不仅组织活动的形式多样，受益面广，而且趣味性十足，符合小学生的认知特点，也取得了一定的效果。在记录数据方面，海贝小组通过自主摸索、小组研讨获得了自己的心得，在反馈的时候也收到了积极的效果。

(三) 激发学生情感

综合实践活动结束之后，家长和教师都发现学生在教室和日常的人际交往中再也不会不好意思说方言了，特别是六年级一班，学习方言的兴趣极为浓厚，大家对于方言好的孩子还会私下请教和学习。学生还想设计一个舟山方言的吉祥物，在下次的学校艺术节中准备一个方言类的节目，把舟山方言继续推广和传承出去；不少学生还筹划假期中能上街头进行发放传单、表演节目等活动。我们看到了语言文字给学生心灵留下的深刻印记。还有几位学生设计了下次综合实践的活动主题是六横当地的美食。由此可见，学生们开始关注自己的家乡了，对家乡产生了浓厚的兴趣。相信学生长大之后一定能为家乡代言，为家乡的文化代言，让我们拭目以待。

【参考文献】

徐波 . 舟山方言与东海文化 [M]. 中国社会科学出版社，2011：7.

（作者：舟山市普陀区城北小学　叶季玲）

“校园红十字”综合实践活动的设计与实施

近几年，虽然青少年红十字志愿者组织蓬勃发展，但是在活动的服务功能上存在着“大而全”，传播功能上存在“散而浅”的诸多问题。例如，组织归属感不强，服务能力不足，专业化服务缺乏且层次低，志愿者缺少必要的专业培训，所提供志愿服务与服务对象的需求存在较大差距，活动呈现形式化，资源保障匮乏，等等。

本研究认为，在校园中开展红十字综合实践活动，结合青少年的特点开展形式多样的红十字特色活动，能极大地增强红十字会的影响力，也为在广大青少年群体中树立和弘扬“人道、博爱、奉献”的红十字精神打下坚实基础。

一、活动背景

近年来，我国红十字事业受到了社会的广泛关注。为加快发展我国红十字事业，国务院出台了《国务院关于促进红十字事业发展的意见》。

我校红十字会成立于2009年，在红十字会工作中取得了一定的成绩，积累了许多活动经验。2015学年，学校以“传递爱心，梦想起航——博爱小天使行动”为主题设置年度自设指标，“人人争做博爱小天使”活动在社会、学校、家长中取得了良好的声誉。为了更好拓宽校园红十字综合实践活动的深度和广度，我们从功能视角出发，深入研究校园红十字活动设计与实践的问题，为逐步推动红十字事业的良好发展贡献最大力量。

二、活动设计

（一）活动目标设计

（1）通过校园红十字活动的设计，让学生在实践中出真知，锻炼实践操作能力，培养其社会参与能力、合作能力、责任担当及实践创新能力。

（2）通过校园红十字活动的实践，丰富学生的生活经验，从红十字活动中感知自然、接触社会、领悟生活。学生从身边的现实生活和接触的社会实际中形成对自然、对社会、对自我的整体认知，培养学生树立正确的人生态度，直接丰富学生的生活经验。

（3）通过校园红十字活动的实践，加强学生“人道、博爱、奉献”的意识，在参与活动的潜移默化中，懂得做人的道理，尊重人类的权利，爱护人的生命，培养博大无私的胸怀。

（4）通过校园红十字活动的实践，弘扬“人道、博爱、奉献”的红十字精神，引领公益慈善文化，不断地扩大红十字会的影响力和推动力，有力促进公共精神培育。

（二）活动内容设计

校园红十字会活动的内容设计紧紧围绕三个维度——人道、博爱、奉献。

指向“人道”精神的活动，让学生懂得做人的道理，尊重人类权利，爱护人的生命，重视人类的价值，学会互助、关爱。

指向“博爱”精神的活动，主要培养学生爱集体、爱祖国、爱人民、爱生命、爱人类的生存环境、爱大自然、爱真善美的事物。

指向“奉献”精神的活动，主要鼓励学生方便他人，激励他人；为他人服务，不计回报。

我校构建了校园红十字三大主题活动在低（1、2年级）、中（3、4年级）、高（5、6年级）各学段的总目标，如表1所示。

表1　整体构建

主题类别	年段	目标
人道精神	1、2年级	在活动中学会关心他人，乐于帮助别人
	3、4年级	懂得做人的道理
	5、6年级	重视人类的价值；关注幸福
博爱精神	1、2年级	激发学生集体荣誉感，热爱班级，完成集体的任务
	3、4年级	激发学生热爱祖国的情怀；爱生命
	5、6年级	教育学生爱人类的生存环境；启迪学生爱真善美的事物
奉献精神	1、2年级	懂得如何给别人带去方便
	3、4年级	懂得如何激励别人
	5、6年级	鼓励学生为他人服务，不计回报

依照总体目标，我们设计了低、中、高各学段的红十字三大主题活动的具体内容及目标，如表2、表3和表4所示。

表2　低年级主题活动目标体系

主题类别	内容	目标	组织形式
人道主题	你怎么了？	学生学会关心他人，能意识到别人需要什么帮助	中队主题班队活动
	请、你好、谢谢	说好礼貌用语，尊重他人	中队主题班队活动
博爱主题	我爱老师和同学	爱周围的人，能看到别人身上的闪光点，懂得感恩	中队主题班队活动
	交通安全教育	爱自己，对自己的生命负责	健康教育讲座

续表

主题类别	内容	目标	组织形式
奉献主题	加油，你很棒	学会鼓励别人的方法	小队活动
	快乐美食节	学会献爱心，感受奉献的力量	综合实践活动

表3 中年级主题活动目标体系

主题类别	内容	目标	组织形式
人道主题	己所不欲 勿施于人	做到心中有他人，改掉自私的行为	中队主题班队活动
	尊重	懂得尊重他人的方式	故事会
博爱主题	我爱“我家”	激发学生的集体荣誉感，热爱班级	中队主题班队活动
	远离毒品教育	珍爱生命	健康教育讲座
奉献主题	有困难谁来帮	培养学生的助人意识	校内综合实践活动
	快乐美食节	体验奉献后的快乐，感受奉献的力量	综合实践活动

表4 高年级主题活动目标体系

主题类别	内容	目标	组织形式
人道主题	人人平等	关注人的尊严；关注人的价值	中队主题班队活动
	走进敬老院	懂得关怀他人的方式	校外综合实践活动
博爱主题	宽容	懂得体谅他人，学会宽容别人的错误	诗朗诵
	预防艾滋病教育	珍爱生命	健康教育讲座
奉献主题	写给妈妈的一封信	懂得感恩	实践活动
	快乐美食节	体验奉献后的快乐，感受奉献的力量	综合实践活动

三、活动实施

本次活动分三个阶段实施：准备阶段、实施阶段、成效阶段。

(一) 准备阶段

1. 健全组织建设

我校自2009年成立校红十字会以来，组织机构健全。学校红十字会领导机构由校长担任会长，教导主任为副会长，副教导主任为秘书长，由文艺老师具体负责红十字会日常工作，下设12个红十字小组，确保各项工作认真落实。学校把红十字会的工作列入学校的发展总体规划和年度工作计划中，定期召开代表大会和理事会议，听取学校红十字会的工作报告，并研究工作安排。学校提供红十字会活动的专项经费，确保活动顺利开展，并建立定期宣传阵地，把多媒体教室作为红十字会固定的活动基地。

2. 大量发展新会员

为支持学校红十字会的发展，我校全体教师自愿加入校红十字会，并以班级为单位，吸纳学生会员。以班级为单位，班主任老师通过班会，积极宣传红十字会知识和精神，上报新会员名单，由学校组织新会员入会仪式。按规范程序，前后分三个批次。目前，我校已发展了全校80%以上的师生成为红十字会员。所有会员在白底红十字的会旗下庄严宣誓，让学生体会到加入红十字会的庄严感和神圣感。

(二) 实施阶段

随着红十字会员的增多，我校组织了形式多样的红十字会活动。

1. 知识宣传活动

知识宣传活动：如周一国旗下活动、班队课主题教育活动、黑板报、手抄报、红十字现场急救知识讲座等。

周一国旗下活动流程如下所示：

2. 竞赛类活动

竞赛活动：如红十字征文比赛、演讲赛、知识竞赛、手抄报比赛等。

手抄报竞赛活动流程如下所示：

3. 社会实践活动

社会实践：如爱心图书义卖活动、快乐美食节义卖活动等。

快乐美食节义卖活动流程如下所示：

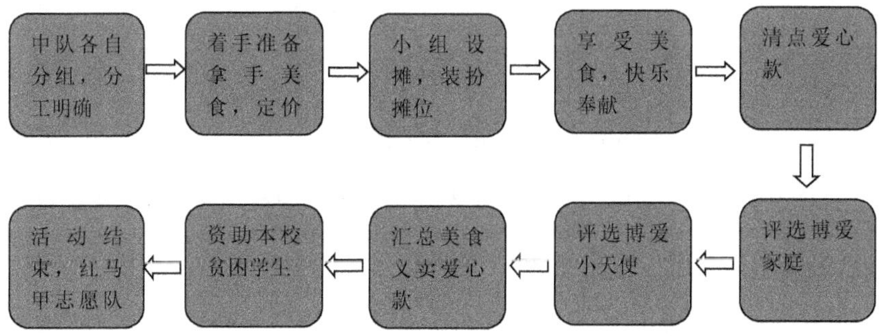

4. 社区服务活动

社区服务：如敬老院送温暖、农贸市场捡垃圾、客运中心灭烟头、金塘片内扶贫帮困等。

敬老院送温暖活动流程如下所示：

5. 唤醒活动的角色意识

学校要求每一次红十字会活动，每一位会员都必须佩戴红十字会徽，穿带有红十字标志的马甲，以此增强学生心中的自豪感和责任感。

(三) 成效阶段

“千里之行，始于足下。”回顾我校开展了一年时间的红十字会综合实践活动，在校领导的大力支持下、各位专家的引领和老师们的共同努力下，我们取得了一些喜人的成绩。

1. 总结出设计校园红十字活动的有效方法——五化法

一化——活动阵地化。每逢活动，学校利用醒目的大红色横幅，播放电子屏标语等，在学校园中营造浓郁的红十字文化氛围，开辟坚实的红十字会教育阵地。

二化——活动节日化。把红十字会的活动与一些传统的、新兴的节日联系起来，如结合3月8日妇女节的“妈妈辛苦了——之我会感恩”朗诵会、3月21日的睡眠日“保障睡眠 关爱生命”班会，让学生在庆祝节日的同时，发扬红十字的“人道、博爱、奉献”精神。

三化——活动传统化。为了让红十字会活动的有效性能延续得更久远，我校把两个义卖活动定为学校的“传统节日”，即四月的“美食节义卖活动”和十一月的“闲置物品义卖活动”。义卖活动已经成功举办两届，同学们不仅热情不减，而且更加期待下一届的活动，能主动为下一届的活动提前去准备、策划等。

四化——活动全员化。红十字会活动在全校范围内全面展开，全校师生、校外家长、广大居民共同参与活动。例如，美食节活动成功举办，离不开社会多方的支持和配合。全校20多个美食摊位的设置，需要的大型落地遮阳伞，其中大部分来自热情家长的友情赞助。另外，校外的“黑玉奶茶”饮品店、“大丰菜场”水果店、“奇果元素”甜品店……这些网红店铺的加入为义卖活动助力颇多。

五化——活动荣誉化。对于活动中表现突出的学生和家长，学校及时给予嘉奖。我校在美食节义卖中给同学设置了“博爱小天使”的奖项，给学生家长设置了“最美爱心妈妈”奖项，在闲置物品义卖活动中设置了“闪亮小天使”奖项。所有奖项，在活动当天，由校领导亲自颁奖，获奖者在签名墙上留下他们的爱心笔记，让隆重的活动仪式增强参与者内心的自豪感。

2. 提高了学生的综合素质能力

校园红十字活动为学生提供了一个接触社会、了解社会的机会，通过校外实践活动，提高了学生整体的实践能力与社会适应能力。

学生在活动中献计献策，锻炼了他们的计划、组织及团结协作、共同攻关的能力。多途径的红十字活动，形式新颖，调动起学生的积极性，激发他们的灵感，培养了其创新能力。学生在活动中各抒己见，谈感想，说感受，充分表达自己的观点，提出自己的主张建议，语言的表达和书面表达能力无形中得到了锻炼和提高。

3. 爱满校园，培养了一大批的优秀红十字会员

随着校园红十字活动的不断开展，我校红十字会多次吸纳会员，会员人数已经达到 352 人。学校一年内，通过组织各种红十字活动，共筹得爱心款合计 17767.5 元。2015 年 11 月 20 日，“博爱小天使”爱心义卖活动共筹集 1000 元爱心款，该款项通过定海区红十字会捐献给民工子弟学校家庭贫困的孩子。2016 年 4 月 8 日，“爱心 · 美食节”义卖活动所得的 5180.6 元爱心款，全部捐助给金塘山墰一名患病的贫困女大学生。2016 年 11 月 2 日，学校红十字会将“爱满校园，快乐奉献”活动中筹集的 3326.2 元爱心款，资

助市红十字会的“博爱圆梦”项目。2017年5月18日，“享受美食，快乐义卖”爱心义卖活动共筹集8260.7元爱心款，该款项用于资助我校的贫困学生家庭。

【参考文献】

[1] 南京市洪武北路小学．“红十字少年”儿童文化建设项目 [J]. 江苏教育研究，2017(10)．

[2] 王林杰，王志坤．学习型组织理论视域下高校红十字会的建设——以福建省民办高校为例 [J]. 知识经济，2017(22)．

[3] 张雪松．论红十字会工作在大学生德育中的重要作用 [J]. 教育与职业，2009(12)．

[4] 孙新．高校红十字会对大学生德育教育影响初探 [J]. 戏剧之家，2015(18)．

（作者：舟山市定海区大丰中心小学　舒艳艳）

“走进定海古街”综合实践活动设计与实施

全新的课程改革已经构建了全新的课程理念，要“以学生自主发展为本”，要求学习主体与生活经验及其他方面紧密关联。因此，学校综合实践活动的实施要让学生走出课堂，去感受生活与自然。只有让主体对生活大胆感受和对自然真切体验，才能使学生受到启迪，情感得到升华，促进主体综合能力的提高。本文是笔者在陶行知教育理论指导下经过实践得出的一种学校综合实践活动教学设计的模式。学校综合实践活动的教学活动设计模式多种多样，有待于教师进一步探索和研究。

一、活动背景

学校综合实践活动课程的开发是教育迎接新世纪挑战的一种回应，是实施素质教育对学校提出的必然要求，是学校充分发展办学优势和特色，促使学生和谐发展继而推动社会发展，培养和造就“创造新世纪的人”的一项基本建设。内容多样、课程设置灵活的综合实践活动课程能使学生在掌握国家课程规定的基础知识、基本技能的同时，个性得到良性发展的及时补偿，信息采集和加工的能力得到提升，学会学习，学会生存。

生活中蕴含着丰富的教育因素，学生的校内外生活是学校课程资源开发的重要领域。定海古街，自清末民初以来便是商贾云集、人文荟萃的繁华地区，历经百余年的历史流传，沉淀了丰厚的文化底蕴：千年古刹祖印寺、市级重点文物保护单位蓝府大院、百年老店存德堂、古民居、封火墙……以及曾经生活在古街中的“状元第一人”张信、“一代船王”董浩云、“破肚将军”蓝理……这些都为我校设置综合实践活动课程提供了大量的文化资源。

我校开展的综合实践活动课程“走进定海古街”，是学校的特色课程项目。综合实践活动课程“走进定海古街”根据学生的年龄特点，充分利用古街丰富的教育资源，循序渐进地安排了“古街纵览”“古街商业”“古街名人”三大板块内容。这是一门有鲜明地方特色和浓郁生活气息的拓展性活动课程。在老师的精心设计下，学生兴致勃勃地走进生活的课堂。

二、活动设计

（一）活动目标设计

“走进定海古街”综合实践活动旨在培养学生探究性学习的习惯，帮助学生了解定海古街所具有的独特内涵，进而激发学生对家乡的热爱之情；通过走访、调查、搜集、整理等一系列活动，培养学生初步统计、提炼、分析的能力；综合实践活动的设计与实践让学生走出课堂，力求发展学生的实践能力、合作探究能力和创新意识，增强学生对自然、家乡、社会的责任感，使学生情感得到升华，促进主体综合能力的提高。

（二）活动内容设计

定海城区被浙江省人民政府命名为“历史文化名城”。古街是定海历史文化名城的一个重要组成部分。旧时定海城区以状元桥为中心，筑有东、西、南、北、中五条大街，除中大街外，其他四条街可直通东、西、南、北四城门。定海古街，自清末民初以来便是商贾云集、人文荟萃的繁华地区，历经百余年的历史流传，沉淀了丰厚的文化底蕴。此外，定海古街还与海洋文化、海岛民俗、海洋艺术与旅游文化相结合，具有游览观赏、购物消费、休闲娱乐等功能，使定海古街具有更强的地域性、特色性和传统性。“走进定海古街”活动课程的实施对象是本校四至六年级的全体学生。课程根据学生的年龄特点，充分利用古街丰富的教育资源，循序渐进地安排了“古街纵览”“古街商业”“古街名人”三大板块内容。

本活动课程教学时间根据需要灵活安排，集中使用与分散使用相结合，实施组织形式可以多种多样。活动的重难点在于以下几点：一是综合实践活动课程教学教师如何组织学生从单一、封闭的课堂走向开放的社会和生活课堂。二是在综合实践活动课程的课堂中又如何创造开放的教学环境，从而激发学生的创新精神和实践能力。

三、活动实施

任何一座伟大的建筑物都不是工人们乱堆乱砌而成的，而是设计者心血的结晶。综合实践活动课程的开设也一样，虽然它本身具有较强的实践性，可是每一次学习活动都离不开老师的精心设计。学习活动是学习者身心发展的源泉，因此学习活动的设计是“走进定海古街”综合实践活动课程的核心内容。

陶行知是我国著名的教育家，也是我国“创造教育”理论与实践的开拓者。他在《创造的儿童教育》一文中提出了“六大解放”思想，告诉了我们培养学生创造力的方法，即“解放学生的头脑，使他们能想；解放学生的双手，使他们能干；解放学生的眼睛，使他们能看；解放学生的嘴巴，使他们能问；解放学生的空间，使他们能够到大自然大社会里取得更丰富的学问；解放学生的时间。”

在陶行知先生理论的指导下，笔者经过实践摸索，“走进定海古街”综合实践活动课程的教学经历了以下环节。

1.自主探究，确立研究主题

如《古街探访》一课，可先由谈话导入：定海是一座历史悠久的古城。早在5000多年前的新石器时代，我们的祖先就在这海山岛洲繁衍生息。这时学生惊叹，原来自己生长的地方竟然有5000多年的历史了！接着教师继续介绍：旧时定海城区以状元桥为中心，筑有东、西、南、北、中五条大街。除中大街外，其他四条街可直通东、西、南、北四城门。教师在介绍定海古街时，用多媒体出示定海古街示意图。

陶先生说：“创造始于问题，有了问题才会思考；有了思考，才有解决问题的方法，才有找到独立思路的可能。”

听了定海古街的简介后，接着请学生思索：说说你想了解古街哪些方面的内容？

通过小组交流、头脑风暴，形成思维概念图，如图1所示。

最终通过归纳梳理，确立研究主题：古街纵览、古街商业、古街名人。

2. 自由分组，初步拟定小组活动计划

在学生通过分组—小组交流讨论—初步拟定活动计划后，教师请各组派代表介绍各自小组的活动计划时，作为综合实践活动课程的组织者，应该明白“教育不能创造什么，但它能启发儿童创造力以从事创造工作”。因此，必须引导学生学会运用以下几种学习活动的方法。

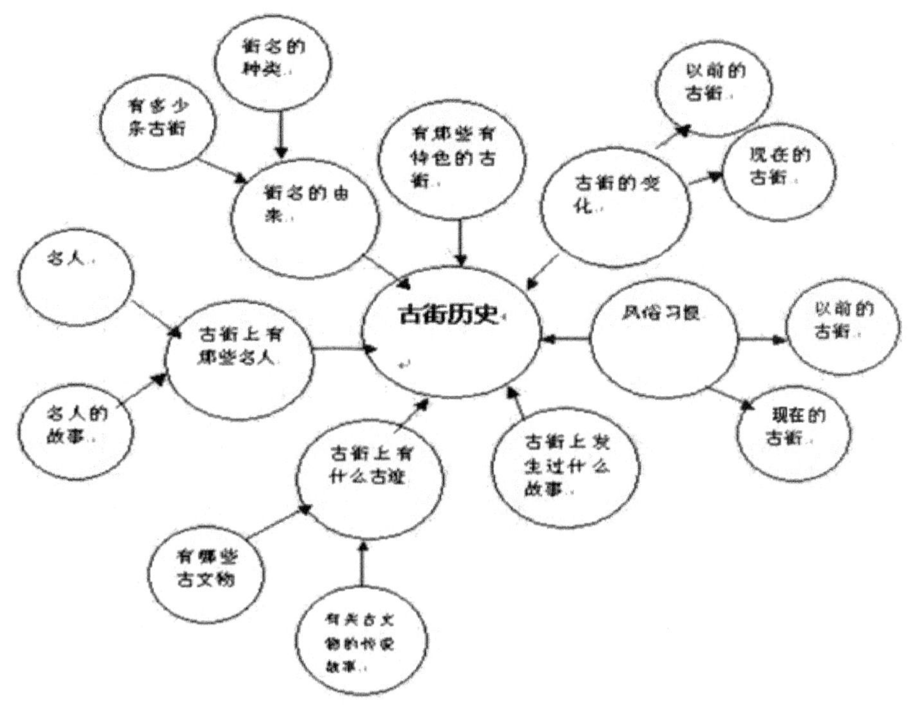

图1　思维概念图

(1) 参观访问、社会调查。参观访问、社会调查是理论联系实际的一种有效方法。它可以培养学生的参与意识，独立思考和分析问题、解决问题的能力，让学生创造潜能得到开发。参观访问、社会调查的形式多种多样，可以由教师带领学生走出校门调查，也可以由学生组成小组或个人带着问题进行课外调查。调查研究是我们“走进定海古街”综合实践活动课程必不可少的环节，也就是说，我们的很多知识都是经过调查研究得来的。例如，定海古街中的一些大院落（如蓝府大院、吴记大屋、王家大屋等）的建筑风格；民间一些风俗、服饰、方言等；古街上的名人故事等很多内容在文献中没有记载。因而对这些知识的解释众说纷纭，需要教师一方面组织一部分学生到民间找一些年长、知识渊博的人进行调查、采访，另一方面组织一部分学生到对这方面有记载的相关部门进行访问，最后把两处的结果对照研究，这样就避免了学生对这些内容了解的片面性。

(2) 动手操作，搜集整理。陶先生说："手脑双全，是创造教育的目的。中国教育革命的对策是使手脑联盟。"这就是说，学生的智力活动是在对物体(或物体的代替物，如模型、标本等)的动作中形成的。教学实践也表明，在实际操作中，学生要观察、分析、比较所操作对象的相同点、不同点，然后进行抽象、概括，发现规律性的知识；在发展学生思维的同时，也培养了学生独立获取知识的能力。"走进定海古街"综合实践活动课程是一门综合性课程，带有较强的实践性。所以，我们在课程的开设过程中让学生亲自去动手操作。例如：让学生亲自去搜集古街的民间故事、名人事迹，并且让他在班里故事演讲会上进行演讲，结果不仅能使学生积极主动地学习，使他们对古街文化产生了浓厚的兴趣，开始留心身边的小事，而且渐渐明白该怎样去搜集资料、该怎样讲才生动等，使学生的动手思维、形象思维、抽象思维都得到了发展。也可以让学生评论有文献记载的民间故事、文章，对其思想内容、创作风格、艺术特点等方面议论、评价，并且以书面的形式记录下来。这样一来，学生以自己的方式对先辈留下的文化进行了评论。虽然只是简单、朴实的寥寥几句，却让学生在阅读、理解、表达、写作方面都得到了锻炼、提升。

(3) 依靠网络，技术应用。随着经济的发展，定海古街发生了翻天覆地的变化。作为历史人文景观的定海古街具有深刻的文化内涵，特别是它与海洋文化、海岛民俗、海洋艺术和旅游文化相结合，具有游览观赏、购物消费、休闲娱乐等功能，使定海古街具有更强的地域性、特色性和传统性。定海古街已成为舟山海岛旅游文化的一个亮点。教学时，教师可以利用网络、报刊或组织学生观看影片或光碟，通过屏幕和图片直接感知定海东、南、西、北、中五大街变迁，以激发学生浓厚的兴趣，加深学生对所开发课程的理解。教师也可布置这样一个作业：作为土生土长的定海小公民，应该为我们家乡的历史感到骄傲、自豪，请同学为定海的古街制作一段广告或设计导游词，要求图文并茂。

（4）角色扮演，自我展示。走进古街，琳琅满目的小饰品店、特色小吃店、工艺品店让人目不暇接。“我们要活的书，不要死的书；要真的书，不要假的书；要动的书，不要静的书；要用的书，不要读的书。总体来说，我们要以生活为中心的教学指导，不要以文字为中心的教科书。”数学老师不是老是头疼学生解决实际问题的能力吗？商家的促销手段层出不穷，不让学生亲身经历，单凭文字理解确实难为学生。我们可以成立古街假日小组，与店家商量，做免费“小导购”，既让学生增长知识，又锻炼了其社会交往能力。走进古街，古朴的建筑风格让人仿佛穿越到了古代，可以成立研究小组，观察整体结构或部分设计（如窗棂、门洞、屋檐等）。在研究的过程中，学生通过翻阅资料等途径，可以知晓挑檐、斗拱、梁、椽等木屋结构名词。在课堂上，可让学生展示研究所得，获得成功的快乐，激发他们创造的动力。定海的民间文化以木偶戏和舟山走书为主，定海北园社区在中大街每周末邀请民间艺人为居民服务，学校可及时通知对此感兴趣的学生前往观看、聆听，使民间文化能在学生的心中留下烙印。

（5）社会服务，施展能力。社会服务是以提供劳务的形式来满足社会需求的社会活动。教育是通过宣传统治阶级的思想意识，制造一定的社会舆论来为社会服务的。所以，教育本身就是为社会服务的。“走进定海古街”综合实践活动课程的学习活动带有很强的社会服务性能。例如，探究民间饮食是为了把健康的饮食方式传承下去；探究民俗是为了颂扬好的民风、民俗；探究民间地理、历史文物是为了挖掘本地的旅游资源，搞活经济等。而为了做到这些，学生需要调动一切可以调用的资源、人际关系，共同协作，团结一致，贡献力量。因此说，综合实践活动课程的实施也是学生施展能力的平台。

3.学生分组活动

各组成员在组长的带领下，围绕本组的研究主题，根据活动计划有序地展开学习活动。

4.交流互动，介绍活动过程和收获

经过一周的活动，在第二周的拓展性课堂上，请各组成员谈谈研究的经历和得到的收获。展示的方式有汇报、成果（作品）展示、活动（或研究）报告、答辩、演示、表演等。

5.互动评价，提出建议，完善活动方案

学生先进行自我评价。每一次综合实践活动在最后都设立展示和评价环节，引导学生从我的收获、我的优势、我的不足、我的进步、我学到的方法等方面进行评价。经过这样的操作，学生不但学会了自我评价，还能更好地发现并改进自己的不足，提高自我实践能力。在学生自评的基础上还要进行小组间互评，以学习其他组的先进经验，并强化活动中合作共赢的意识。最后，教师对各组的表现进行综合评价，提出建议。

以上是笔者在综合实践活动课程的实践中得出的一种教学设计模式，希望能用“做中学、做中创”的方法，把学生从苦学、死学、厌学的状态中解放出来。当然，运用陶行知教育理论培养学生创造性思维能力和实践能力的方法还有很多，综合实践活动课程的教学活动设计模式多种多样，有待于我们进一步探索和研究。

【参考文献】

方明 . 陶行知教育名篇 [M]. 北京：教育科学出版社，2005：1.

（作者：舟山市定海区东海小学　陈静娜）

第二编　研究性学习

“家乡美食——长白对虾”综合实践活动设计与实施

在综合实践活动过程中可以发现，教师减少讲授，多引导学生自行完成实地考察、自主探究活动及活动报告等，能使学生获得收获。为此，我们组织学生开展了“家乡美食——长白对虾”的综合实践活动。本活动有四大亮点：一是学生参观对虾养殖基地，进入大棚里亲眼观看对虾的成长环境；二是能让学生在课堂上体验烹饪的快乐；三是可以通过活动宣传家乡特产，培养学生爱我长白的理念；四是成果汇报形式多样化。本研究认为，综合实践活动可以增加学生实际操作能力，能使教学活动更灵活、更有效，还可以使综合实践活动更加贴近学生的实际生活。

一、活动背景

南美白对虾是当今世界养殖产量最高的三大虾类之一。1992 年突破了育苗关，目前我们浙江省已逐步推广养殖。长白岛不仅是定海区重点渔业乡镇，还是舟山市水产养殖科技示范基地。作为重点渔业乡镇，长白岛主要养殖南美白对虾，这也是农民收入的主要来源。

我们的学生虽然是海岛农村的孩子，但是学生对自己生活的这片土地、对家乡本土的特色知之甚少。于是，在我校“爱我长白，争做海岛合格小公民”的主题活动背景下，以家乡的美味南美白对虾为活动切入点，展开了这次“家乡美食——长白对虾”综合实践活动，给学生搭建了一个走向社会，在实践中学知识、学本领、学技能的一个平台。

二、活动设计

(一) 活动目标设计

(1) 通过认识长白对虾，了解其营养价值、食疗作用及如何烹饪等相关知识，培养学生搜集整合信息、调查采访研究、总结归纳提炼的能力。

(2) 通过实地参观和亲身体验烹饪过程，培养学生团结协作、交流探究的良好学习习惯及热爱劳动、体贴父母的行为习惯。

(3) 通过向全校师生介绍研究过程和成果，向家长们介绍长白对虾，宣传家乡，培养学生在公众面前不胆怯、增强自信心和语言表达的能力。

(4) 通过宣传家乡特产的创意活动，培养学生关注家乡、热爱家乡的深厚情感。

(二) 活动重点与难点

本活动的重点是在搜集、整理材料，实地调查，采访以及宣传家乡等多种形式的实践和探索过程中，培养学生搜集整合、总结归纳提炼信息、调查采访研究的能力；能进一步了解本地美食特色，使学生增强身为长白人的自豪感，培养热爱家乡的美好情感。

通过活动的开展，以提高学生发现问题、分析问题和解决问题的能力；激发学生的创新思维；增强学生自信心和在公众面前的语言表达能力。

三、活动实施

本次活动分三个阶段实施：准备阶段、实施阶段、汇报评价阶段。

(一) 准备阶段——开题

1. 谈话导入，引导学生充分讨论，生成主题

我们首先通过谈话的形式在六年级开展了一堂讨论课。“说说你对家乡长白了解多少，特别是对长白的美食知道多少？你平时都吃过什么样的对虾？”沿着学生的讨论，进入本次活动的主题。教师板书主题“家乡美食——长白对虾”后，追问学生看到这个主题后想了解些什么。学生提出想知道或感兴趣的问题，师生交流。师生围绕主题进行讨论，生成小课题并指导研究内容。全班汇报并交流，师生共同归纳整理更有价值的问题。

2. 分解主题，自由组成研究小组

通过讨论，学生对对虾的烹饪和宣传产生了浓厚的兴趣，因此在这样的情形下，教师提议：同学们要不要亲自做一些你们想要吃的对虾美食？看看要做成一道色香味俱全的对虾，需要做一些什么样的准备？经过交流讨论，学生自愿分成了两组：鲜虾小组和梦虾小组。每组推选一名小组长，由小组长合理分配任务。

3. 以小组为单位，制订活动方案

“凡事预则立，不预则废。”周密细致的活动计划是成功的关键。学生进行充分讨论，并自由分好小组后，开始具体引导他们制订本组的活动实施方案。

(1) 根据要求，制订小组活动方案。制订活动方案的目的是让学生知道要做什么，由谁来做，怎么去做，这既是对学生活动的指导，也有利于学生提高交流、讨论的能力。我们制订了小组活动方案，如表1、表2所示。

表1 “家乡美食——长白对虾”综合实践小组活动方案（一）

小组名称	
小组成员	
采访前的准备	
采访时间	
采访对象	
采访地点	

表2 “家乡美食——长白对虾”综合实践小组活动方案（二）

小组名称	
活动主题	
活动目标	
活动时间和地点	
活动方法	
活动步骤	
预期成果	

（2）小组方案确定后，全班交流讨论。以小组为单位，交流汇报本小组的活动方案。其他小组对该小组的活动计划提出建议和质疑，完善充实本小组活动方案。小组长介绍修改后的小组活动方案，老师小结。就这样，两个小组在组长的组织下确定了小组目标，并制订了可行的实施方案，为整个活动的实施做好准备。

（二）实施阶段

实施阶段是本次实践活动的重点和难点，同时也有两个亮点：一是让学生进入对虾养殖基地，亲身体验对虾养殖大棚与外界的温差，感受0.5厘米的小虾苗长成16厘米大虾的惊人成果；第二个亮点是让学生完全自主寻找可以采访的厨师。这对海岛农村孩子来说是一项巨大的挑战，然而他们成功地进行了采访。

1. 小组根据活动方案，搜集相关的资料

学生按照小组长分配的任务开始行动了，他们有的找到学校的信息技术老师，征得老师的同意后开始在电脑房查询长白地名的由来、长白对虾的来源、对虾的营养价值和适合食用的人群等相关知识；有的针对自己的烹饪任务找来《对虾烹饪大全》进行学习；有的带着对长白的好奇去询问当地的老人，他们对长白、长白对虾更有发言权……

2. 带领学生参观对虾养殖基地，并对养殖人员进行采访

搜集到相关资料后，我们带着小组活动方案便出发了，从学校步行到对虾养殖基地。养殖基地的养殖技术人员小陈热情地接待了我们，他是水产养殖专业的大学生。他先给我们介绍了舟山绿源水产养殖有限公司的一些情况，并认真地回答了学生的提问，还带着我们来到对虾养殖大棚。他不仅带学生参观了两个不同的大棚，还亲自捞起一些对虾幼苗让学生近距离接触。

我们先进去的这个大棚正在换水，准备迎接新的幼苗入池，此时大棚的温度已经与外界不一样了；再进入另一个正在养殖对虾的大棚。一进去，我们的照相机镜头马上模糊了，好几个人的眼镜也看不清了，但是谁都顾不上擦镜片，一个劲地看着小陈捞起来的小虾苗。学生恨不得马上提问，在教师的要求下，大家出了大棚再进行采访。

3. 参观长白的酒店后厨，对厨师进行采访

这一过程，笔者给学生设置了一个小考验，让学生自己主动去寻找可以采访的厨师。首先，让学生提前准备好要请教的问题，都写在活动方案里边；其次，指导学生采访的基本要求，如懂礼貌，学会用各种礼貌用语，学会微笑着对人说话，等等。接下来学生开始进行采访。很遗憾，第一次采访

失败了。但学生们并没有放弃的意思。经过短暂时间的反思后，傅梦艺同学毫不犹豫地第一个走进长白饭店采访厨师。面对文明礼貌的学生，饭店老板笑容满面地回答了学生的问题。就这样，采访厨师的任务圆满结束了。

4. 指导学生及时整理资料，整合信息

学生对采访获得的信息进行整理，培养搜集信息、整理资料的能力及反思的习惯，并思考下次再有这样的活动应该怎么做才能做得更好。例如：采访应该先提前预约好被采访的对象，约定好时间、地点，按时赴约；提前约定好的事情，不能随意更改；采访时应落落大方……笔者就这样在活动中引领学生发现问题，并且及时解决了问题。

（三）汇报评价阶段

在汇报阶段，我们采用了多样化的汇报展示的形式，主要分为三大块：一是现场烹饪，展示自己的动手能力，让学生在课堂上体验到烹饪的快乐；二是学生以多种多样的宣传方式来宣传家乡特产，培养学生爱我长白的理念；三是整理研究成果，制作展板，宣传从校内走向校外，进一步将活动意义深化。

1. 现场烹饪，展示自己的动手能力

学生将搜集的资料、活动过程中的收获，进行整理、加工，形成研究成果，最终通过一边烹饪一边讲解的方式在活动汇报会上进行展示。

(1) 小组长分配任务给每一个组员，安排烹饪过程中的任务，做到人人参与。

(2) 进入菜市场，根据小组制定的食谱选配材料。

(3) 现场烹饪。

(4) 作品出炉，小组分别宣传介绍。

(5) 邀请全校师生品尝自己的劳动成果。

2. 贴近生活，走进社会，大胆创新宣传家乡的方式

(1) 联系各大超市，推销长白对虾，使长白对虾进驻全国各大超市。

(2) 模拟展销会现场，担任小记者进行报道。傅毕哲同学模拟了一位小记者，在长白对虾展销会中进行现场报道。

(3) 撰写导游词。

(4) 举行“美丽长白——爱我家乡”形象大使比赛。学生杨伊琳策划了这一活动。通过比赛选择参赛对象，选出长白的形象大使为自己的家乡宣传，让每一个长白人都愿意做家乡的形象代言人。

3. 整理研究成果，制作宣传展板，活动延伸

为了将活动内容拓宽、活动意义深化，调查研究结束后，教师引导学生整理好研究过程中的所有资料，并且和学生一起制作展板，利用大课间活动时间向全校师生展示这次活动的成果，宣传我们的收获，让每一位学生都知道长白对虾，都来了解家乡特色，并鼓励每一位学生来当家乡的代言人，宣传家乡。

长白有很多外来务工人员，其中有很多是我们学校学生的家长。为了让这些家长也能更加了解自己生活的地方，让他们知道长白的特色，我们的宣传从校园里面走到了校园外面。这样一来，一传十，十传百，他们对长白就更了解了。通过这次主题实践活动，在很大程度上提升了学生对生活向往和对家乡热爱的程度。

4. 自我评价，互相评价

评价是通过各种不同的形式唤起学生对实践过程的回忆，也是一次自我回忆、内化的过程。评价，能够促使学生对自己的学习过程进行反思，思索自己学习中所遇到的问题，发表自己的看法，总结自己的学习情况，有助

于培养学生的独立性、自主性和自我发展、自我成长的能力。表3是“家乡美食——长白对虾”综合实践活动学生评价表。

表3 “家乡美食——长白对虾”综合实践活动学生评价表

<table>
<tr><td>姓名</td><td></td><td>活动方式</td><td colspan="4"></td></tr>
<tr><td colspan="2">评价项目</td><td>达到的程度</td><td>学生自评</td><td>小组互评</td><td>老师评价</td><td>家长意见</td></tr>
<tr><td colspan="2">活动态度</td><td>①积极
②一般
③不感兴趣</td><td>☆☆☆</td><td>☆☆☆</td><td rowspan="5">你能在活动中付出自己的努力，老师为你感到高兴，认为你能（达到目标□ 接近目标□ 继续努力□）。</td><td rowspan="5">我想对你说，这次活动你能（达到目标□ 接近目标□ 继续努力□）。</td></tr>
<tr><td colspan="2">搜集整理信息的能力</td><td>①很强
②一般
③学习中</td><td>☆☆☆</td><td>☆☆☆</td></tr>
<tr><td colspan="2">合作的情况</td><td>①很好
②较好
③一般</td><td>☆☆☆</td><td>☆☆☆</td></tr>
<tr><td colspan="2">交流的情况</td><td>①积极主动
②愿意分享
③学习分享</td><td>☆☆☆</td><td>☆☆☆</td></tr>
<tr><td colspan="2">活动的收获</td><td>①很多
②一般
③较少</td><td>☆☆☆</td><td>☆☆☆</td></tr>
</table>

注：评价为①得3颗星；评价为②得2颗星；评价为③得1颗星。

通过评价活动，可以看到，学生在评价中既看到别人的努力也能看到别人的收获，还能勇敢地说出自己的不足与进步。通过这些活动，学生有了不同的收获和成长，相信只要肯去做，没什么能阻挡我们前进的脚步。

四、活动效果

通过这一次的主题实践活动，从学生选择主题的方面看，外出调查的学习方式更受学生喜爱，并且学生对本地的饮食很感兴趣，也符合学生现有的知识水平和认知结构；操作性强，有利于学生真正走进社会参加实践活动。在活动中，学生能积极利用本地的资源开展研究，为自己的学习服务，并懂得了生活处处有知识，知识就在生活中的道理。本次活动的具体效果如下。

1. 培养了学生搜集整合信息、调查采访研究、总结归纳提炼的能力

通过查询资料，学生把对虾的营养价值、适合人群及对虾的各种烹饪方法都记录了下来，并且制作成了展板。应星宇同学在感受中还写道：

“南美白对虾成年以后，有16厘米长，这是多么惊人的一个数字啊！可就在陈叔叔捞起对虾的时候，我们看到的却只是一些0.4厘米大小的虾苗，像一只只小跳蚤似的，不停地跳跃着，不知疲倦，巨大的差距让人大跌眼镜。陈叔叔告诉我们，这些虾苗要过三个月才能长成16厘米以上的大虾。但是，养虾的水要保持清澈，日常温度要达到26摄氏度，还得按时投喂饲料。看来，对虾不是那么好养的，真是高技术‘产品’啊！”

在采访厨师的过程中，虽然遇到了一点小问题，但第一次采访的失败，让学生知道了这种活动怎么做才能做得更好。例如，采访时应该先提前预约好被采访的对象，约定好见面的时间、地点，按时赴约；提前约定好的事情，不能随意更改。就这样，教师在活动中引领学生发现问题，并且及时解决了问题。采访，对六年级的学生来说，不用做得多么专业，关键是激发学生对采访的兴趣，引发学生对家乡的关注。

2. 培养了学生团结协作、交流探究的良好学习习惯及体贴父母的行为习惯

从向父母询问炒菜的秘诀到自己在家里练习烧菜，在这一过程中学生感受到了父母的不易，很多学生表示以后会加倍孝顺父母，做个听话的孩子。现场烹饪，这一过程展示了学生的动手能力。学生将搜集的资料、活动过程中的收获，进行整理、加工，形成研究成果，最终通过一边烹饪一边讲

解的方式在活动汇报会上进行展示。

作品出炉后，小组成员用各种方式进行展示。例如，梦虾小组自己写词并用快板的形式来宣传他们的“三虾盛宴”，对自己组制作的美味对虾进行介绍，最后还邀请全校师生品尝他们的劳动成果。从选材、配菜、挑选对虾，到烹饪对虾的各个环节，可以看得出学生一点一滴的变化。就像傅梦艺同学在周记中写的那样：

“在这次活动中，我感受到了队员之间的默契，大家不再像以前那样推三阻四、互相埋怨了。现在，同学们都自奋告勇地干这干那，做事十分积极。在采访中，我发现自己的胆子慢慢变大了，敢于主动向别人提问题了……”

3. 让身在农村的学生，通过实践树立了自信心

这次综合实践活动，学生的胆子大了，自信心也足了，在公众面前不再胆怯，能够大大方方地与陌生人交流，语言表达能力也增强了。面对第一次因紧张而失败的采访，学生并没有放弃，而是继续寻找可以进行采访的厨师。傅梦艺同学毫不犹豫地第一个走进长白饭店采访厨师，并圆满完成了采访厨师的任务。活动结束后，学生向全校师生展示自己的研究成果，解说整个研究的经过，他们表现得那么自然，更是那么自豪；宣传活动从校内走到校外，面对家长们，学生表现得泰然自若，获得大家一致的称赞。

4. 贴近生活，走进社会，创新宣传家乡的方式，让学生真正地放飞自己

在生活中，学生看见超市经常进行促销活动，于是他们想到了让长白对虾进驻全国各大超市。王超同学还担任了长白对虾成品公司的负责人，负责超市宣传。傅毕哲同学模拟了一个小记者，在长白对虾展销会中进行现场报道。为了激发学生的想象力，引导学生运用发散思维的方式大胆创新，笔者鼓励学生为长白对虾养殖基地撰写导游词。学生杨伊琳策划着举行“美丽

长白——爱我家乡”形象大使比赛。通过这个比赛，选出长白的形象大使为自己的家乡宣传，让每一个长白人都愿意做家乡的形象代言人。学生了解了自己的家乡，也体会到爱家乡要从自身做起。

教师鼓励学生大胆合理地想象，在他们想法不够成熟的时候指导他们想方法去解决问题。与此同时，教师及时的鼓励极大地激发了学生的学习兴趣和创作灵感。

5. 整理研究成果，制作宣传展板，回忆活动过程，内化活动精神

为了拓宽活动内容，深化活动意义，调查研究结束后，学生整理了研究过程的所有资料，并且制作展板，向全校师生展示了这次活动的成果。通过这次主题实践活动，学生对生活的向往和对家乡的热爱程度大大提升。

6. 学生学会自我评价，互相评价

通过评价，能够促进学生对自己的学习过程进行反思，思索自己学习中所遇到的问题，发表自己的看法，总结自己的学习情况，还有助于培养学生的独立性、自主性和自我发展、自我成长的能力。本次活动采用了自我评价和相互评价的方式。在评价活动中，学生既看到了别人的努力，也看到了别人的收获，还能勇敢地说出自己的不足与进步。

作为这次活动的指导老师，笔者的收获不比学生少。第一次接触这样的活动，笔者从一个初学者，迅速地成长起来，这个过程虽然辛苦，却获益良多。教学相长，只有与学生一起成长，我们才能一直走在教育队伍的前列。

（作者：舟山市定海小学教育集团海滨校区　唐　媛）

“历史悠久的浙江民乐——走进舟山锣鼓”综合实践活动设计与实施

我们学校开展了“历史悠久的浙江民乐——走进舟山锣鼓”综合实践活动。本次综合实践活动，我们以五年级学生为研究对象，引导学生自行完成亲身体验、自主探究活动及情境表演等，学生收获颇丰。该活动有四大亮点：一是学生通过表格式的自主探究活动，了解舟山锣鼓的不同历史时期；二是能让学生在课堂上体验演奏舟山锣鼓的愉悦；三是可以通过活动宣传家乡特色，培养学生传承舟山锣鼓的信念；四是情境表演，体会这种艺术形式的独特魅力。本研究认为，舟山锣鼓作为舟山的非遗传统文化，需要我们去更好地传播、了解和学习；在综合实践活动中增加学生实际操作机会，能使教学活动更灵活、更有效，更能提高学生的综合能力。

一、活动背景

浙江自古以来人杰地灵，有着悠久的历史和深厚的文化。而浙江的民乐就是其历史和文化的一个缩影，是中国民乐中极具代表性的一部分。《人自然社会》五年级下册第十四课《历史悠久的浙江民乐》的内容主要有三大块：浙派古琴、江南丝竹、浙东锣鼓。古琴是中华传统文化的瑰宝，历史悠久；浙派古琴在全国古琴流派中占据重要地位。江南丝竹是丝竹乐的一个分支，一般理解为以丝弦和竹管为主演奏的器乐曲，流行于江南，盛行于沪宁杭。浙东锣鼓是流行于浙江东部的一种吹打乐，最有特色的是锣鼓乐器。

本节课以这三个浙江民乐中最具代表性的民乐表现形式为主要内容，让学生了解相关的基本常识，欣赏一些代表作。笔者以浙东锣鼓为本节课重点，因为浙东锣鼓中有一个重要的分支是我们舟山锣鼓。舟山锣鼓作为保留舟山历史记忆、凝结人民智慧、传递人民情感、体现舟山海岛风格的非物质文化遗产，是我们舟山地区历史“活”的见证。保护好、传承好舟山锣鼓，弘扬优秀的传统文化，对我们具有十分重要的意义。

通过本节课的教学，学生对舟山锣鼓有了更深入的了解，对保护和传承舟山锣鼓、弘扬优秀的传统文化起到积极的作用。

本节课的重难点是了解舟山锣鼓产生的背景和发展历程，以及进行搜集交流舟山锣鼓资料的活动。对五年级的学生来说，对浙江民乐的了解都比较粗浅，像浙派古琴，学生在平时生活中很少能接触到；像江南丝竹，学生可能对某些乐器有一定的了解，但整体感知的机会也不多。对于极具舟山地方特色的舟山锣鼓，同学们在生活中都有一定的接触。舟山锣鼓作为舟山的非遗传统文化，需要我们更好地了解、学习和传播。这些因素都为本节课的学习做了很好的铺垫。

二、活动设计

1. 教学目标

第一，了解有关浙派古琴、浙东锣鼓、江南丝竹的基本常识，欣赏一些代表曲目，感受历史悠久的浙江民乐。

第二，了解舟山锣鼓产生的背景、发展历程，在亲身体验中感受舟山锣鼓的魅力。

第三，通过搜集、交流舟山锣鼓资料的活动，提高学生综合实践活动的能力、多方面的文化修养和热爱家乡的情感。

地方课程是一门综合性的课程。这一课主要涉及浙江的人文、历史等内容，旨在满足学生发展的需要以及了解地方社会和文化的需要。在教学的过程中主要让学生“知道”“了解”浙江民乐的相关内容，教学方法以欣赏、搜集、交流、尝试为主，主要重视学生“提高综合实践活动的能力、多方面的文化修养、热爱家乡的情感”，让学生真正地参与课堂活动，而且在活动中得到认识和体验，产生践行的愿望。

2. 教学方法

教师自身也是非常重要的教学资源。这节课笔者通过课堂教学，感染和激励学生，充分调动起学生参与活动的积极性，激发学生对解决问题的渴望，从而达到最佳的教学效果。笔者主要用到了以下几个方法：

（1）直观演示法。本节课笔者搜集了大量关于浙江民乐的图片，播放、演示大量的视频和音频。通过这些直观演示调动学生的学习兴趣，激发学生对浙江民乐的热情，活跃课堂气氛，促进学生对知识的掌握。

（2）活动探究法。引导学生通过小组合作等活动形式获取知识，以学生为主体，使学生的独立探索性得到了充分发挥，培养学生的自学能力、思维能力、活动组织能力。

（3）集体讨论法。针对问题，组织学生进行分组讨论，促使学生在学习中解决问题，培养学生团结协作的精神。

3. 教学评价

评价能够促进学生对自己的学习过程进行反思、思索，让孩子们发表自己的看法，总结自己的学习情况，有助于培养学生的独立性、自主性和自主学习的能力。

学生对本次实践活动十分感兴趣，希望以后还会开设类似的课程。参与本次实践活动的其他教师也普遍认为：本次活动非常有意义，操作性强，课堂互动性强。家长对这次实践活动也都非常支持，认为让孩子多接触本土文化、加深家乡的文化情感体验，是一种最好的传承。

三、活动实施

在这节课的教学过程中，注重突出重点、条理清晰、紧凑合理；各项活动的安排，师生、生生之间注重互动、交流，最大限度地调动学生参与课堂的积极性和主动性。

(一) 导入新课

由江南美景、江南丝竹音乐导入，引出浙江民乐，导入课题。

(二) 讲授新课

1. 第一阶段

了解浙江民乐，先通过视频，让学生直观接触这三个民乐表现形式，初步认识和区分它们，再逐步深入。笔者通过表格的形式，让学生小组合作，了解本课所涉及浙派古琴、江南丝竹、浙东锣鼓的具体历史、发展的年代、主奏乐器、代表曲目和演奏特点。

(1)浙派古琴。浙派古琴盛行于900年前的南宋。当时的京都是临安，所以那里的文化艺术异常繁荣，各地的琴家纷纷汇聚于此，逐步开成“清、微、淡、远”为演奏特点的流派。浙派琴艺一直在全国古琴流派中占据重要地位，并流传至今。

(2)江南丝竹。江南丝竹音乐真正盛行是在距今一百多年前，是流行于江苏南部、上海、浙江一带的以丝弦和竹管为主演奏的器乐曲。它的特点是小、轻、细、雅，充分体现了江南文化特点，是江南文化的特定产物。

(3)浙东锣鼓。明代中叶已盛行。浙东锣鼓属民间吹打乐，以浙东最丰富。最有特色的要数锣鼓乐器，演奏时还与丝竹相结合，特点是有分有合、有静有动。

2. 第二阶段

舟山锣鼓的学习为本节课的重点。本课分为初步感受舟山锣鼓、了解舟山锣鼓的历史发展进程、亲身体验舟山锣鼓三个环节。

舟山锣鼓极具舟山地方特色，反映了舟山人民生活的乐趣、故乡的情怀，这种艺术形式是我们舟山独有的、特殊的。学生在生活中都和舟山锣鼓有一定的接触，所以第一个环节采用视频的方式，激发学生的兴趣，最大限度调动学生参与课堂的积极性和主动性。

第二个环节是了解舟山锣鼓的发展历程。这节内容知识性强，稍显枯燥。所以，在本环节中运用视频、音频、图片等教学手段，使抽象的知识具体化，枯燥的知识生动化，乏味的知识兴趣化以充分调动学生的自主能动性，提高其搜集资料、交流资料的能力。具体如下：

(1)历史底蕴期。旧时的舟山，人民的生产方式以渔业和海运业为主，锣鼓被用在“祭海”仪式中，以祈求海神保佑风平浪静、多捕鱼鲜；还能给出海的渔民鼓舞士气；因为当时的通讯不发达，锣鼓还能起传递信息的作用。

(2)融汇孕育期。当时，舟山各岛城乡均有庙会习俗，各乡参加庙会的踩街队伍中均有一支锣鼓乐队。这些乐手不但参加庙会的演奏，还在婚丧活动、老人做寿、婴儿满月、店庆乔迁等各种活动中进行演奏。

(3)形成发展期。舟山的文化艺术部门、社会艺术团体、学校都在积极进行着传承和发扬舟山锣鼓的工作。舟山的文化艺术部门经常进行舟山锣鼓展演：海洋文化节中举行舟山锣鼓大赛；舟山市普陀区文化馆编排的舟山锣鼓《沸腾的渔港》登上中央电视台的舞台。还有许多社会艺术团体组建了许多成熟的锣鼓乐队，如白泉的高家班、普陀的荷外十番乐队、岱山的宫门吹打乐队……很多学校也在为此做着不懈的努力，如白泉中心小学、海山小学都设立了舟山锣鼓传承基地。

第三个环节是感受和体验舟山锣鼓。因为本节课是实践活动课程，而不是音乐课，所以以学生感受为主，而不是以传授技艺为主。笔者选择了三条相对较简单的节奏让学生在课堂上进行练习，给学生创设情境。通过教师示范，让学生产生最直观、最直接的感受，体会舟山锣鼓热烈、奔放、激昂的特点，激发学习兴趣。在这个环节笔者还创设了“开船啦”的情景，把家乡方言带入情境教学，打破学生自身拘谨的束缚，拉近课堂与生活之间的距离，让学生在轻松愉悦的氛围中体验、了解和感受舟山锣鼓。

在本环节中，学生认识了舟山锣鼓主奏乐器——排锣、排鼓。如（十三音）排锣，它们是由音色各异、尺寸不一的十三面铜锣组合而成。锣的排列按音调的高低，由上而下，竖式排列。又如（五音）排鼓是由五只单调高低不一的大小堂鼓组成。鼓的排列按单调高低，从右到左、由低到高横式排列；其记谱谐音分别为“同、登、通、崩、冬”。

3. 第三阶段

本阶段由学生进行课堂小结，以强化认识。

简单扼要的课堂小结，可使学生更深刻地理解本课内容，培养学生热爱家乡的情感。

（三）板书设计

直观、清晰的板书设计有利于学生更好地理解、掌握。本课板书见

图1。

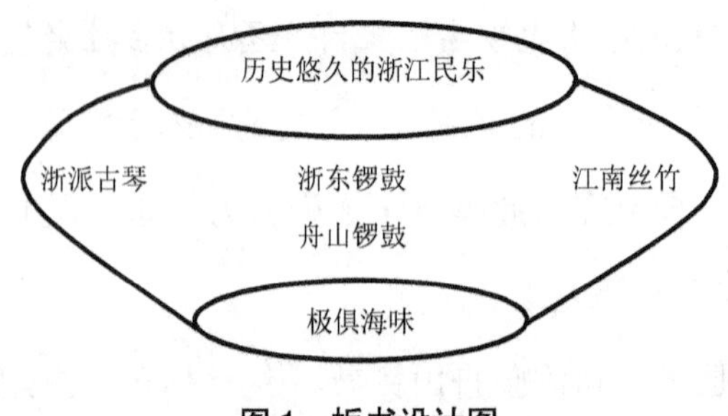

图1　板书设计图

浙派古琴、浙东锣鼓、江南丝竹、舟山锣鼓在结语时用图形勾画出一只鼓的形状，呼应本课的内容，突出本课的重点。

(四) 教学流程

1. 导入

播放丝竹乐《茉莉花》

提问：你知道这首乐曲属于哪种音乐表现形式吗?

引出课题:《历史悠久的浙江民乐》

2. 新课教学

(1) 快速浏览课文。找出浙江民乐中最具代表性的几种表现形式。

(浙派古琴、江南丝竹、浙东锣鼓)

(2) 欣赏片段。欣赏片段各属于哪种表现形式?

(3) 合作探究。小组合作，完成表格。这张表格可以让学生通过自读、合作学习、相互讨论等自主学习的方式获得本课学习中的重点知识。由小组推选代表回答表格中的问题，教师可以随着学生的回答补充相关内容。在这个过程中知识的获取并不是通过教师直接灌输，而是学生自己得出相关结论，并进行自我论证，这样获得的知识会更扎实、有效，如表1所示。

表 1　合作学习单

类别 内容	产生年代	主奏乐器	代表曲目	演奏特点
江南丝竹				
浙派古琴				
浙东锣鼓				

从同学们查证的这三个民乐流派的产生年代可得出结论：浙江的民乐“历史悠久”。

（4）了解舟山锣鼓。了解舟山的地理位置，请学生欣赏视频，提问舟山锣鼓具有怎样的特点，让学生了解舟山锣鼓的历史发展时期的三个阶段。通过小组合作，了解舟山锣鼓在这三个阶段中的发展状况。处于历史底蕴期时，舟山锣鼓最初产生的时候起的是什么作用？处于融汇孕育期时，舟山锣鼓又出现了哪些丰富的功能？处于形成发展期时，舟山锣鼓有哪两个显著的特点？了解舟山锣鼓主奏乐器，并让学生亲身体验舟山锣鼓，使学生初步感受鼓的声音和敲击。教师进行演示，提示学生注意节奏和力度，学习简单节奏，教师讲解打鼓的姿势、要领，学生模仿并自行练习不同难度的舟山锣鼓节奏击打。最后进行渔船归来时的情境表演。

（五）本课总结

学生们走进了历史悠久的浙江民乐，了解了最具代表性的几种民乐表现形式，并体验和感受了舟山锣鼓这种独特的艺术表现形式。舟山锣鼓已经被列入我国第一批非物质文化遗产名录保护项目。民族的，就是世界的。让我们来继承和发扬舟山锣鼓，让它随着大桥时代和海洋文化经济的不断发展而腾飞，让这块海洋文化特色的瑰宝更加璀璨夺目。

【参考文献】

[1] 徐锡英 . 地方特色文化在音乐教学中的传承——以舟山海洋文化进校园为例 [J]. 中小学音乐教育，2018(01) .

[2] 林翰羽 . 舟山锣鼓传承现状探究 [J]. 北方音乐，2018(08) .

[3] 贾全聚 . 舟山海洋非物质文化遗产保护与开发研究 [D]. 浙江海洋学院，2013.

[4] 沈奕汝 . 舟山市非物质文化遗产传承教学基地的建设现状与发展对策 [J]. 非物质文化遗产研究集刊，2017(10) .

[5] 何直升，陶根德 . 舟山锣鼓 [M]. 杭州：浙江摄影出版社，2009：5.

附教学案例：

《走进舟山锣鼓》教学案例

一、新课导入

课前播放浙江美景（PPT）、丝竹乐《茉莉花》作为导入。

师：大家好，非常高兴今天能和大家一起度过这段美好的时光。课前，我请同学们游览了我们美丽的舟山，在游览的途中还欣赏了一段清新、悠扬，极具江南韵味的乐曲，你们知道这首乐曲属于哪种音乐表现形式吗？

给大家几个选项：A. 交响乐　B. 管弦乐　C. 民乐

请学生回答：C。

师：非常正确！看来同学们对民乐都有一定的了解。那什么是民乐呢？

随机邀请3位同学回答。

师：各位同学说的都有一定的见解，但并不确切。

教师明确阐述定义：民乐就是中国民族音乐，是由传统乐器演奏的民间传统音乐。中国的民乐异常丰富，我们浙江的民乐便是其中极具代表性的一部分，它有着悠久的历史和深厚的文化底蕴。今天就让我们一起走进第14课《历史悠久的浙江民乐》(浙江省地本课程)。

二、新课教学

师：请同学们快速浏览课文，从书中找出浙江民乐中最具代表性的几种表现形式。板书：浙派古琴、江南丝竹、浙东锣鼓。

师问：浙江民乐的内涵和底蕴是非常深厚的，大家想不想更深入地去了解和探究它们呢？

生答：想。

师：今天，我给大家提供一次合作探究的机会，让我们一起走进今天的采集园；小组合作，运用手边的资料和书本，共同完成这次的学习任务。4分钟内，大家要了解与江南丝竹、浙派古琴、浙东锣鼓相关的历史、主奏乐器、代表曲目和演奏特点。同学们以小组合作的方式完成桌上的表格，每组选一位代表，等会儿来汇报你们的研究成果。

学生：自主进行小组合作，总结归纳，完成表格。

师：随着学生填写表格，补充相关内容，给学生更直观、更真实的体验。

(一) 江南丝竹

师：考一考大家，这些乐器你们都认识吗？有没有细心的同学发现老师刚才播放的背景音乐是属于哪种表现形式的？

生：江南丝竹。

师：大家的小耳朵非常灵敏，它就是著名的《春江花月夜》。刚才没留心的同学也不要后悔了，我们再次感受一小段，体会江南丝竹小、轻、细、雅的演奏特点。

(二) 浙派古琴

其实，我们现在生活中古琴已经很少见了。看，这就是古琴——汉民族最早的弹弦乐器，它以历史久远、文献浩瀚、内涵丰富和影响深远为世人所珍视。最早出土的古琴距今有2400多年。古琴是东方文化的一种象征。

古琴的琴体下部扁平，上部呈弧形凸起，分别象征天、地，与古时的天圆地方之说相呼应。许多美好的故事也与它相关，春秋时期伯牙子期高山流水觅知音的故事就是因古琴而产生的。

(三) 浙东锣鼓：年代、乐器、图片

浙东锣鼓是中国传统器乐吹打乐中的一种，流行于浙江东部嵊县、宁波、奉化、舟山等地。传统器乐中，吹以笛子唢呐为主，打以锣、鼓为主，最有特色的也数锣鼓乐器。除了云锣，嵊州流行四锣，奉化用的是十锣，都只有一人演奏，可见其技巧十分复杂和高超。

特点：有分有合、有静有动、曲目丰富、形式多样。

师：在探究的过程中同学们还有没有其他的疑问呢？大家课后可以继续去探究浙江民乐的精髓。从同学们查证的这三个民乐流派的产生年代来看，浙江的民乐可真是“历史悠久”，它是值得我们世世代代骄傲的艺术瑰宝啊！

(四) 结合本土特色

在这一朵朵艺术奇葩中，有一朵尤为引人注目，它就是浙东锣鼓。我们的舟山锣鼓就在其中占了一席之地。作为舟山人，舟山锣鼓是我们特别引以为豪艺术形式，它以独特的海岛渔民风情享誉国内外。

(1) 舟山锣鼓的产生是与我们独特的地理位置和海洋文化环境分不开的。(PPT 展示地图) 同学们看这幅地图。舟山，古称“海中洲”。在这广阔的海域中有着 1300 多个岛屿，这里的人民世世代代以海为生，舟山锣鼓的产生也与海有着密不可分的关系。我们一起来欣赏一段视频，感受舟山锣鼓中海的气息 (舟山锣鼓演出 MV)。

(2) 师：同学们想一想，舟山锣鼓具有怎样的特点？

生回答：生活在海边的人们热情奔放，积极向上，锣鼓就是人们情绪的

一种体现，所以舟山锣鼓也具有热烈、奔放、激昂的特点……

(3) 师：说到这里，就不得不说说舟山锣鼓的传承人——高如丰老先生。高家祖孙三代都为舟山锣鼓的传承和发展做出过贡献。早在1957年在莫斯科举办的第七届世界青年联欢会上，以高家祖传锣鼓点为基础编写的乐曲《舟山锣鼓》就获得了世界民间音乐比赛金奖，由此舟山锣鼓闻名于海内外。

(4) 舟山锣鼓经过一段漫长的历史发展时期，才逐渐流传下来。我们把它大致分为三个阶段(PPT展示)。

师：请同学们小组讨论、同桌交流，运用资料去了解舟山锣鼓在这三个阶段中的发展状况。

生讨论。

师：看同学们讨论得这么热烈，那先来看历史底蕴期。谁来和大家分享一下舟山锣鼓最初产生的时候起的是什么作用(展示相关图片)？

我这里有一段非常珍贵的资料，你们听一听，这段舟山锣鼓在当时起的是什么作用？展示音像资料，听到了加油鼓劲的口号“嘿作”。随着人们生产生活的发展，舟山锣鼓肯定也有了新的发展，这时它就进入了融汇孕育期。这个时期又出现了哪些丰富的功能呢？(展示图片)

这些活动极大地推动、促进了舟山锣鼓的发展、普及和推广。随着舟山锣鼓的不断充实丰富、提炼和改革，舟山锣鼓进入了相对成熟的形成发展期，这个时期舟山的文化艺术部门、社会艺术团体、学校都在积极做着传承和发扬舟山锣鼓的工作。

舟山的文化艺术部门经常进行舟山锣鼓的展演：海洋文化节中举行舟山锣鼓大赛；舟山市普陀区文化馆编排的舟山锣鼓《沸腾的渔港》登上中央电视台的舞台。社会艺术团体组建了许多成熟的锣鼓乐队，如白泉的高家班、普陀的荷外十番乐队、岱山的宫门吹打乐队……白泉中心小学、海山小学设立了舟山锣鼓传承基地。海山小学的舟山锣鼓表演多次出现在浙江卫视的“六一”节目中，还受到过央视记者的采访，2001年演出的《海娃闹海》在文化部举办的蒲公英大赛中荣获金奖。

（五）欣赏视频

师：舟山锣鼓还走进了维也纳金色大厅这个艺术的最高殿堂，与其他民乐形式完美融合。让我们一起感受这激动人心的一刻，并找一找舟山锣鼓的主奏乐器是什么。

学生认识排锣、排鼓。

（六）体验环节

师：今天老师也带来了两个鼓，让同学们来感受一下。谁想敲？

（学生尝试敲几下鼓）

师：你觉得两只鼓敲起来的声音一样吗？（体验中去发现）

一个发出“同”的声音，另一个发出“咚”的声音。

师：我们通常把这对鼓称为子母鼓。母鼓的声音比较低沉，发声为“同”；子鼓的声音比较高亢，发声为“咚”。谁还想来体验一下？（学生体验敲鼓的过程和乐趣）

师继续引导：其实敲鼓最讲究的是节奏和力度。看，丰收的渔民们回来了……师敲鼓（演奏一段舟山锣鼓）。

（七）老师情境表演

乡亲们，我们丰收回来了！你听到我们归来时敲响的这隆隆的鼓声，你的心情怎么样啊？（随机采访两位同学）你有什么话想对出海的这些渔民兄弟们说？

（八）创设情境

接下来我们角色转换一下。同学们都在这条丰收归来的渔船上，你在靠岸的途中听到家乡的人敲响了这欢腾的锣鼓在欢迎你们回家，你此刻的心情如何？你有什么话想对他们说？

舟山锣鼓就是我们舟山人民生活和心情的一种体现、一种浓缩。这种艺术表现形式，几经发展和变革，仍极具海味。

（九）学生创编环节

同学们想学舟山锣鼓吗？看同学们的兴致都非常高昂，学习之前，我有一个温馨提示。(强调：停止的手势）

(1) 讲解打鼓的姿势、站法，请学生上来模拟。

(2) 讲解单击、双击，出示第一条节奏，请学生上来示范。

(3) 出示第二条节奏，请学生上来试试，老师指导。

(4) 第三条节奏出示。

(5) 老师带领全体学生，练习三条节奏击打。

情境创设、创作表演：看，一搜渔船即将离港，邀请我们一起上船为它敲响祈福的舟山锣鼓，大家想去吗？开船时要喊一句口号(谁能用舟山话喊一喊？)。同学们今天有福了，不仅能学到我们的舟山锣鼓，还能学会一句舟山话，跟我学“开船了”。

(6) 开船啦(用舟山话来说)！请一名男生喊，再带领全体学生喊。

(7) 小组合作，运用学过的节奏创编。(一位同学当船老大，其他同学配合共同击打节奏，喊出口号)

(8) 请几个小组上台表演 (及时给予评价)。

今天我们一起走进了历史悠久的浙江民乐，了解了最具代表性的几种民乐表现形式，并体验和感受了舟山锣鼓这种独特的艺术表现形式。舟山锣鼓已经被列入我国第一批非物质文化遗产名录保护项目。越是民族的，就越是世界的。让我们来继承和发扬舟山锣鼓，让它随着大桥时代和海洋文化经济的不断发展而腾飞，让这块海洋文化特色的瑰宝更加璀璨夺目。

(作者：舟山市定海区檀枫小学　乐　薇)

“我和螃蟹有个约会”综合实践活动设计与实施

舟山人缘海而居，与鱼相伴，舟山文化与海洋有着不解之缘。舟山人创造的具有鲜明海洋特色的渔文化及渔美食文化源远流长。我们的孩子大多都生长在海边，与海鲜有着不解之缘。得天独厚的舟山本土资源，既来源于幼儿的生活，又应回归到幼儿的生活中去。我们老师将传承舟山海鲜菜肴文化，根据舟山海鲜菜肴，预设与海鲜有关的多种主题活动，通过开展主题活动，激发幼儿对舟山海鲜的兴趣和作为舟山人的自豪感。

一、活动背景

(一)“生活教育”园所文化

幼儿园课程提倡幼儿教育与生活的融合，要充分利用孩子们在生活中所熟悉的周边资源，从实际出发，因地制宜地实施素质教育，为幼儿的发展创造良好条件。我园从2010年起一直开展以“生活教育”为核心的园本课程的研究和探索，在一日生活中渗透生活教育理念，培养幼儿成为“生活小能人”。同时，在舟山海洋教育大背景下，我们充分挖掘本土资源。围绕园部开展的“舟山海鲜菜肴为载体培养生活小能人”的实践和研究，我们开展海鲜课程班本化实践研究，帮助幼儿积累相关的海鲜知识，激发幼儿对家乡海鲜的喜爱之情。

(二) 实践型教师团队

意大利教育家瑞吉欧提出的幼儿生成教育理论认为，“教育应该开放和利用幼儿感兴趣的事物和想要探究的问题，将之扩展为幼儿的教育内容”。于是教师们带着“孩子喜欢些什么？又能获得些什么？”的问题开展活动。我们班的教师也大多是土生土长的舟山人，对舟山的海鲜和文化有着浓厚的情感。结合中班幼儿年龄特点和兴趣需要，教师和幼儿一同收集与螃蟹相关的资料，在主题开展中推进和调整，共同生成了“我和螃蟹有个约会”的主题活动。

(三) 主体性幼儿群体

在幼儿日常饮食观察中，我们发现大多数幼儿对舟山海鲜有失偏爱，有些幼儿对海鲜的名称也知之甚少，对海鲜的营养与文化更加缺乏了解，于是我们生成了一系列海鲜主题，帮助幼儿梳理拓展海鲜文化与经验。经过小班的海鲜月活动，幼儿已经积累了粗浅的海鲜知识。在中班第一学期“爬呀爬”主题活动中，幼儿对会爬的螃蟹产生了浓厚的兴趣，但对螃蟹的认识比较粗浅。于是，我们结合幼儿兴趣，生成“我和螃蟹有个约会”的主题活动，鼓励幼儿探索发现螃蟹的秘密，在探究中增进对螃蟹的认识和了解，并尝试通过多种方式表达自己对螃蟹的情感。

(四) 多元化社区资源

《幼儿园教育指导纲要》指出：“充分利用社会资源，引导幼儿实际感受祖国文化和家乡文化的丰富和优秀，感受家乡的变化和发展，激发幼儿爱家乡、爱祖国的情感。”我们利用家乡资源，帮助幼儿积累关于螃蟹的多种

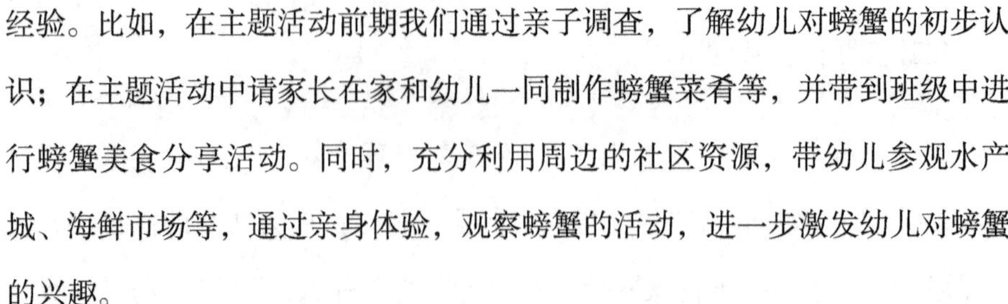
经验。比如，在主题活动前期我们通过亲子调查，了解幼儿对螃蟹的初步认识；在主题活动中请家长在家和幼儿一同制作螃蟹菜肴等，并带到班级中进行螃蟹美食分享活动。同时，充分利用周边的社区资源，带幼儿参观水产城、海鲜市场等，通过亲身体验，观察螃蟹的活动，进一步激发幼儿对螃蟹的兴趣。

二、活动设计

（一）目标定位

（1）认知经验：了解舟山海域部分螃蟹的品种，认识生活中几种常见的螃蟹；运用多种感官，了解螃蟹的基本结构和生活习性。

（2）关键能力：能运用艺术等多种方式表现认识的螃蟹；学习洗螃蟹、剥螃蟹、吃螃蟹的方法，提高自我服务能力。

（3）情感态度：喜欢品尝不同口味的螃蟹，感受制作和品尝螃蟹的快乐，萌发热爱舟山海鲜菜肴的情感；能利用废旧物品制作喜欢的螃蟹，萌发环保意识。

（二）活动内容设计

围绕中班幼儿的学习特点和兴趣需要，根据主题活动目标，我们生成“我和螃蟹有个约会”主题活动的内容架构，具体如表1。

表 1　“我和螃蟹有个约会”内容设计表

主题展开思路	活动分类	活动名称	活动目标	主要侧重领域
螃蟹的秘密	识螃蟹	螃蟹之家	1. 了解舟山海域部分螃蟹的品种，探究发现不同螃蟹的异同。 2. 乐意表述螃蟹的不同特征，体验探索的乐趣。	社会
		螃蟹真可爱	1.了解螃蟹的外形特征，初步掌握辨别雌雄螃蟹的方法。 2. 在观察讨论中萌发对螃蟹的探究欲望。	科学
	话螃蟹	有趣的蟹螯	1.了解蟹螯的功能，知道蟹螯有再生的本领。 2. 发现“蟹语”的秘密，感受游戏的乐趣。	语言
		小螃蟹找工作	1. 理解故事情节，了解人物的特点及其与各类工作的关系。 2. 感受小螃蟹找到合适工作后的快乐心情。	语言
	品螃蟹	好吃的螃蟹	1. 在看一看、做一做中了解螃蟹的多种食用方法。 2. 学说螃蟹菜肴的方言，萌发对舟山菜肴的喜爱之情。	社会
和螃蟹一起玩	唱螃蟹	螃蟹歌	1. 理解歌曲内容，在学唱歌曲中巩固对螃蟹的基本特征的认识。 2. 探索表演螃蟹横着爬和甩不脱的动作，感受表演带来的快乐。	音乐
	画螃蟹	蟹壳装饰画	1. 仔细观察螃蟹壳的形状，能根据形状选择不同的对象作画。 2. 大胆表述自己的作品，学会欣赏别人的作品。	美术
		可爱的螃蟹	1. 能根据各种废旧物品的特点，自主选择材料制作螃蟹。 2. 对使用废旧物品作画感兴趣，萌发环保意识。	美术

续表

主题展开思路	活动分类	活动名称	活动目标	主要侧重领域
	乐螃蟹	小螃蟹赛跑	1.练习手脚着地侧爬，发展动作的协调性。 2.探究模仿螃蟹的动作，体验情境游戏的快乐。	健康
		快乐的螃蟹	1. 探索用身体各部位夹球侧行的方法。 2.增强动作的协调性，体验与同伴合作的快乐。	健康

三、活动实施

(一) 主题准备

依据幼儿经验的班本化主题活动线索的设置，是将预设的主题予以进一步的调整和重组，从关注教师的教到关注儿童的学，使主题更符合本班幼儿情况和需要的课程儿童感。在中班第一学期“爬呀爬”主题活动中，幼儿对会爬的螃蟹产生了浓厚的兴趣，于是我们结合幼儿兴趣，生成“我和螃蟹有个约会”的主题活动。在活动前期通过“我认识的螃蟹”“我想知道的螃蟹”等调查，了解幼儿关于螃蟹的原有经验和问题。通过活动鼓励幼儿探索发现螃蟹的秘密，在探究中增进对螃蟹的认识和了解，并尝试通过多种方式表达自己对螃蟹的情感。教师让幼儿走在主题的前面，以幼儿的经验、问题为线索来开展主题活动。

(二) 实施路径

结合我班幼儿对螃蟹的浓厚兴趣，以及对螃蟹产生的多种问题，我们将主题分为“螃蟹的秘密”和“和螃蟹一起玩”两个板块，并在一日生活和环境中进行多方面的渗透，帮助幼儿拓展学习经验，满足幼儿多样化的学习体验。图1是“我和螃蟹有个约会”综合实践活动的实施路径。

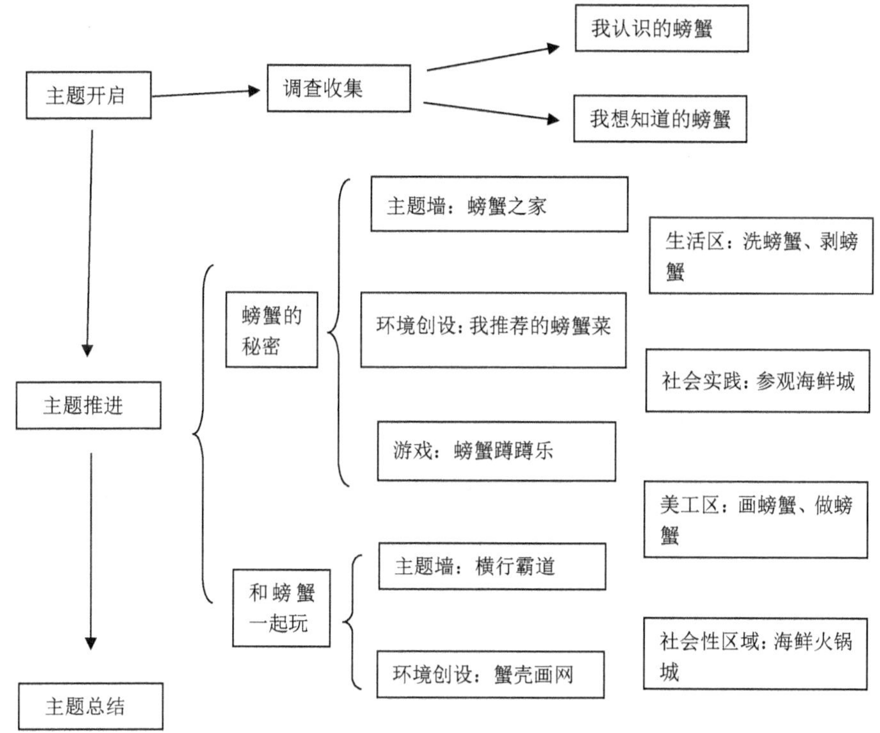

图1　“我和螃蟹有个约会”综合实践活动实施路径

(三) 主题活动推进

在活动前期，幼儿对舟山海鲜的基本分类有了粗浅的了解，我们结合幼儿的学习兴趣和需要，选择单个海鲜题材——蟹壳类中的螃蟹，共同生成“我和螃蟹有个约会”主题活动。在主题的开展过程中，幼儿通过直接感知、实际操作，发现螃蟹的秘密，对螃蟹的常见品种和基本特点产生了初步了解。幼儿通过亲身体验，扮演螃蟹角色进行演唱、绘画、手工、游戏等，用自己喜欢的方式表达对螃蟹的喜爱之情。

板块一：螃蟹的秘密

根据中班幼儿的学习和心理特点，主题第一板块分为“识螃蟹”“话螃蟹”“品螃蟹”三部分。首先教师通过“我认识的螃蟹”小调查，帮助幼儿回忆与螃蟹相关的经验，开展“螃蟹之家”活动，了解生活中常见的几种螃蟹；继而开展“螃蟹真可爱”，让幼儿在观察和比较中了解辨别雌雄螃蟹的方法；再通过“有趣的螃蟹”和“小螃蟹找工作”的活动，引导幼儿在故事情境中感知螃蟹的基本特点，了解蟹螯的独特本领；最后通过螃蟹美食分享活动“好吃的螃蟹”，鼓励幼儿大胆品尝螃蟹，发现和品味螃蟹菜肴的多种食用方法，并在生活中鼓励幼儿学习食用螃蟹的基本方法。

比如，社会活动“好吃的螃蟹”。在活动前期教师鼓励幼儿在家学习洗螃蟹、吃螃蟹的方法，并一起制作和推荐一道螃蟹菜肴。通过“我推荐的螃蟹菜肴”的照片分享活动，帮助幼儿回忆关于做螃蟹菜肴的经验，同时鼓励幼儿用舟山方言介绍菜肴的名称，激发幼儿对舟山方言和舟山菜肴的热情。教师在活动中选择几种常见的螃蟹菜肴，引导幼儿在观看中共同回忆螃蟹的制作方法，激发幼儿对螃蟹菜肴的美食欲望。最后通过螃蟹美食分享会，鼓励幼儿大胆品尝美味的螃蟹，发现螃蟹不同的食用方法，在体验中感受舌尖上的螃蟹美味。活动后请幼儿推荐最喜欢的螃蟹菜肴，通过教师评价、幼儿自评、同伴互评，拓展幼儿的活动经验。

再如，语言活动“小螃蟹找工作”，故事内容曲折有趣。小螃蟹在选择不同工作的过程中遇到了各种困难，感受一次次的失败和成功。通过出示不同的背景图，让幼儿感受不同的工作环境特点，并通过提问和讨论调动幼儿的积极性，给幼儿一定的想象空间，感受不同工作的不同性质。幼儿随着小螃蟹找工作的历程也经历一次次的希望与失败，一起享受最后找到工作后成功的喜悦。结合幼儿对故事的兴趣，在活动延伸环节教师鼓励幼儿表演故事。通过亲身体验小螃蟹的角色，体验小螃蟹找工作的心理历程，和小螃蟹一同感受找到合适工作后的快乐，带给幼儿独特的情感体验。

板块二：和螃蟹一起玩

根据幼儿的兴趣需要，我们将主题第二板块分为“唱螃蟹”“画螃蟹”“乐螃蟹”三部分，鼓励幼儿用喜欢的方式表达对螃蟹的情感。通过学习“螃蟹歌”，在学唱中巩固螃蟹的基本特征，能用喜欢的方式表演螃蟹；再通过“蟹壳装饰画”和“可爱的螃蟹”，鼓励幼儿用绘画和手工等方式，选择喜欢的材料创意表现螃蟹的造型；最后通过“小螃蟹赛跑”和“快乐的螃蟹”，创设“螃蟹运动会”的情境，在学习侧爬的过程中体验螃蟹爬的快乐，以及探索合作运瓜的方法，体验同伴合作变螃蟹的趣味。

比如，美术活动“可爱的螃蟹”。在活动前，教师首先让幼儿观察螃蟹，回忆螃蟹的外形特征；在活动中，让幼儿认识废旧材料，讨论不同材料可以做螃蟹的哪些部位，发挥幼儿的想象力，同时提高幼儿对废旧物品的利用意识，为下一步制作积累经验；在制作环节中，为了发挥幼儿的主体性，教师让幼儿选择自己最喜欢的材料，鼓励幼儿大胆制作喜欢的螃蟹，同时在制作中引导幼儿进一步了解废旧物品可以再利用的特点；活动后，我们在美工区中继续投放更多的废旧材料，如纸杯、纸盒等，鼓励幼儿制作出更多的创意螃蟹，延伸幼儿的活动兴趣。

再如，健康活动“快乐的螃蟹”。在活动前，教师和幼儿一同做有趣的螃蟹模仿操，帮助幼儿明确螃蟹的角色意识。我们鼓励幼儿模仿螃蟹并尝试自主夹球（不能使用手），幼儿开始探索不同的身体部位夹球，如使用腿、手臂、脖子等。接着增加活动难度，鼓励幼儿在探索中不断寻找合适的部位夹球行走，不让球掉下来，如使用肚子、背、脚、脖子等。最后通过运瓜比赛，幼儿在一次次比赛中发现步调一致、团结协作才能成功的道理，在活动中体验最终成功的快乐。整个活动组织形式分为分散练习、集体练习等，教师对个别能力相对较差的幼儿，进行了个别指导和帮助。在梯度式的学习中，每个幼儿都获得最近发展区的提高。

板块三：无处不在的螃蟹

一日生活皆教育，幼儿的学习是在一日生活中展开的。我们在主题开展的过程中，将主题渗透到一日生活环境中去，展现主题的发展脉络和幼儿的学习行径。在主题墙上，“螃蟹之家”板块用于展示幼儿收集的各种螃蟹图片、螃蟹构造图片等；“美味螃蟹”板块用于介绍常见螃蟹菜肴的食用方法，并粘贴幼儿推荐的螃蟹菜肴照片及推荐理由；“横行霸道”板块主要展示幼儿制作的螃蟹绘画和手工等作品。我们还将蟹壳装饰画等粘贴在渔网上，布置海洋风的墙面，带给幼儿美的享受。同时，我们还将主题内容渗透到区域活动中，根据主题内容和幼儿兴趣，在常规区域和社会性区域中，投放多种活动材料，满足幼儿的多元化学习方式。区域活动设计与实施情况如表2所示。

表2 区域活动设计与实施表

区域名称	相关材料	指导要点	活动照片
阅读区 ——我的螃蟹书	提供螃蟹类书籍、卡片等	引导幼儿认识蟹类的名称和基本特点	
美工区 ——画螃蟹、做螃蟹	提供各种大小的蟹壳；提供一次性饭盒、火柴等； 提供各种颜色橡皮泥	鼓励幼儿自主绘画装饰蟹壳； 鼓励幼儿自主制作、创作螃蟹	
生活区 ——剥螃蟹、洗螃蟹	提供螃蟹、刷子、盘子等	鼓励幼儿自主剥螃蟹、洗螃蟹	
表演区 ——螃蟹的故事	提供自制螃蟹头饰、表演服装等	鼓励幼儿表演螃蟹的故事等	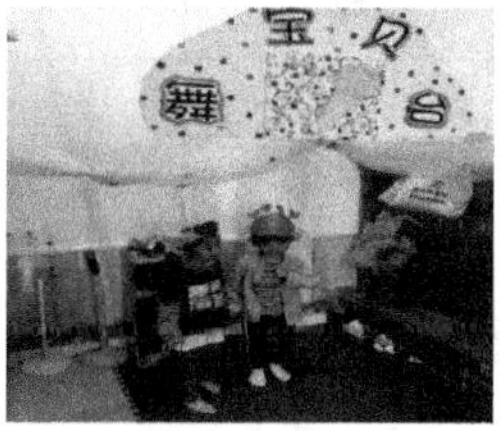
美食屋 ——海鲜火锅城	提供厨具、玩具螃蟹、自制螃蟹佐料等	鼓励幼儿自主烧烤、制作螃蟹菜肴	
展示区 ——螃蟹变变变	提供幼儿装饰好的螃蟹作品	鼓励幼儿自主观赏、评价	

(四) 主题活动评价

主题活动开展过程中，根据活动内容，我们开展了主题评价活动，对幼儿在知识技能、行为表现、情感态度三方面的表现做等级评价，既关注幼儿知识与技能掌握情况，又关注幼儿参与活动过程中的情感态度，及其与同伴合作分享等方面的多元化发展，并尊重个体差异。同时，我们还注重评价主体多元化，把教师评价、幼儿自评、同伴评价等多个层面的评价综合起来，并强调评价主体间的双向选择和沟通。比如，社会活动“好吃的螃蟹”。教师根据幼儿的活动过程，观察和记录幼儿的活动表现，并通过认知、技能、情感三个方面进行评价，具体如表3。

表3　中班“好吃的螃蟹”教学活动教师观察评价表

认知	技能				情感
认识螃蟹	工具使用	作品呈现	动作技巧	整理习惯	愉悦程度

(用 ×、√、△、☆ 表示程度不好、一般、较好、很好)

除了教师评价，我们还将评价的主动权交给幼儿，鼓励幼儿活动后进行自我评价，并用喜欢的方式进行记录，具体如表4。

表 4　中班“好吃的螃蟹”教学活动幼儿评价表

螃蟹菜肴	我喜欢	喜欢的理由
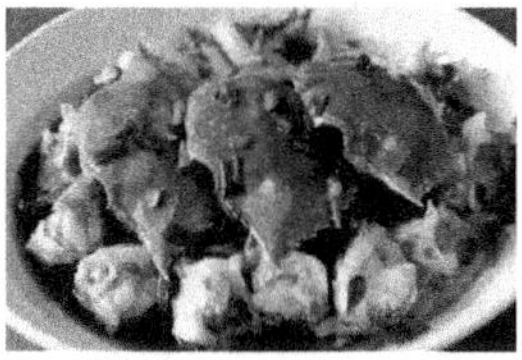 葱油蟹		
 蒸螃蟹		
 炒螃蟹		
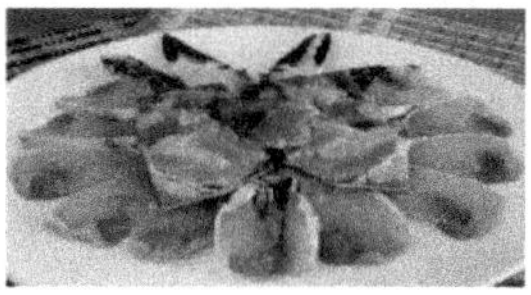 呛蟹		

（“我喜欢”一栏：幼儿用喜欢的图形进行标记，理由可以用绘画的方式记录）

除了幼儿的自我评价，也可以在幼儿间相互评价，推优式评价，比如“今天谁对你的帮助最多”“除了你自己的，你最喜欢谁的螃蟹菜肴”等。通过多元化的评价方式，有效推进主题活动的展开。

四、主题实施成效

通过本次主题活动，幼儿在感知、探究和体验螃蟹的过程中，获得关于螃蟹的多种经验，促进多种能力的发展；教师在观察、支持和评价活动的过程中，提高教学观察和反思能力，提升自身的教育素质。

1. 促进幼儿多种能力的发展

幼儿园主题是以儿童发展为导向，以经验获得为过程和目的的动态结构。

班本化主题更加聚焦于儿童，使得儿童的主体地位更加凸显。正如“我和螃蟹有个约会”主题，源自幼儿对螃蟹浓厚的兴趣，接住幼儿抛过来的球，随着主题的开展，将球抛还给孩子。在“我和螃蟹有个约会”的主题活动开展过程中，孩子们的兴趣一直很浓厚，从调查发现螃蟹的秘密到和螃蟹一起玩，鼓励幼儿运用各种感官，看螃蟹、摸螃蟹、剥螃蟹、吃螃蟹等，在亲身体验中认识螃蟹，发现螃蟹的基本特点，了解螃蟹的基本生活习性。当孩子们对螃蟹的品种和特点有了初步的了解后，孩子们还一起做螃蟹游戏，如螃蟹蹲、快乐的螃蟹、螃蟹赛跑等。孩子们还一起在蟹壳上作画，运用废旧材料制作螃蟹等。在整个活动中，教师鼓励幼儿自主表达对螃蟹的认识，并结合教师评价，引导幼儿自评、同伴互相评价螃蟹作品和螃蟹美食等，充分调动幼儿的主观体验。我们也充分发挥家长资源，积极引导家长完成亲子调查问卷，收集各种螃蟹图片、蟹壳，制作螃蟹菜肴等，帮助幼儿获得多元的学习体验，促进多种能力的发展。

2. 提升教师自身素质

班本化主题是在班级教育教学过程中，针对班级幼儿的特点、现实需要及发展方向，发挥班级教师创造性和主动性，充分运用各种主题资源，开发并实施适合本班幼儿发展的个性化课程。教师带着“老师们开展些什么活动？孩子喜欢些什么？又能获得些什么？”的问题开展我们的主题活动。围绕“螃蟹”，教师搜集多方面的相关资料，结合幼儿兴趣和年龄特点进行归类和细化，利用教师、家庭、社区等资源，共同生成“我和螃蟹有个约会”

主题活动。教师在自主行使对于课程实施的权利中既充分发挥出自己的创造能力，又在有效的课程实施中获得了职业的成功感和幸福感。在对园本课程实施优化的同时，也促进教师个人专业素养的发展，特别是促进教学活动评价、活动反思等能力的提高。

整个主题活动虽然时间很短，但孩子们在亲身体验中获得多种学习经验。由于关于其他海鲜鱼谣与传说比较多，关于螃蟹的传说比较少，在这一板块上幼儿习得的文化比较缺失。今后将通过其他海鲜课程的后续开发，帮助幼儿习得更多的海鲜文化知识，萌发对舟山海鲜的喜爱和争做舟山小主人的自豪感。

【参考文献】

[1] 李季湄，冯晓霞 .3～6 岁儿童学习发展指南 [M]. 北京：人民教育出版社，2013：2.

[2] 教育部 . 幼儿园教育指导纲要（试行）[M]. 北京：北京师范大学出版社，2001.

[3] 柳和勇 . 舟山群岛海洋文化论 [M]. 北京：海洋出版社，2006：4.

[4] 吴靖国 . 海洋教育教科书 [M]. 台湾：五南图书出版有限公司，2009：176.

（作者：舟山市普陀区实验幼儿园　胡燕波）

“家乡的绿眉毛”——大班生成性主题活动设计与实施

“绿眉毛”是舟山市普陀区特有的非遗文化，它的身上有着浓浓的船文化信息，孩子们可以由“绿眉毛”打开一扇关注舟山本地文化的窗户。此次主题活动是幼儿在春游活动中萌发的，教师及时抓住教育的契机，让孩子主动参与主题活动的支架搭建及延伸应用。该主题活动有三大亮点：一是以孩子所探究的问题为主轴，呈现孩子亲历式的学习建构历程；二是涵盖多样领域为基点，凸显本土特色主题的构建；三是弥漫师幼和谐的氛围，展现优质的原创精品。本主题活动的生成方式打破以往“教师主导式”的被动，而将主动权交给幼儿，从孩子中来，到孩子中去，从而激发幼儿的参与性，萌生对家乡文化的热爱，感受身为中国人的自豪。

一、活动背景

舟山“绿眉毛”号传统帆船(如图1)，船首形似鸟嘴，简称鸟船，因船头眼上方有条绿色眉毛而得名，是我国鸟船系列中的优秀船型，并与沙船、福船、广船一起，称为中国古代“四大名船”。在传承海洋历史文化中，“绿眉毛”不仅仅是舟山的一张名片，更是舟山人民敢于突破、冒险，一往无前的海洋精神的载体。我园地处沈家门渔港，毗邻水产码头——中国国际水产城，在中国国际水产城的帆船餐厅露台有一艘“绿眉毛”帆船。这是一艘“绿眉毛”古帆船，而正是这艘“绿眉毛”古帆船为主题活动的生成提供了契机。

图 1　“绿眉毛”模型全照

我们的幼儿虽然大多是在渔港长大的孩子，很多幼儿的家长、祖辈以捕鱼为生，但是他们对舟山的船文化了解甚少。于是，借由幼儿在水产码头春游时，孩子对“绿眉毛”产生兴趣的契机，我们生成了主题活动“家乡的绿眉毛”，为幼儿搭建一个了解舟山船文化的学习参与平台，从主题活动中通过“亲历式”的方式了解“绿眉毛”的来历、构造，认识“绿眉毛”的朋友等，从而萌发幼儿热爱家乡、热爱海洋的情感。

二、活动设计

(一) 活动目标

儿童的成长是受生理和心理成熟机制制约的，幼儿的身心发展是有一定顺序的，这种顺序是由先天因素决定的。因此制定教学活动目标时要结合本阶段幼儿身心发展的特点，遵循儿童“最近发展区”的原理。一般而言，我们在制定目标的时候，都从三方面进行，即认知经验、关键能力、情感态度。

认知经验方面：了解“绿眉毛”的由来及历史，知道“绿眉毛”的三大外形特征；了解“绿眉毛”的基本构造，清楚地知道船帆、船舵的主要功能。

关键能力方面：能通过多种材料绘画“绿眉毛”，对“绿眉毛”进行大胆的想象与创造；能尝试“航海”实验，感知船模材料、船帆、风力与航行速度之间的关系。

情感态度方面：乐于参加“绿眉毛”活动，体会人、船、海三者之间的和谐；萌生爱家乡的情感，感受家乡文化的博大精深。

(二) 活动内容

整个活动我们以幼儿亲历为主要手段，通过对幼儿的观察、发现，追寻幼儿的脚步，让幼儿用自己独特的方式建构主题。同时，让教师更新儿童观和课程观，将教什么转变为学什么、怎么学，积极探寻契合大班孩子的学习方式，真正立足以儿童为中心的主题创生。

本次活动重点是让幼儿了解“绿眉毛”的由来及历史，知道“绿眉毛”的三大外形特征；在探索“绿眉毛”的过程中有持续的兴趣和探索欲望；乐于参加“绿眉毛”活动，体会人、船、海三者之间的和谐；萌生爱家乡的情感，感受家乡文化的博大精深。活动难点为活动中提高幼儿发现问题、分析问题和解决问题的能力；能通过多种材料绘画“绿眉毛”，对“绿眉毛”进行大胆想象与创造；能尝试“航海”实验，感知船模材料、船帆、风力与航行速度之间的关系。

三、活动实施

本次主题活动的开展分为四个阶段实施：准备设计阶段、路径制定阶段、实施推进阶段、评价分析阶段。

(一) 准备设计阶段

1. 思——发现契机，生成主题活动

春暖花开，幼儿园组织大班幼儿去国际水产城春游，途经水产城的帆船餐厅时，大班一个孩子大叫起来："哇，你们快看，有大船。"随后另一个声音说："这不是船，船是在大海里的。"接着孩子们纷纷议论起来。"这应该是船吧，那么大。""可这是木头做的，能在海上开吗？""这船怎么有那么多颜色？还有眼睛，肯定不是真正的船，只是装饰的……"回园路上，孩子们还在诉说着自己在路上的发现。第二天来园，好多孩子还在议论着。于是，生成"绿眉毛"主题活动的想法应运而生。教师利用谈话的形式在大班开展了一次"你想了解'绿眉毛'吗"的教学活动，孩子们纷纷大胆表达自己的想法："绿眉毛"是怎么来的？它有什么作用呢？它是怎样在大海里航行的呢？……教师们将幼儿的问题收集起来，并在年级组长的带领下建立实施小组，对幼儿的兴趣点进行价值判断，从而确定生成主题——家乡的"绿眉毛"。

2. 审——审议资源，搭建主题实施链

在确定生成主题后，实施小组的教师们针对主题资源进行审议，并判断资源的使用价值，从而高效使用资源开展主题活动。

(1)环境资源。我园地处沈家门渔港，毗邻水产码头——中国国际水产城。在中国国际水产城的帆船餐厅露台有一艘"绿眉毛"帆船，这一艘船是一艘真正的"绿眉毛"古帆船，现为了餐厅盈利，经营者在船舱开设了两个包厢。虽说进行了小小的改造，但古帆船"绿眉毛"的结构没有改变。幼儿园与帆船餐厅较近，便于开展观摩、游戏等社会实践活动。在"绿眉毛"古帆船旁边有一条临港高架桥，站在桥上可看到海上行驶的各类船只行驶或停靠，可以让我们观察、比较“绿眉毛”与现代船的区别，感受舟山船文化。

(2)人文资源。教师资源：为生成“绿眉毛”主题，园部组建了“绿眉毛”项目组。由园长担任主题项目顾问，业务园长为项目组长，大班全体教师作为项目成员，总共12人，平均教龄13年以上，其中1位为小学高级教师，1位为区学科带头人，6位为幼儿园高级教师，4位为幼儿园一级教师，都具有较强的教学水平，同时在幼儿园主题活动实施中，各位教师都有生成性主题的经验。

家长资源：我园大班大多数幼儿的祖辈都从事过与船有关的职业，也有的父辈依然在从事与船有关的职业。幼儿们可以从爷爷、外公身上听一听遥远的“绿眉毛”故事，感受“绿眉毛”的辉煌历史，这为“绿眉毛”的开展提供了很好的养分。

幼儿资源：大班幼儿超常能力结构开始建构，是知觉(形状、大小、方位)发展关键期，观察和探索“绿眉毛”的内部结构正为孩子提供这样一个契机，从而促进了幼儿对船结构、功能、方位的认识。我园大班孩子在前期或多或少生成过“海鲜菜肴”主题，对舟山本土文化有一定的了解，加之父辈和祖辈以捕鱼、开船为业较多，对船的认识比别的幼儿园孩子更为广泛。

3. 构——多维建构，确定主题内容架构

围绕大班幼儿的学习特点和兴趣需要，根据主题活动目标，我们生成“家乡绿眉毛”主题活动的内容架构，具体如表1所示。

表1　“家乡的绿眉毛”主题内容架构

主题脉络	活动名称	具体目标	侧重领域及涉及领域
我是“绿眉毛”	参观“绿眉毛”——小小调查员	1. 自主参观“绿眉毛”的外形特征，并用自己的方式记录。 2. 愿意与同伴交流分享自己的发现，激发幼儿对传统帆船的美好情感。	社会、语言、科学
	我的名字	1. 观察发现“绿眉毛”的三大外形特征。初步知道辨认“绿眉毛”的方法。 2. 简单了解“绿眉毛”船的由来及历史。 3. 激发幼儿探索“绿眉毛”的兴趣。	科学、语言
	我的构造	1. 初步了解“绿眉毛”的主要构造及功能。 2. 进一步激发幼儿对绿眉毛的认识兴趣和探索欲望。	科学
	“绿眉毛”之歌	1. 熟悉旋律，理解歌词内容，初步学唱歌曲。 2. 愿意用优美自然的歌声，帮助“绿眉毛”完成闯关游戏，并从中体验成功的乐趣。	艺术
	扬帆起航	1. 尝试通过改变各种材质船模的船帆数量和方向使船开得快又直。 2. 感知各种材质船的船速与材质、船帆的受力面积大小及风力的集中程度、大小等因素有关。 3. 激发幼儿对身边的事物和现象主动探究的愿望，并从中体验快乐。	科学
“绿眉毛”和朋友们	绘本：遇见你真好	1. 仔细阅读“绿眉毛”船在自然灾害中三次营救鱼类的细节，大胆表达自己的观点。 2. 知道禁渔期的由来，感受人和海洋的和谐相处。	语言、社会

续表

主题脉络	活动名称	具体目标	侧重领域及涉及领域
“绿眉毛”和朋友们	开船咯	1. 学会两人及多人喊口号齐步行走，提高身体协调性。 2. 自主选择同伴，增强合作能力与竞争的意识。 3. 体验开船游戏的快乐及克服困难后的成功感。	健康
	“绿眉毛”和好朋友	1. 理解童谣内容，认识“绿眉毛”的船朋友——客船、货船、渔船等。 2. 能用舟山方言有节奏的地读童谣，并进行内容创编。 3. 在童谣中感受和朋友一起玩耍的乐趣。	语言、科学
	未来的“绿眉毛”	1. 大胆畅想“绿眉毛”未来，能用绘画的方式自由表现未来的“绿眉毛”。 2. 体验自主绘画创造的乐趣，萌发设计未来舟山“绿眉毛”的自豪感。	艺术

(二) 路径制定阶段

根据制定的主题内容框架，结合幼儿的兴趣特点及资源审议的结果，实施小组们绘制了主题活动的实施路径，如图 2 所示。

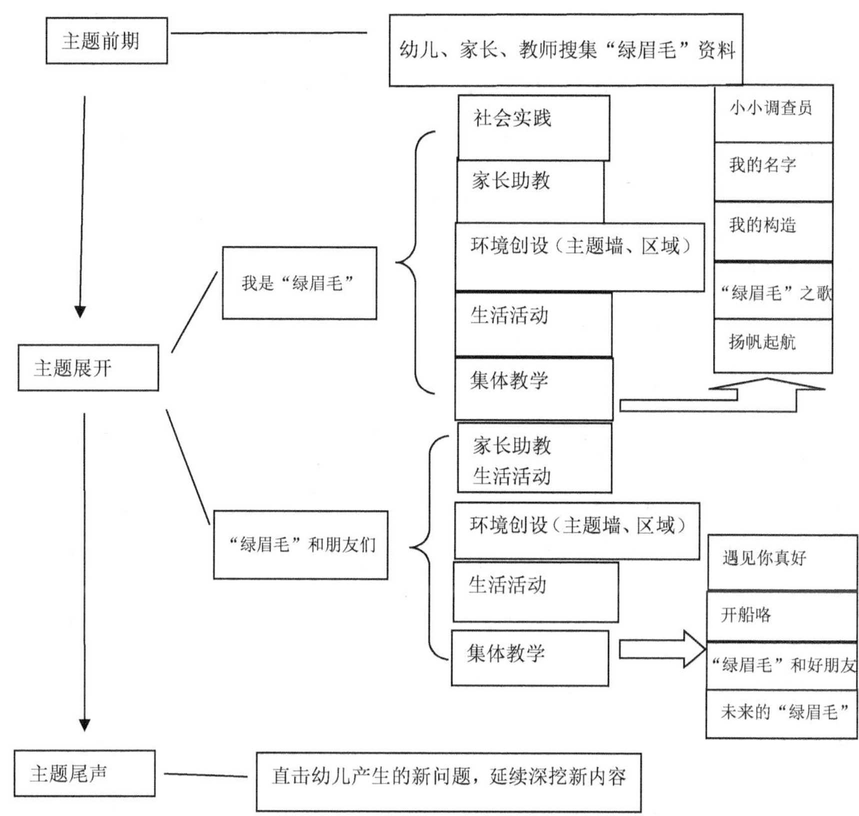

图2 “家乡的绿眉毛”主题实施路径图

(三) 实施推进阶段

整个主题是以幼儿最感兴趣的实物“绿眉毛”入手，幼儿与家长一同搜集“绿眉毛”资料；教师带领幼儿走进“绿眉毛”；邀请家长助教，丰富“绿眉毛”内容；凸显环境创设，显现隐性教育；融合一日活动，深入开展活动；最后关注幼儿产生的新问题，延续性地生成新的内容。

1. 走出去看“绿眉毛”

3～6岁儿童首先是通过感官系统认识事物的。在主题实施前期，我们请大班孩子走出幼儿园，去参观水产城的帆船餐厅里的“绿眉毛”，让孩子自主去发现、探索“绿眉毛”的结构、特征，在他们一次一次的发现中产生疑惑，学会协商，最后通过自己的方法记录自己的发现。在这一过程中，孩子从直接的感知转为主动学习的求知，激发了对“绿眉毛”探索的浓厚兴趣。同时，我们还利用节假日让家长带孩子去有“绿眉毛”的地方进行参观，如朱家尖乌石塘、沈家门水产城帆船餐厅、舟山博物馆等，通过亲子参观的形式充分发挥家长资源，让孩子在家长“一对一”的形式下进行更深入的了解。

2. 请进来说“绿眉毛”

在主题实施中，我们了解到普陀“绿眉毛”是由造船世家岑氏兄弟打造而成。于是，找到了目前还在打造“绿眉毛”的岑国和先生，通过沟通后，邀请岑国和老先生来园为孩子们讲述关于“绿眉毛”的故事，通过岑爷爷讲述“‘绿眉毛’的由来”“‘绿眉毛’去过的地方”“‘绿眉毛’参与的战事”三大内容，孩子们了解了“绿眉毛”的由来及历史；同时也邀请了解“绿眉毛”的祖辈家长或曾参与“绿眉毛”开捕的家长，通过他们的详细解说，面对面交流，让孩子们对家乡的“绿眉毛”有了更深的敬意与钦佩，萌生家乡自豪感。

3. 创环境拓“绿眉毛”

任何一个主题的开展都离不开班级环境的创设，我们也不例外。在本主题开展中，大班段创设了“舟山的船”走廊环境，利用家长资源搜集不同类型、不同大小的船模进行展览，给孩子创设一场身临其境的环境。在班级区域，教师和幼儿一起创设了“绿眉毛船厂”“创意绿眉毛馆”等主题区域。同时，在常规性区域中投放了与“绿眉毛”相关的材料，供幼儿探索发现。例如，在益智区，教师投放了“绿眉毛”结构图、放大镜、记录表，让孩子在观察中记录自己的发现。又如，在美食坊中，提供橡皮泥、竹签、纸盘等，供孩子制作“绿眉毛”蛋糕、“绿眉毛”饼干等。在主题墙布置上，更是发挥幼儿主动性，从幼儿前期的记录及亲子搜索的相关资料—开展的活动掠影—想象绘制的“绿眉毛”，一块块的版块凸显脉络层次，充分显示了孩子与墙面的“对话”，发挥墙面的隐形教育价值。

4. 链生活融“绿眉毛”

一日活动皆课程。为了主题能更有效落实，大班教师利用生活过渡环节，运用多媒体播放“绿眉毛”之歌、放“绿眉毛”图片及视频，让幼儿能在生活过渡环节继续感受“绿眉毛”文化的浓浓气息。在该环节中，还可通过同伴交流、自主查看主题墙及室内摆放的“绿眉毛”模型等形式，让绿眉毛链接生活，成为孩子们“茶余饭后”的热门话题。

5.做活动挖“绿眉毛”

跟以往主题一样，主题活动不光需要个性化的学习与探索，还需要集体教学。当孩子自我探究中发现、获得相关知识需要梳理时，当孩子在搜集资料中产生疑问时，当孩子在进行活动中遇到困难时，作为教师的我们应当给予孩子积极的帮助与指导。维果茨基说过，教师应当是孩子的支持者、引导者，更是孩子学习路上共同的伙伴。我们本着让孩子在求真、求实之路上，通过让他们在发现、假设、验证等一系列的活动中，积累一定经验，产生相关疑问。最后由教师以集体教学的形式组织孩子深入学习，为孩子解惑、释惑，打通一条学习之路。

(四) 汇报评价阶段

在主题活动的尾声，我们根据活动开展的情况以及基于大班幼儿的年龄特点，开展了汇报评价阶段。利用多样形式的汇报及多元维度的评价多方位了解主题活动的开展效果。

1. 多样形式的汇报

其主要分为两个板块：一是“我眼中的‘绿眉毛’”。多样形式“绘制”我眼中的“绿眉毛”。幼儿利用课余时间、区角时间，通过多样的形式，包括儿歌、绘画、手工制作等来表现自己眼中的“绿眉毛”，并通过活动“‘绿眉毛’小小广播站”来和同伴大胆分享关于“绿眉毛”的知识。二是“关于绿眉毛，我还想……”，通过“绿眉毛”调查表来了解在活动尾声幼儿关于“绿眉毛”还想深入了解哪些相关知识；制作“‘绿眉毛’大探险”的展板，通过亲子合作、书籍搜集等方式继续深入了解。

2. 多元维度评价

评价是通过不同形式唤起幼儿对活动过程的回忆，也是一种自我回忆与肯定的过程。在评价过程中有助于培养幼儿思考问题的独立性，激发幼儿表达愿望、自我成长的能力。在此次评价活动中，我们通过对幼儿、家长及教师的自我评价来反思、分析主题活动的开展效果。幼儿评价表如表2所示。

表2　幼儿评价表

幼儿姓名			
评价内容	你今天开心吗?	喜欢什么? / 印象最深刻的是什么?	你还想了解哪些呢?
幼儿评价			(绘画记录)
教师评价	幼儿的参与度	幼儿的表达情况	教师的反思
家长评价	幼儿的兴趣度	幼儿关于“绿眉毛”的表达	家长对活动有哪些了解?

(五) 实施成效

1. 让幼儿亲历学习建构历程提升探究能力

“家乡的‘绿眉毛’”是由一群5、6周岁的孩子与他们的老师一起开发出来的主题活动。目前，大多数幼儿园进行的主题活动都以教师预设的主题为主轴，这类主题活动无法深入检视孩子在其中某个部分的探索建构历程。而我们则尝试走“微观的角度”，以孩子所探究的问题为主轴，老师除了搜集相关资源，还要仔细观察幼儿的反应，以决定下一步该如何走。如根据幼儿对“绿眉毛”的兴趣，我们进行了第一个活动“小小调查员”(见图3)。

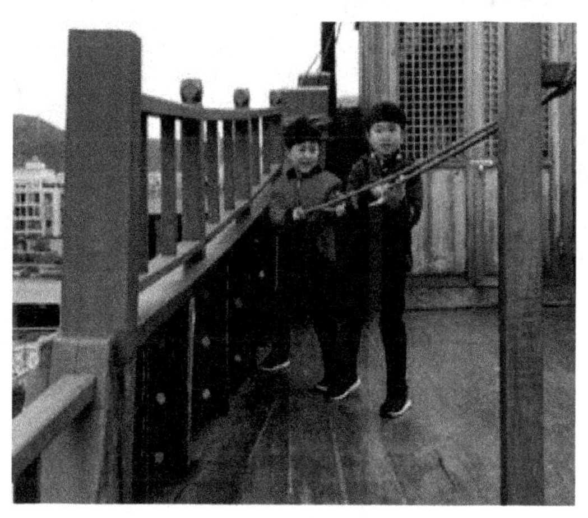

图3　“小小调查员”活动照

我们让幼儿在实物“绿眉毛”船上进行探索、记录，根据幼儿的记录与分享交流，汇总幼儿想要解决的问题，本着从儿童已有经验入手，设计了第二个活动“我的名字”，再进行完第二个活动后我们又在孩子现有认知能力的基础上进行了集体活动“我的构造”……让教育回归儿童，以“孩子兴趣”为主，我们尝试了一次非预设的本土主题。

对3~6岁幼儿来说，主题活动中没有亲历就意味着不能深入，无法走进幼儿心里。因此，在整个主题活动实施过程中，我们不光从区域活动、生活环节融入主题内容，还通过多维度的看、说，同时加强了亲身体验操作。例如：在第一个脉络“我是‘绿眉毛’”中，我们让孩子从观察实物“绿眉毛”入手，在看看、玩玩中直观感知“绿眉毛”；在科学活动“扬帆起航”中，我们更是大胆地尝试让幼儿制作船模—试航船模，让幼儿从动手操作—动手体验中感知风向与船帆大小与船速的关系（见图4）。

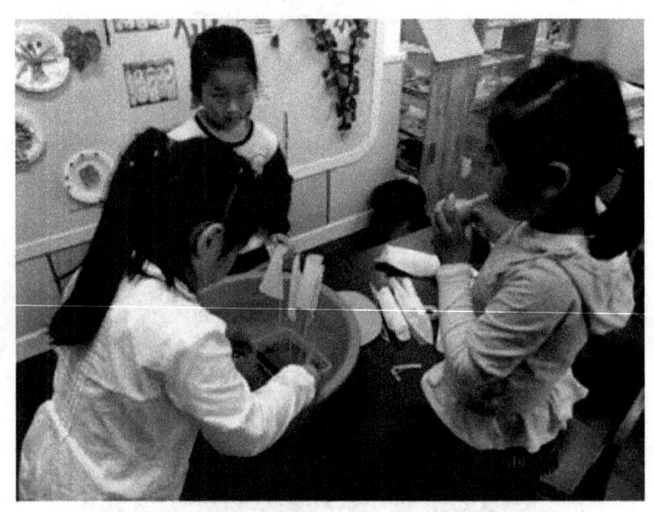

图4 《扬帆起航》活动照

这种阶梯式的学习方式融合“亲历”更符合大班幼儿身心发展特点，让幼儿在动手体验中获得更多感知。

2. 让教师改变观念提高创生主题能力

（1）主题中均衡性考虑更全面。以往教师在创生的主体中，会在领域设置上有所偏向，忽视领域均衡。通过该主题活动实施，教师能从儿童发展和各学科领域的角度出发，诠释孩子学习经验，挖掘本土文化的意涵。从幼儿对“绿眉毛”感兴趣时，当幼儿把焦点直射“绿眉毛”时，当幼儿在主题行进中把重心放在探究“绿眉毛”时，教师不仅让幼儿亲自参观、观察、记录，还让幼儿参与集中说说“绿眉毛”、听听“绿眉毛”（邀请岑爷爷讲“绿眉毛”）、唱唱“绿眉毛”、玩玩“绿眉毛”、量量“绿眉毛”、画画“绿眉毛”等其他领域的活动。

（2）主题活动中更注重师幼互动。本主题所有活动都源于孩子的探索与发现，在本主题进行中，教师与幼儿一同讨论、探索，生成了一节节鲜活的原创优质课。在这过程中教师很好地扮演着引导者，不急于求成，不强求幼儿。特别是在集体活动中，充分体现了师幼互动的和谐氛围。例如，在“我的构造”这一活动中，教师先让幼儿尝试来介绍，在幼儿遇到问题时，教师通过把“绿眉毛”拟人化，向幼儿介绍其构造；当介绍到水密隔舱时，幼儿们纷纷发问：“老师，水密隔仓是不是可以防止海浪冲进去？”“老师，这个水密隔仓里能坐人吗？”“老师，水密隔仓是不是里面没空气的？”“……”教师不紧不慢地询问幼儿：“你们觉得水密隔仓是干什么的呢？”通过开放式的提问让幼儿畅所欲言地回答。对于幼儿的回答，教师几乎没有重复的回应语，不管对或错在这里毫无拘束。最后，教师利用多媒体让幼儿们进行了闯关游戏。

我们的原创优质课都能成为我们园内一道美丽的风景。在强调游戏化教学的同时，我们也不会为游戏而游戏，这样使得我们的原创课“富有生机”，让我们的幼儿能“劲劲生长”。

近代教育家皮亚杰曾把儿童比喻成“科学家”，强调孩子跟成人一样，是个独立、动态发展的个体，认为孩子天生就像科学家，对世界充满好奇、喜欢发问，会主动操弄物体、观察物体变化的情形，然后把所获得的资讯纳入自己的认知体系中，重新组织、调整，形成新的概念。本主题是我园本土主题开发的里程碑，我们打破以往本土主题生成的方式，让幼儿主动参与搭建支架，并延伸、应用。幼儿虽然未必能完全学习掌握到相关知识，但可以确定的是，对幼儿来说，这样的学习经验非常深刻，将会成为他们未来进一步探索世界的重要基础。

【参考文献】

[1] 绿眉毛——中国最大的仿古木帆船 [J]. 船舶工业技术经济信息，2004(02).

[2] 顿贺，王茂盛，袁晓春，罗世恒 . 蓬莱古船的结构及建造工艺特点 [J]. 武汉造船，1994(01).

[3] 郑明，胡牧 . 双鸟昇日——绿眉毛——中国最大的仿古木帆船 [J]. 海洋世界，2004(03).

[4] 吴幼平 . 中国最大的仿古木帆船——绿眉毛、朱家尖 [J]. 航海，2003(05).

（作者：舟山市普陀区实验幼儿园　杜佩珍　金 哲）

“淘最舟山之螃蟹”综合实践活动设计与实施

课程改革犹如一声春雷滚过，对我们的课堂教学观产生了巨大的冲击。课堂发生着深刻的变化，特别是综合实践活动课程的到来，使我们的课堂多了动感、生气与活力。“淘最舟山”是我校开发的一门综合实践活动课程。本课程以普陀区校本课程《舟山海域常见海洋生物图册》为基础，研究我们生活中常见的海洋生物（螃蟹、贝类、鱼类等）的特点、烹饪方法等，通过自主、合作、探究的形式梳理资料，学习如何制作二维码，并把五花八门的海洋生物内容制作成二维码，进行推广。

一、活动背景

（一）源于对一档节目的热爱

东方电视台每天晚上五点半（晚饭时间）会有一档《淘最上海》的节目，节目中把上海街头巷尾、角角落落的美食都搜罗了一番，有高大上的，也有草根的，应有尽有，我们全家都很爱看。笔者当时就在想，如果在学生中开一次“淘最舟山”的综合实践活动，把舟山的各色美食也搜罗一下，应该也挺有意思。

(二) 源于对一本图册的茫然

去年，教科室下发了一本由普陀区教育局汇编的《舟山海域常见海洋生物图册》，图片很精美，图册中有上百种海洋生物图片和名称，学生兴趣盎然，提出的问题五花八门，但说真的，笔者几乎都答不上来。笔者当时就想：如果能有个二维码扫一扫，信息全部一览无遗该多好。如果由学生自主地、有选择地去研究，又带着生活味道的，那就更好了。

(三) 源于学校海贝贝超市课程的需要

“创造适合每个学生发展的教育”是我们学校的办学宗旨，为了给学生创设多元化发展的空间，培养综合素养，学校开设了灵动的“海贝贝乐学超市”拓展性课程。学校自主开发了网络选课系统，把对课程的选择权还给不同个性、不同潜能的学生。前期学生们通过网络了解各门课程的特点并进行网络选课，每周三下午就是学生们最期待、最享受的学习实践时刻，后期通过网络提供给学生更广泛展示和互动交流的平台。我校的“海贝贝乐学超市”拓展性课程开始于2010年，七年的摸索实践，促进了教师教育能力的发展，促进了学生能力的提升，让学生充分享受自主选择之乐、自信体验之乐、自我创造之乐。

每一学年初，申报一门“海贝贝乐学超市”拓展性课程，成了一件既期待又头疼的事。像笔者这样没“一技之长”的老师，真不知上什么才好。联想到自己之前的想法，我想，作为一名海岛教育工作者，应该给下一代刻上海洋的烙印，使他们的知情意行时刻能体现出海洋的“元素”。倒不如结合家乡的海洋文化，带学生去研究，加之现代比较流行的信息化手段——创建二维码，把我们的舟山海洋文化提炼梳理，推广出去。于是“淘最舟山”海味文化课程就这样应运而生了。令我欣喜的是这门课吸引了许多中学段学生，学生的学习兴趣高涨，学习能力大大出乎我的意料，课堂成了学生展示能力的舞台。

二、活动设计

（一）活动目标设计

（1）促进学生学习能力的提升，培养一批有海洋情怀的接班人。在实践动手体验中让学生认识了解海洋生物与文化，掌握海洋知识和技能，培养动手能力。通过不同形式的实践活动促进学生自我发展，养成合作、分享、积极进取等良好的个性品质，密切学生与生活的联系。

（2）促进教师教育能力的发展，培养一批海洋“本土”专家。通过与学生一起搜集海洋生物资料，整理提炼信息并制作成二维码，珍视学生的体验，提高学校教师自身的海洋素养和现代化信息教育的能力。提高教师教育科研水平和课程开发的能力。

（3）促进学校综合实践课程的发展，创新教育的新模式。规范化管理课程内容、课时设置、课程体系等，构建教育新机制：项目的开发—负责老师的课程设置—学生人员的落实、教学和评价。构建“网上选课—学习整理—多方展示”的操作模式。利用网络平台、学生成长空间提供自主展示的机会，使学生有持续学习的欲望。

（二）活动内容设计

“淘最舟山”是一门学校地方文化类课程。本课程以普陀区校本课程《舟山海域常见海洋生物图册》为基础，研究我们生活中常见的海洋生物（螃蟹、贝类、鱼类等）的特点、烹饪方法等，通过自主、合作、探究的形式梳理资料。内容上，我们选取的是生活中学生最熟悉的海洋生物，从生活出发，增强体验性、趣味性，延伸开去探究更多同类的海洋生物。学习如何制作二维码，并把五花八门的海洋生物内容收录入二维码，进行推广。课程内容与课时分配如表1所示。

表1 “淘最舟山之海味”课程内容目录及课时分配表

课程内容目录	课时分配
淘最舟山之螃蟹	2
淘最舟山之虾	2
淘最舟山之贻贝	2
资料整理，小组合作	2
淘最舟山之带鱼	2
淘最舟山之乌贼	2
淘最舟山之海带	2
资料整理，小组合作	2

本次活动，让学生在实践动手体验中认识、了解海洋生物与文化，掌握海洋知识和技能，通过不同形式的实践活动促进自我发展，养成合作、分享、积极进取等良好的个性品质，密切学生与生活的联系。并且，学生在搜集海洋生物资料、整理提炼信息并制成二维码的过程中，能够锻炼和提高其发现问题、分析问题和解决问题的能力，激发学生的创新思维。

（三）活动评价设计

我们的评价重点在学生的发展评价上，根据课程活动性、开放性等特点，据课程相关内容和海洋综合素养的内容，制定了综合评价表，如表2所示。

表 2 “淘最舟山之海味”活动综合评价表

评价项目	评价要素	评价结果		
		自评	组评	师评
活动过程	主动参与			
	独立合作			
	实践动手			
活动收获	分析思考			
	创新创造			
	丰富多彩			
我得到的海贝贝				

每一次课结束后都有一次评价，达标的得一颗“海贝贝”。评价过程中，我们注重评价主体多样化、评价实施过程化、评价工具档案化，较好地构建了以学生自主活动为主要内容的课程评价机制，促进了学生的发展。

（四）活动特色

1. 国家课程与拓展课程相结合

在国家课程中利用地方课《千岛海韵》《海洋教育》学习海洋生物知识，了解海洋文化。拓展性课程通过学校每周三的“海贝贝乐学超市”课程淘舟山海味文化的选修，使学生对海洋文化有了更深入的了解。

2. 实践教育与小课题研究相结合

除了在“海贝贝乐学超市”课堂上学习研究海味文化知识，成立小课题研究小组，对海鲜年货大礼包进行研究，走进水产品市场进行小课题研究，学校给学生搭建各类展示的平台，学有所用，使学生更加自信。

3. 传统教育与信息技术相结合

教学生掌握制作二维码的方法和技能，将海味文化知识进行提炼和梳理，并转化为二维码，使其更方便、快捷地被人们熟知。

三、活动实施

《淘最舟山之螃蟹》是一堂学生研究学习的启动课。螃蟹的教学贴近学生生活，特别有趣味性，是符合学生口味的一堂课。我们都知道对海岛的孩子来说，捉螃蟹和吃螃蟹是他们的一大乐事。那么螃蟹有哪些种类？各部位有什么特点？……这样一些小问题、小常识对于那些充满好奇的孩子来说，很有诱惑力。所以，在设计这堂课时，笔者努力让学生带着兴趣、带着问题去寻找答案，让他们在实践探究中学会思考、学会求知并获得切身的体验。在本堂课中笔者重视学生探究体验的过程，鼓励和引导学生通过看书、查阅资料、动手实践等手段，搜集、归纳和整理与螃蟹相关的知识，使之对螃蟹有一个初步的感性认识。与此同时，锻炼他们自主探究的能力，培养他们科学思考的习惯，激发他们的学习兴趣；增长孩子们对海洋生物知识的了解，增强他们的综合实践能力，培养他们热爱家乡、热爱海洋的情感。

作为教师，应当引导学生正确进行小组合作、进行观察、表达独特感受。学生在观察记录方面可能有一定的困难，需要调动各方面感官进行观察、记录，学习本课正是培养学生此项技能的有效契机。

(一) 教学目标

基于对教材的理解、学情的分析和课标的把握，笔者将本课教学目标定为以下几点：

(1) 观察螃蟹，了解螃蟹的结构，区分几种在舟山海域常见的螃蟹。

(2) 重点了解舟山梭子蟹，学会给舟山梭子蟹制作二维码。通过观察、讨论、记录等方法提高学生自主合作的学习能力。

(3) 通过活动，激发孩子热爱家乡的情感。

教学重难点：区分舟山海域常见的螃蟹，梳理螃蟹信息，学会给舟山梭子蟹制作二维码。

（二）教学准备

舟山梭子蟹的微课视频和二维码建立教学视频；教师准备螃蟹、一次性手套等。

（三）教学过程

课前谈话：孩子们，孙老师想向大家推荐一档上海电视台特别火、特别符合老百姓口味的节目叫《淘最上海》。这个节目把上海最值得一尝的小吃都搜罗了一番。假期里，如果你们去上海玩，也想品尝这些美食，老师告诉你们一个好办法——可以让爸爸妈妈扫一扫它的二维码，美食的排名、价格、位置一下子都会被搜索出来，特别方便，能满足我们品尝美食的需要。上海有这么多的美味，我们舟山也有啊。咱们今天就来淘淘我们舟山的美味吧！

1. 激发兴趣，谈话导入

①揭题导入：如果你是外地游客，来舟山最想淘什么？今天这节课，我们一起来研究舟山的螃蟹。(贴上螃蟹图片。)

②畅谈螃蟹：谁能说说你在生活中所了解的螃蟹。

螃蟹是个大家族，蟹的种类很多。中国蟹的种类就有600种左右，它们分布的地理位置不同，有湖蟹、江蟹、河蟹、溪蟹、沟蟹、海蟹等。

老师带来了一组非同寻常的螃蟹，一起来看螃蟹大百科：

地球上体型最大的螃蟹是蜘蛛蟹，它们的脚张开来宽达3.7米。 最小的螃蟹是豆蟹，直径不到0.5厘米。 蟹家族中只有和尚蟹是直着走。(这个螃蟹的名字很特别)

2. 小组合作，认识螃蟹的构造

① 明确合作要求。

导入：不管是这些独特的螃蟹，还是我们餐桌上的螃蟹，它们的身体构造都是相似的。想了解吗？先拿出《螃蟹的介绍》，轻轻地读一读，指出螃蟹的身体各部位名称。

教师提供阅读资料《螃蟹的介绍》：

大家好！我是螃蟹。我身上坚硬的甲壳可以进行自我保护，避免遭受天敌侵害，但是甲壳并不会随着身体成长而扩大。所以我的生长是间断性的，也就是相隔一段时间，旧壳蜕去后身体才会继续成长。我是有嘴巴的，在两眼中间偏下，有几片可以动的甲，那里就是嘴唇，吐泡泡的地方就是嘴巴。我的个头虽然不大，却是五脏俱全。我的身体左右可是对称的，可区分为眼区、心区、肝胃区、肠区、鳃区。就和人体一样，我的心、肝、胃、肠都是紧紧挨着的。身体的两边有附属肢连结。头部的附属肢称为触角，具备触觉与嗅觉功能，有些附属肢有嘴部功能，用来撕裂食物并送入口中。我的胸腔有五对附属肢，称为胸足。位在前方的一对附属肢备有强壮的螯，可做来觅食之用，其余的四对附属肢就是我的脚，我走路移动可都要依靠这四对附属肢，我们蟹家族走路的模样独特而有趣，大多是横着走而不是往前直行。

出示合作单，如图 1 所示。

小组合作一

<table>
<tr><td>合作任务</td><td colspan="2">通过阅读《螃蟹的介绍》，观察螃蟹，完成螃蟹身体构造图。</td></tr>
<tr><td>合作分工</td><td colspan="2">组长带好手套负责打开螃蟹，做好组织工作；组员观察交流，记录员负责记录。</td></tr>
<tr><td colspan="3">请将以下部位的序号填入螃蟹构造图中：
①甲壳　②嘴巴　③眼睛　④心肝胃肠区　⑤鳃区　⑥胸足　⑦螯
螃蟹构造图：
（　）（　）（　）（　）（　）（　）（　）</td></tr>
<tr><td rowspan="2">合作评价
（请打√）</td><td>组长组织工作</td><td>① 很好　②一般　③较差</td></tr>
<tr><td>组员交流表现</td><td>① 很好　②一般　③较差</td></tr>
</table>

图 1　小组合作单 1

② 小组开展合作，教师巡视点拨。

③交流反馈。

校对螃蟹身体构造图完成情况，点拨易错的部位。

师：平时你都吃些螃蟹的什么部位？其他部位你为什么不吃呢？（点拨提示：蟹腮、蟹肠、蟹胃、蟹心不能吃。）

根据评价要求，点评合作情况。

螃蟹方言秀一秀：用方言说出螃蟹各部位名称；

俗语：老蟹还是小蟹乖，小蟹打洞会转弯。

本教学环节的设计，是为了鼓励和引导学生在小组中通过看资料、动手剥螃蟹、观察螃蟹，了解螃蟹的构造，引导学生说出自己独特的发现；并学说螃蟹的方言，了解螃蟹哪些部位不能吃等，使之对螃蟹产生感性认识，与此同时，激发了学生对螃蟹的探究兴趣，引导他们掌握一定的探究方法，锻炼自主探究的能力，也逐渐培养他们的合作意识。

3. 阅读《舟山海域常见生物图册》，激发探究欲望

过渡语：了解完螃蟹的构造，我们要走进舟山海域，来和生活在我们舟山的螃蟹亲密接触一下！

①阅读《舟山海域常见生物图册》8～14 页。(学生认真翻阅)

②游戏“智力大冲浪”，反馈阅读情况。

师：请一位小主持人来读题。抢答开始：

1. 我的形状像一只小馒头，每天过得逍遥自在。猜猜我是谁？（逍遥馒头蟹） 2. 我的另一个名字叫花蟹，全身都有红褐色及暗褐色的斑纹。(锈斑蟹) 3. 因体色青绿而得名，人称“海上人参”。(青蟹) 4. 我非常凶猛，常用其螯吃掉软体动物贝类的肉，霸占其壳为己有，因住房从不交租而得名。(寄居蟹) 5. 我最大的特征是大小悬殊的一对螯，摆在前胸的大螯像是武士的盾牌。还有一对火柴棒般突出的眼睛，非常特别。(招潮蟹)

③激发探究欲望。

师：生活在我们舟山的螃蟹还真是别具一格呢！你们还想了解哪些与螃蟹有关的知识？

通过提问，可以锻炼学生识图的能力，能对图册的使用大胆质疑，为下一步制作二维码提供必要性的铺垫。

4. 借助微课，学习建二维码

①激发兴趣：你们想了解的这么多，如果都写在图册上，那就是厚厚的一本书了。有什么好办法，能让图册仍然那么薄，却蕴含丰富的知识呢？(二维码) 如果能在每一种螃蟹旁加一个二维码，我们只要用手机扫一扫，这种螃蟹的信息就会跳出来，那该多好啊！

②尝试为梭子蟹建二维码。

出示建二维码的步骤：

第一步：搜集信息。(学生交流搜集资料)

欣赏微课——《梭子蟹》

师：通过刚才的视频和课前搜集的资料，你知道了梭子蟹哪些重要的信息呢？（生回答）通过我们的课前搜集、现场研究，你能用简洁的语言将梭子蟹最重要的信息写出来，并进行合理排列，制成一张小小的名片吗？

第二步：制作名片。

小组合作二：讨论完成舟山梭子蟹的名片，如图 2 所示：

小组合作二

<table>
<tr><td>合作任务</td><td colspan="2">讨论完成舟山梭子蟹的名片。</td></tr>
<tr><td>合作分工</td><td colspan="2">组长做好组织工作；组员讨论交流；记录员负责记录；评价员打√评价。</td></tr>
<tr><td colspan="3">舟山梭子蟹的名片
我是舟山蟹家族的明星——舟山梭子蟹。快来了解一下我吧！
1.____________________
2.____________________
3.____________________
4.____________________
我为自己代言：____________________</td></tr>
<tr><td rowspan="2">合作评价（请打√）</td><td>组长组织工作</td><td>① 很好　②一般　③较差</td></tr>
<tr><td>组员交流表现</td><td>① 很好　②一般　③较差</td></tr>
</table>

图 2　小组合作单 2

第三步：示范二维码生成方法

教师介绍：打开百度搜索“二维码生成器”—生成器中输入名片内容—按“生成”，二维码就建好了—用手机扫一扫，梭子蟹的名片就出来了。

师：其实制作二维码并不难，关键是要把最重要的信息在名片上体现出来。

第四步：迁移运用

如果想给虾制作一个二维码，该怎么办？

新课程标准告诉我们，要从学生的生活来构建课堂，从学生的认知构建学生的生活。从学生对梭子蟹的了解，到能通过小组合作梳理提炼出必要信息，最后契合现代信息技术的发展建立二维码（二维码在生活中被广泛应用），但人们更多的是被动地去扫一扫应用，对于如何建立对我们的学习、生活有帮助的二维码思考的不多。而其实制作二维码对中学段的学生来说并不难。制作二维码的这一教学环节，我认为比较“接地气”，学生更喜欢学习运用。

5. 总结拓展

分层作业，激发课外探究。

作业：①给你最喜欢的一种舟山螃蟹做张名片，制作一个二维码。

②给图册的编者写一封建议信，是否可以给图册中的海洋生物做名片，制作二维码。

四、活动收获

这一门“淘最舟山之海味”系列课程的实施对笔者来说，不但拓宽了笔者的教学思路，学习了很多，也收获了很多辛苦。对学生来说，却是兴趣浓厚，一部分学生自发地进行了小课题的研究。《舟山海鲜二维码的行动研究》

这一研究成果还获得了舟山市科技节探究活动一等奖。

这学期，“淘最舟山之海味系列”课程进入收尾工作，这本图册二维码基本建全之后，笔者的“淘最舟山”系列课程还将继续开展下去，以后可能还会陆续推出“淘最舟山之十大名小吃”“淘最舟山之海鲜厨艺秀”等活动。

（作者：舟山市普陀区沈家门第一小学　孙　琳）

“畅游‘结’的世界”综合活动设计与实施

打结是小学生一项基本的生活技能，它与学生的生活紧密联系，其中系鞋带、系红领巾等是最常见的自我服务劳动项目。在家里，从悬挂壁画到收拢窗帘，从系打装饰性蝴蝶结，到固定晾衣绳，掌握几种必备的结绳方式，在生活中非常实用。本次研究性学习从学生兴趣出发，主题来源于生活，服务于生活。学会打结不但方便和美化我们的生活，更重要的是结绳是一门必不可少的求生知识，可以在意外情况下用于排险救急，因此研究此项课题意义非凡。

一、活动背景

在综合实践活动实施过程中，活动主题从哪里来，怎样确定主题，是教师最关心的问题。在一次区综合实践活动优质课比赛中，笔者带领四年级学生上了一节《巧手打结》，在课堂中采用递进式组织教学活动：

[活动一]走进结的世界——认识生活中几种常见的结，了解各自用途。

[活动二]体验结的实用——初步掌握几种常用结的打法。

[活动三]欣赏结的艺术——简单了解中国结。

没想到这节课激发了学生对学打结的浓厚兴趣，在课间经常与我交流自己会打什么结。于是笔者趁热打铁，除了课堂中全班同学继续学打各种结，笔者还从每一小组中各挑选一名兴趣特别浓、动手能力较强的学生成为课题组骨干组员，组织开展了一系列活动。从资料查找到动手操作，从学打身边常用结，延伸到学编简单的中国结，大家手脑并用，学以致用，小小的结给学生带来了大乐趣。

二、活动设计

（一）活动目标设计

本次活动在四年级开展，通过活动的开展，主要达成以下目标：

了解结的起源、意义与种类，认识几种生活中常见的结，了解它们各自的用途，认识几种中国结；掌握几种常用结的打法，学习几种简单中国结的打法；认识并学打几种简单海洋特色结，激发学生热爱家乡的自豪感。

（二）活动要点

本次活动主要包括走进结的世界、巧手学习打结和了解海洋特色结。学生在资料搜集中学会对信息进行分析整理，在动手实践中学会几种常用结的打法。

三、活动实施

本次活动分三个阶段实施：制订计划阶段、实施阶段、总结评价阶段。

（一）多角度完善计划

确定活动主题后，进入策划阶段。活动计划是活动的蓝图，好的计划是成功的一半。这一过程，教师的有效指导尤为重要。

经过多次循序渐进地点拨引导，课题组学生逐渐完善了课题计划，围绕目标，有序安排了活动步骤（见下表1）。

表1 “畅游‘结’的世界”活动策划

阶段	时间	研究任务	阶段目标
1	5月20～25日	小组交流与讨论	提出问题；成立课题组；制订计划
2	5月25日～6月7日	询问大人，到网上查询有关的资料	了解结的知识，认识常见的结，学习打法
3	6月7～17日	上网查阅资料；请教别人	了解中国结，学习几种简单的中国结的打法
4	7月28日	参加海洋科技馆，采访、记录、拍照	了解海洋特色结
5	8月4～15日	学打海洋特色结	了解海洋特色结，学习打法
6	8月16～26日	集中整理小组资料；撰写结题报告	展示研究成果，让大家体验到成功的快乐
7	9月10～20日	完善课题资料，修改结题报告	修改课题成果报告，参加区科技成果评比

每一名学生的兴趣、能力各有不同，我们按照各自的特点进行了合理分工。

（二）多梯度实施过程

本次活动主要包括搜索“结”之文化、探访“结”之家族和巧手学习打结。

1. 搜索“结”之文化

虽然开展小课题有多种研究方法，但是查找文献资料是每个研究课题一开始都必须做的工作，也是开展科学研究最基本的方法。一开始，学生搜集来的资料大多是从网上直接打印出来，资料重复无序。教师着重指导如何查阅并搜集有效信息的方法。首先是浏览，找到资料后，用跳读的方法快速地把资料大致浏览一两遍，将最吸引自己的信息找出来；其次是根据目的精选资料，摘录要点。经过一番指点，学生从表2中的三个方面概括要点。

表2　关于“结”的相关信息要点

信息主题	要点概括
了解结的历史渊源	自从有了人类，结自然而然就产生了。此外，结还担负着记载历史的重要使命——结绳记事，“结绳为约，事大，大结其绳，事小，小结其绳。”斗转星移，小小彩绳早已不是人们记事的工具。因为它是一种非常实用的技术，同时也是一门可供欣赏的艺术。
明白结的象征意义	托结寓意，在汉语中许多团体组织几乎都用“结”字作喻，如结义、结社、结拜、结盟等。结是事物的开始，有始就有终，于是便有了结果、结局、结束等。
欣赏吉祥中国结	中国结的特点是每一个结从头到尾用一根线编结而成，每个基本结又根据其形、意命名，多利用谐音而取其意。中国结被作为民间祝祷的符号，成为世代相传的吉祥饰物。如今巧手的人们看中它东方文化的巧妙神韵，延伸到项链、头饰等诸如此类的服饰配件，发挥其作为典雅饰品的独立价值。

这样一来，做到有选择、有效地利用资料，将一堆杂乱无章的资料通过表格简明扼要地呈现，体现了老师的有效指导。

2. 探访“结”之家族

（1）调查生活中的结。在调查中，学生越来越多地发现：结在生活中随处可见。表3是学生汇总的生活中最常见结的特点及应用。

表3　生活中最常见结的特点及应用

名称	结的特点	结的应用
单结	在绳结中历史最长，也是最简单的一种结法，它是所有复杂绳结的基础。单结的缺点是很容易松开。	多配合其他结绳方式使用。
平结	也叫方结或瓶口结，是生活中应用最广泛的一种结绳方式，但是在连接两根材质和粗细不同的绳子时，使用平结很容易脱落，在受力较大时又会造成两绳的夹挤，很难解开。	多用于两绳连接或捆缚物体时使用。由于平结扎起来比较容易，形状扁平，在战场包扎伤口和打绷带时多用这种结绳方式。

续表

名称	结的特点	结的应用
蝴蝶结	是日常生活中最常用的一种活结	广泛应用于包扎礼品、鞋带、各种饰品、围巾、衣裤上的装饰等。
渔人结	是让两根绳子上的单结相互作用的一种结法，这是一种越扯越紧的结。	连接两根粗细大致相同的绳子，多用于连接钓鱼线等合成纤维绳子。
称人结	被称为绳结之王。又叫帆绳结或船缆结，是在绳子的一端打成一个固定圈的结法。由于称人结不会滑脱或夹挤，绳圈不会缩小，是一种较安全的结法。	在驾船及登山时用得较广。单股结主要用在救助落水。双股结主要用在空中作业或从高处吊上、吊下受伤人员。

为了便于区别，在老师的指导下，学生把结做了简单的分类。如果按照是否容易解开分，结可分为活结和死结；如果按照结的功能分，可分为实用性结和装饰性结。

(2) 调查吉祥中国结。中国结是中国特有的手工编织工艺品，代表着团结、平安、幸福，它身上所显示的精致与智慧正是中华古老文明中的一个侧面反映。表4是学生汇总的几种最基本中国结的名称由来。

表4　常见中国结的名称由来

中国结	名称由来
八字结	中国结的基本结之一，由一单线绕另一线交叉走八字形，故称为八字结。
十字结	结之两面，一为口字，一为十字，名为十字结。
万字结	其结体的线条走向像佛门的标志，故名。
吉祥结	吉祥结为十字结之延伸，亦是古老装饰结之一，有吉利祥瑞之意。
双钱结	形状像两个中国古铜钱半叠的式样，故名。
纽扣结	常用以扣紧衣服，因其功能而命名。

(3) 调查海岛特色结。这一活动是意外生成的。那年暑假，一名课题组成员在父母带领下正好去了岱山东沙，参观了中国海洋博物馆，没想到那里陈列着海岛特色结，于是该学生就把这些结拍了下来。这些结既有渔业生产

方面的，也有生活方面的，非常全面。据粗略统计，渔民所用绳索结头不下70余种。开学后，他与全班进行了交流，大家看了这些照片后对海岛特色结产生了浓厚的兴趣，并深深认识到这些结凝聚着家乡人民的聪明才智，是我们家乡一笔丰富的文化遗产。

经过对照，大家发现部分结是以舟山方言命名的。于是，课题组成员进行了查证，查到了通用名称，如表5所示。

表5　海岛特色结的方言名称及通用名称

舟山方言名称	通用名称	舟山方言名称	通用名称
独结	单结	和杷结	双线单结
水桶甩结	套结	糖拼结	渔人结
抽股结	单蝴蝶结	碰头结	球形结

3. 巧手学习打结

一开始，学生学习打结以请教父母为主，如女孩子跟妈妈学系丝巾，男孩子则跟爸爸学打领带。但结绳是祖先留给我们的一笔丰富遗产，方法多种多样，多至百种。如果学生靠老师、家长等人手把手传授，不仅学会的结是有限的，而且只是单纯地掌握操作技能。笔者联想到自己，为了准备上课，认识了好多结的名称，靠着网上查到的示意图，学会了不少打结的方法，于是把这一活动重点落实在指导学生看示意图上。

没想到四年级学生首次接触此类示意图，对照图根本无从下手。教师把这些示意图中的每一步都切割开，然后借鉴早先动画片放映的方法，让原本抽象的示意图“动”起来。有了“活动示意图”的辅助，降低了学习难度，学生兴趣更足，学起来更顺利。借助示意图，学生学会了各种常用结的打法；学会了一些海岛特色结和简单中国结的打法。此外，教师还指导学生查找有关结绳自救的方法，重点学习了称人结。称人结被称为绳结之王，在驾船及登山时用得较广，可以在意外情况下用于排险救急。熟能生巧，学生看示意图的本领也在逐渐提高。在半个月内，同学中最多的已掌握了20多种常用结的打法，一般的也掌握了十几种。

研究是无限探索的过程，伴随活动的开展，会产生新的活动主题，出现意想不到的关键点。因此，教师必须通过敏锐的观察，运用恰当的方法，将课题研究引向深入。例如，本次研究过程中的看示意图学打结、引导学生自己创编结、认识并学习海洋特色结等。学生在活动过程中会遇到很多困难，比如不知道怎样有序安排活动、面对一堆资料不知如何整理、如何看懂示意图等。如果没有及时得到帮助，就会影响学生持续进行探究活动的兴趣。因此，教师要随时关注学生研究的发展，了解学生活动过程中遇到的困难，给予帮助和指导。

(三) 多维度展现成果

在成果展示阶段，也是课题组成员大显身手的时机。教师引导学生采用有效的方法介绍自己已经学会的打结本领，让其他同学一目了然，并很快学会。经过一番讨论，学生灵感迸发：有的以文字加图示的方法；有的借鉴老师开始的指导方式，采用动画的形式呈现；有的将打结过程拍成录像；有的将过程以实物结绳依次呈现……虽然学生的展示效果略显幼稚，却闪烁着智慧的火花。教师有效的指导是学生积极参与、自主实践的必要前提。实施综合实践活动课程的基本要求就是教师指导要注重有效性，即要把握三点：一是突出学生主体，二是加强教师的有效指导，三是防止教师包办代替和放任学生自流两种倾向。

在参加区首届科技节实践活动成果评比中，我们又进一步深化课题研究，完善课题资料，规范课题报告的格式，主要包括活动缘由及活动策划、具体的活动过程、收获、反思等。此外，教师还指导学生分类整理成果附件，既证实了活动的真实性，又补充了课题成果。本课题获得普陀区一等奖，还获得全国首届中小学生研究性成果三等奖。

和学生畅游"结"的世界，教师也和学生一起成长。本课题指导课获区一等奖，录像课获市一等奖；教学叙事获市一等奖，省二等奖；创意设计获市一等奖。本次课题研究对四年级学生来说是第一次，因此教师可以说是全程同步指导。在后来几次课题研究中，教师逐步放手让学生自己尝试，只在关键点上适当启发。小学生研究性学习活动落实效果如何，到位与否，很大程度上取决于教师对它的理解和运用。事实证明，只有在过程完善的基础上，按计划有条不紊地指导学生开展研究，才能出现高质量的研究成果。

（作者：舟山市普陀区沈家门小学　张　英）

“双屿港的那些船”综合实践活动设计与实施

本次综合实践活动以大班幼儿作为研究对象，活动的整个过程各个环节都充分体现了以幼儿为主，从主题的产生到策划实施，从认识船到造船，幼儿始终是活动的主人。幼儿们在活动中充分认识了船的种类与各种用途，知道它是人类必不可少的工具。他们从一次又一次的发现中获得求知的满足，学会了主动学习的方法，也留下了许多美好的回忆，进一步激发了幼儿爱家乡的情感。

一、活动背景

随着国家“一带一路”倡议的不断推进，海上丝绸之路申遗越来越热门，双屿港历史文化遗迹也成了舟山“海上丝绸之路”的申报遗存点之一。双屿港文化主要涵盖了六横千余年间对外交通、贸易和文化交流之路。

六横港口资源丰富，岛上拥有中远、鑫亚、龙山等多家船舶修造企业，六横双屿港依托天然优势和经济实力正在悄然崛起。园内有较多幼儿为船厂员工子女。大班幼儿的感官能力丰富，容易对直观性的东西感兴趣，对他们所处的环境非常关注。对于从小生活在海边的孩子来说，船并不陌生，但他们对船只有着模糊的概念和零散的认知经验，真正要说出船上有些什么，它有哪些作用等，也是很困难的。据了解，很多孩子除了要乘坐的客船，很少去其他船上看看。而《3～6岁儿童学习与发展指南》中也指出：“支持孩子们在接触自然、生活事物和现象中积累有益的直接经验和感性认识。”

基于以上几个方面的思考，笔者设计了“双屿港的那些船”大班综合实践活动，帮助幼儿串联这些经验，进一步深入了解、探索有关船的秘密，在一定程度上了解船文化，从而激发幼儿爱家乡的情感。

二、活动设计

（一）活动目标设计

本次综合实践活动的开展与实施，通过让幼儿实地参观和亲身体验等途径，既可以帮助幼儿了解船的种类、用途，并能大胆表述自己对船的认识；也能让幼儿在自由选择各种材料、采用多种形式创作各种各样的船中激发想象力、探索力；还能进一步激发幼儿喜欢自己家乡的情感，体验与同伴交流的乐趣。

（二）活动准备

为更好开展本次活动，我们围绕环境、经验及物质三方面进行准备。孩子收集有关双屿港船的资料（图片、照片或者文字资料）可用于布置教室环境；借助家长资源，鼓励家长带幼儿参观码头或者船厂，积累相关的经验。同时，教师需要准备好开展本次活动的材料，如有关双屿港船的课件、幼儿操作图片、建造船的材料（一次性筷子、泡沫、可乐瓶、纸箱、剪刀、双面胶、透明胶、即时贴、彩纸等）和装满水的水盆两只，这样更便于活动的开展。

（三）活动内容设计

本活动内容主要包括实地参观船厂、码头，利用各种创意设计船及试航活动。在整个活动中重点是幼儿能通过各种途径了解船的种类、用途，能大胆表述自己对船的认识。我们将难点放在了幼儿能自由选择各种材料、采用多种形式创作各种各样的船上。

三、活动实施

本次活动分为三阶段实施：准备阶段、实施阶段、成品展示阶段。

(一) 准备阶段

1. 谈话导入，激发兴趣，生成主题

在一次晨间谈话活动中，和孩子聊起了海上丝绸之路，聊到了古代的对外交通工具主要是船，孩子们充满了好奇心：以前的船没有发动机怎么开呢？船这么重，为什么可以浮在海面上呢？孩子们对船产生了浓厚的兴趣。顺着孩子们的兴趣，进入本次活动的主题。

教师抛出“我们生活中有船嘛？”“每一艘船都一样吗？”“船可以用来干什么”等问题，孩子们纷纷表达了自己对“船”的想法，于是我们决定开启一场关于双屿港的那些船的探秘之旅。

2. 结合本土资源，明确活动方案

《幼儿园教育指导纲要（试行）》对幼儿课程提出了一些要求，指出：“要把社会资源充分地利用起来，让他们从小感受到我们伟大的祖国有着丰富与优秀的文化，让他们感受家乡的发展是那么迅速，让他们喜爱自己的家乡，热爱自己的祖国。”所以，幼儿园要做的是在尊重幼儿生活经验的基础上，让他们进一步了解自己的家乡与大自然，让他们懂得人与生活环境是息息相关的。

对“双屿港的那些船”，我们打破了领域间和园内外的教育壁垒，以挖掘本土资源的方式，计划通过“实地参观—创意设计—试航”三个阶段来实施本次的综合实践活动。

（二）实施阶段

综合实践活动是教师有目的、有计划地引导幼儿学习探索的过程，教师应根据课程指南和本班实际，对活动的可能方向、所需环境、资源和材料作切实可行的计划。同时也要重视学习的过程，尽量创造条件让幼儿通过直接体验来学习，使他们充分感受到学习、探索以及与人合作、交流的乐趣。

1. 行舟致远合众力——积累相关经验

为了更好积累有关双屿港船的经验，我们积极调动家长资源，借助家委会成员和在船厂务工的家长开展了里岙民俗风物馆、中远船厂和大岙码头实地参观活动。

幼儿在参观里岙民俗风物馆的过程中，了解了十六世纪双屿港的历史文化，观赏到各种各样的船模，积累了船的相关知识，沉浸在船舶的海洋世界中，同时也激发幼儿对船的兴趣。

六横双屿港港口开阔，水陆交通方便，拥有得天独厚的船舶修造资源。六横岛上拥有四大船舶企业，分别是中远船厂、鑫亚船厂、龙山船厂和东鹏船厂，借助实地参观，幼儿可参观到不同种类的船舶模型。在船舶基地可以亲眼看见工作人员是如何造船的：整铁板下料—舢装件组装—喷砂—喷漆—分段合拢，初步认识船上各种各样的机器及部件。通过直观的参观体验，能帮助幼儿对船有更深入的了解，也能拓宽幼儿的眼界，帮助幼儿积累丰富的知识和经验。

在码头能让幼儿看到比想象中更为壮观、丰富多样的船。由想象世界走到了现实世界，使得幼儿想象与现实紧密联系在一起。在参观码头的同时，可以让幼儿看到船的其他构造与装置，还可以进一步拓展幼儿的视野、丰富船的知识。

2. 扬帆起航在今朝——自由创作“船”

幼儿从认识船到造船经历了“收集资料—计划造船—收集造船资料—造船”的全过程，对船有着比较深刻的印象。这是幼儿感性经验内化与反馈的最直接途径。幼儿各自选择自己喜爱的材料，制作了喜欢的船，升华了情感。他们充分发挥想象力，以物代物恰到好处地将各种材料加以组合、创新，在讨论、协作中共同完成船的创造，制作出具有时代意义的新型工具。从他们身上，我们可以看到未来的缩影。

3. 乘风破浪潮头立——试航

幼儿分成小组，拿着自制的船进行试航活动。幼儿把自制的纸船、泡沫船、竹筏、水果船、易拉罐船、塑料船、木头船、积木船等都放入了幼儿园的水池中。孩子们兴奋地泼水，使自己的船向前行驶。在试航的过程中，孩子们发现不一样材料或者属性的船，它的行驶速度和特性是不一样的。有的船能航行很久，有的则是刚入水就变得重心不稳倾斜入水，有的一沾到水就直接下沉……在试航过程中，孩子们尽情体验着成功的喜悦，也萌发着进一步探索船航行秘密的好奇与兴趣。

（三）成品展示阶段

为了更好地将活动意义深化，试航活动结束后，我们将所有孩子制作的船只进行整理，并进行了展示。利用平时空余时间，孩子们还可以在教室里共同欣赏不一样的船只，共同探索船的奥秘。

我们时常发现孩子会围在展示柜旁，有的讲述自己的造船想法，有的询问他人，还有的两者进行比较……美工区的绘画和黏土活动中，也出现了船的作品，营造了浓厚的氛围。

四、活动效果

（一）发展幼儿社会交往能力、培养独立性和意志品质

当今的家庭结构使大多数孩子处在简单、孤立、封闭的环境中，缺少与他人、同伴、群体、社会沟通交往的氛围，而综合实践活动则创造了良好的环境和机会，为孩子们提供了充分表达自己交往意愿的机会，让孩子在实践中学会沟通、学会理解他人、满足自我的需要，和大家友好相处。

（二）培养幼儿自主探索、主动学习的良好学习习惯

在和孩子们共同编织船世界的过程中，孩子们在活动中充分认识了船的种类与各种用途，知道它是人类必不可少的工具。在讨论、参观、查阅资料、动手操作、想象设计等环节，孩子们表现出了独特的思维品质，想象大胆且富有创新，而且能用热情、积极向上的态度去对待科学。孩子们对船渐渐产生了感情。他们从一次又一次的发现中获得求知的满足，学会了主动学习的方法，也留下了许多美好的回忆。在自主自由创作“船”中，孩子们选择自己喜爱的材料，制作喜欢的船，将各种材料加以组合、创新，在讨论、协作中共同完成船的创造，更能激发他们的探索欲望和动手能力。

（三）促进幼儿全方面发展

社会实践活动不仅为幼儿提供了一个发挥自我才能、展现自我风采的舞台，也是培养和锻炼幼儿综合能力的一个阶梯，它不仅充实了教学内容，活跃了教学气氛，拓宽了社会视野，掌握了实践技能，使幼儿学到了许多书

本上学不到的知识，掌握了在幼儿园中学不到的技能，同时也缩短了理论与实践脱离的距离，是一个让幼儿接触社会的“演练场地”。

(四) 体验生活，走进生活，内化活动精神

活动的递进开展和孩子们船作品的展示，帮助幼儿更好地了解了双屿港的那些船，明白了随着生活的变迁，船也在不断变化。通过这个综合实践活动，提升了幼儿对生活的向往和对家乡的热爱程度。

作为老师的我，也和孩子们一起成长。开放的活动形式使我们老师更深刻地去了解每个孩子的个性、能力，我们应该相信孩子的这种潜在能力会创造出令人震惊的奇迹，主动获取要比被动接受知识有效得多。在此类活动中，老师不再简单地担任传道、解惑的角色，更多地应成为指导与互相学习的榜样，多思、多想、多做。我们将继续开展综合实践活动，放开手脚给孩子一片天地，让他们在大社会、大自然中学会做人、学会做事，在磨砺中成长，去迎接未来社会的挑战。

【参考文献】

[1] 黄琼 . 综合实践活动课程的核心立意与实施策略 [J]. 中国教育学刊，2018(02) .

[2] 刘松，薛梅 . 好玩的船——大班主题活动案例 [J]. 山东教育 (幼教刊)，2005(18) .

(作者：舟山市普陀区六横实验幼儿园　顾凤碧)

“舟山渔歌”综合实践活动设计与实施

随着经济社会发展，劳动环境改变，生活条件改善，舟山渔歌慢慢淡出了我们的生活，离我们，尤其离我们的孩子们的距离越来越远。这次综合实践课的目标是让学生了解舟山渔歌的产生，了解现在和过去渔歌的故事。通过综合实践活动，提高学生搜集资料、调查、采访、演唱、表演等综合能力，引导学生自行完成实地考察、自主探究活动及汇报演出等，取得更为丰硕的收获。

一、活动背景

舟山渔歌，就是舟山渔民根据渔业生产的特殊性和流动性，逐步积累和创作出来的一种口头文学，它不仅富有浓郁的海洋气息和渔乡风情，而且含有深刻的人生哲理和生活知识。它紧扣“海”字主题，通过口授传承，艺术创作，把海洋航行、海洋生活、海洋气象，以及船网工具、鱼类习性、船员职责等知识，以歌谣的形式一代一代往下传。古往今来，许多一字不识的渔民，就靠这种方法，学习古人知识，掌握生产技能，战天斗海，驾驭海洋。

我们的学生虽然是海岛农村的孩子，但是对自己家乡这个艺术瑰宝的了解却少之又少，在平时的音乐课中，关于舟山渔歌的相关资料也基本为零。所以，以“舟山渔歌”为活动切入点，我们开展了这次“舟山渔歌”综合实践活动，让学生了解渔歌、演唱渔歌、喜爱渔歌，给学生搭建学知识、学生活本领、学技能的一个平台。

二、活动设计

通过本次活动，让学生了解舟山渔歌的产生、发展、传承，了解渔歌的现在和过去；通过调查、访问等多种途径，了解渔歌文化；提高学生搜集资料、调查、采访等综合能力；让学生了解舟山渔歌的分类，学唱不同种类的渔歌，提高学生演唱渔歌、表演渔歌的能力；培养学生热爱家乡，传承家乡文化的热情。

三、活动实施

本次活动分三个阶段实施：准备阶段、实施阶段、汇报演出及总结阶段。

（一）准备阶段

我们通过谈话的形式在五年级开启了一堂关于《舟山渔歌》的班会课，教师通过“说起家乡舟山，你不得不推荐的是什么？”“你见过渔民捕鱼时的场景吗？”“你有没有听到过渔民劳动时演唱的歌曲？”等几个问题引出本节课的主题——舟山渔歌。学生由此思考发现自己对渔歌了解甚微。教师再让学生思考“看到这个主题后你想了解些什么？”让学生提出想知道的有关舟山渔歌的问题，围绕主题进行讨论，汇总成小课题并指导研究内容。

通过讨论，学生对本次的主题产生了浓厚的兴趣。经过交流讨论，学生自愿分成了三个小组，每小组有一位小组长、一位汇报员、一位记录员、四位调查员和两位记者，由小组长合理分配任务。三个小组分别认领了“舟山渔歌的起源及发展”“舟山渔歌的分类及代表作品”“如何演唱舟山渔歌” 这三个研究课题。

按照要求制订活动方案。以小组为单位讨论研究调查方法，每个小组按照研究课题的不同制定出了不同的调查研究主题，包括：舟山渔歌的起源与发展调查、舟山渔歌的分类及代表作品调查和如何演唱舟山渔歌的调查。调查表如表 1 所示。

表 1　活动调查表

活动主题	
小组名称与成员	
活动形式	
活动时间	
调查问题	
活动准备	
调查成果	

第三小组还准备了录音笔及手机等录音工具，方便记录渔歌演唱。

(二) 实施阶段

实施阶段是本次实践活动的重点和难点。对学生来说，现在搜集资料的很多途径都是依托网络，但网络上有关于舟山渔歌的资料少之又少。所以，很多学生打算脱离网络，通过图书馆或周围认识的渔民、长辈及民间音乐爱好者来进行调查和研究。

1. 根据活动方案开始寻找整理资料

三个小组中有两个小组的任务偏向于书面调查和整理，所以这两个小组基本上是以图书馆、文化馆及采访进行调查的。他们有的在课余时间来到舟山图书馆查阅大量的书籍；有的在网上购买了一些有关舟山渔歌的书籍资料进行调查；有的去文化馆拜访了相关的工作人员进行了采访，收获颇多。调查结束，小组成员们立刻把调查得来的信息整理归纳。

2. 寻找视频及音频资料学习歌曲

其中一个小组以学唱渔歌为主要任务，小组成员在网上寻找音频及视频资料，但资料比较少。最后，通过音乐老师和文化馆的工作人员找到了几首渔歌的音频及视频。学生们聆听比较，选择了一首渔歌进行重点学唱。

3. 参观渔船及感受渔民生活

学生们先在家里上网调查，双休日也可在家长带领下，去博物馆采访，还可以实地观看泊在海边的渔船，了解相关资料。有条件的学生可以在家长的带领下联系渔民，亲身体验一下渔民的生活，感受激动人心的捕鱼场景。

4. 指导学生进行资料整理及归纳

调查周结束后，老师要鼓励学生进行资料整理及总结，培养学生搜集信息、整理资料的能力。也让学生及时总结本次活动得到的成果及收获，反思有没有做得不够好的地方，以便下次改正。学生们一致认为采访环节是比较困难的，因为有时候没有事先联系采访对象，出现了一些小问题，所以采访前一定要做好充足的准备。

(三) 汇报演出、总结

1. 成果总结

第一小组：汇报舟山渔歌的起源及发展。

经过小组整理，舟山渔歌是一种口耳相传的民间歌谣艺术，其起源因无史书记载而无从查考。但从渔歌与生产劳动有着密切联系的角度看，大致经历了唐形成、宋发展、明萧条、清和民国繁荣的历史阶段。据此可知，渔歌形式多样、载歌载舞、生动活泼，在沿海倭寇活动频繁时期渔歌不免萧条冷落。清代尤其是清代末年及民国时期，由于年代距今较近，且浙东沿海受上海经济文化影响较大，部分吴语区小调、吴语区民歌传入宁波、舟山等地，与当地渔歌结合成渔歌小调等艺术形式，内容丰富、风格形式多样、数量众多。新中国成立以后，渔民翻身当家做主，生产热情高涨，创作了许多热爱共产党、反映新生活的新渔歌，是舟山渔歌发展的新时期。而随着机械化作业推广、经济不断发展、新的娱乐方式不断出现，立足于原生态渔业生产的口耳相传的舟山渔歌渐渐衰微。

据我们小组调查，由于我们对非物质文化遗产的重视，有很多部门及人员在抢救、保护和传承这一珍贵的民间艺术，很多的文化工作者花了大量时间走门串户、跋山涉水，走遍了舟山的渔村，拜访了许许多多的渔歌手，渔歌手们也积极配合，无私奉献，将记忆中的歌谣、号子毫无保留地演唱，让它留给子孙后代，才有了现在舟山渔歌复苏的现象。所以，这一文化瑰宝还需要我们继续保护、发展、传承下去。

第二小组：舟山渔歌的分类及代表作品。

组长：经过小组整理，我们的舟山渔歌大概可以分为三类：渔歌号子、渔歌小调、新渔歌。渔歌号子具备一般号子的特点：①音调粗犷有力。常用一领众和、领和交替的演唱形式，从而加强渔民在劳动中的情感交流，保证行动的一致，提高劳动效率。②节奏较为固定。渔民号子节奏与劳动节奏紧密结合，律动感强。③领唱者的唱词多为即兴的鼓动性唱词，众合者的唱词多为力量型的衬词。代表作有《摇橹号子》《拔篷号子》《起网号子》等。渔歌小调往往以海岛特定的环境和海洋渔业生产内容为背景，借景抒情、寓理入情，都用舟山方言演唱，富有地方特色，代表作有《渔鼓调》《东沙渔歌》《四季渔歌》等。新渔歌，是文艺工作者以舟山渔歌号子的基本旋律为基础，在不同的历史阶段，根据时代特点创作或改编的具有浓郁海洋风格的新作，是舟山渔歌的传承与延续，代表作有《新四汛渔歌》《舟山小唱》《感恩海洋》等。

第三小组：如何演唱舟山渔歌。

组长：舟山渔歌刚开始是简单的一个乐句、两个乐句的哼呜或叫喊，慢慢地演变成有排比、有对偶的比较完整复杂的句式，随着时间的推移，越来越复杂。我们小组经过歌曲整理、聆听后发现，渔歌号子以及渔歌小调咬字、发音都比较偏向原生态的演唱，速度、节奏更偏向于自由，我们学习的歌曲是渔歌号子中的《摇橹号子》。这首歌曲是我们通过实地参观渔船，向渔老大学习的，稍后我们将进行现场演唱及表演。

表演环节：该组六位学生上台演唱《摇橹号子》。

2. 学唱渔歌《四汛渔歌》，亲身体验舟山渔歌的魅力

(1)初听歌曲。师：歌曲最大的特色是什么？（用舟山方言演唱）这还是渔民号子吗？有什么不一样的感觉？（感觉力度没那么强了，旋律变得丰富了）歌曲中都唱了哪些美味的海鲜？（小黄鱼、黄鱼、带鱼、螃蟹）

(2) 揭示歌曲名称《四汛渔歌》，介绍渔歌小调。师：我们刚才欣赏的歌曲叫作《四汛渔歌》，是一首渔歌小调，而非渔民号子。渔歌小调往往以海岛特定的环境和海洋渔业生产内容为背景，借景抒情、寓理入情，都用舟山方言演唱，富有地方特色。

(3) 复听歌曲。老师提问：听了两遍歌曲，歌中有哪一句歌曲，让你印象最深刻，一下子就能哼唱出来？

生：衬词的部分。

(4) 歌曲学唱。

①学唱衬词部分。

②教师逐句范唱，学生跟唱。

③师生合作（学生演唱衬词，教师演唱其余歌词）。

④学生学唱其余歌词部分。

⑤完整演唱歌曲。

⑥观看两个不同版本的《四汛渔歌》；思考：渔歌小调的表现形式与渔民号子有什么不一样？

生：感觉歌曲的旋律性更强一点，表演性更强一点。

生：同样的《四汛渔歌》，在流传过程中好像出现了很多的版本。

师：原因是什么？

生：口口相授，导致流传出了很多版本。

师：两个视频里的四汛渔歌除了版本不一样，他们的类型也不一样，合唱版的《四汛渔歌》是一首新渔歌。

设计意图：通过现场学习渔歌及相关知识，让学生们对舟山渔歌的认识更加深刻。

（5）完整演唱歌曲。

3. 成果评价

在小组合作中，学生对自身参与学习活动的态度、合作精神和合作能力、基本能力、独立性和创造精神等方面进行价值判断，按一定的规则给自己评判一个分数，实际上这是一个自我反省的过程。学生通过评价进行自我调整、自我完善，从而提高做人的品质。所以，小组评价和自我评价有助于学生更好地提升自我，发展自我。

总结完毕后，每位学生都填写了自评与小组评价表，如表 2 所示。

表2 活动评价表

姓名	小组评价	自我评价	总分

(评价分数满分为☆☆☆，包括合作能力、搜集信息能力、交流情况，每一项☆，最后总分为☆☆☆☆☆☆)

四、活动效果

1. 培养了学生养成合作、分享、积极进取等良好的个性品质和交往能力

在活动的过程中，学生们抱团行动，无论是活动的设计、开展，都是集几人之力一起行动，感受到了团队合作带来的高效率。在这次活动中，学生们都表示感受到了小组队员之间的默契，遇到问题，不再像以前那样推来推去，遇到困难，也不会再互相埋怨了。大家会自奋告勇完成各项任务，做事十分积极。尤其是在采访环节中，很多平时内向、不爱讲话的学生，都开始尝试进行采访活动，也会在采访环节前做好充分的准备。在实践中，学生不仅能尝到成功带来的成就感，进一步激发他们进行实际操作的兴趣，还培养了观察思考能力、实际操作能力及创新意识。

2. 有利于培养学生搜集处理信息和发现解决问题的能力

本次活动除了通过网络、书籍，孩子们会主动去图书馆、文化馆等寻找信息，也会主动去询问相关领域的从业者，掌握第一手资料。在与渔民交流的过程中，由于很多学生对方言并不熟练，与他们交流的时候遇到了很大的困难。不过，学生们并没有被困难吓到，而是选出了方言说得最棒的一位同学用简单的普通话和方言“混搭”的语言，顺利地与渔民们进行了交流。这

一点让学生们意识到，遇到交流困难或者失败时，不要泄气，要提前做好多种准备，做好应对，这样，下次再遇到同样的情况，就可以做得更好。就这样，教师在活动中引领学生发现问题，并且及时解决了问题。同时，采访这种形式对六年级的孩子来说很新颖，也很有趣，激发了学生对采访的兴趣，也引发了学生对家乡非物质文化遗产的关注。

3. 学生获得亲身参与实践的积极体验和丰富经验，激发了学生创新潜能

本次综合实践活动，学生通过参与各种活动，立体式地学习新知识、运用新知识，多方位展示能力、发展能力。本次活动也为每一位学生提供充分展示自己的平台，在自主、合作、探究和实践的过程展示自己的聪明才智，发挥潜能，提高能力。通过研究舟山渔歌，激发了他们学习渔歌的兴趣，调动了他们学习渔歌、学唱渔歌的主动性和积极性，从而养成自主探索求知的良好习惯，符合小学生身心发展的内在要求。

4. 培养了热爱家乡的思想感情和保护传承的意志

在活动过程中，学生们渐渐对舟山渔歌这一非物质文化遗产产生了兴趣，从以前对舟山渔歌一无所知、毫无兴趣，到现在主动去认识、欣赏。甚至有部分学生在活动结束后纷纷表示：舟山渔歌太有魅力了，越听越好听。也有很多学生表示：舟山渔歌，无论是创作还是演唱，都包含着我们舟山渔民的智慧和结晶。作为舟山的孩子，我们一定要把它继续传承下去，不能让这个遗产消失在我们这一代。

5. 学会了如何正确评价自我、评价他人

无论是自我评价，还是他人评价，都能够促进学生反思。结合评价，学生会思索自己学习中所遇到的问题，总结自己的学习情况，这会有助于培养自我发展、自我成长的能力。在评价过程中，很多学生兴奋地告诉笔者：“老师，我觉得这次的活动让我的采访水平提高了很多。”“老师，我的方言水平

提高了。”“老师，我现在已经是‘中华百科全书’了，再难找的信息我都找得到”……这些进步，我们都看在眼里。也有一部分学生沮丧地和笔者说：“老师，我觉得我这次做得还不够好，采访的时候问题准备得很不充分，导致没问出更多好的信息来。”“老师，我觉得我还可以去更多的地方找信息，下次有机会还要去尝试。”……学生们都能发现自己的进步，也能通过和其他学生比较发现自己的不足之处，这为他们以后做得更好打下了坚实的基础。

笔者也是第一次作为综合实践课指导老师，确实感觉到不小的压力。因为笔者是一名音乐教师，所以在操作的过程中可能比较偏向音乐性，忽略了其他一些重要的东西。笔者从一无所知到一边学习、一边组织学生活动，这个过程充满着困难和迷茫，好在问题都一一化解，活动顺利结束了。对笔者来说，也是收获满满。以后有这样学生的机会，笔者将会结合这次的经验，以更饱满的激情迎接下次挑战！

总之，综合实践活动课对学生成长有着极其深远的意义，它的开设为学生提供了发展个性的空间，点燃了学生求知的欲望和创新的火花，也给教学带来了新的生机和活力，更重要的是，它给学生们带来了快乐和收获！

【参考文献】

吴凯丰．岱山渔歌 [M]. 中国文联出版社，2006：10.

（作者：舟山市定海区双桥中心小学　翁佳妮）

“海韵摄影”综合实践活动的设计与实施

“海韵摄影”课程开设根植于舟山本土独有的海洋文化，把握现代海洋教育核心内涵，通过整合海洋教育资源，深入挖掘海洋教育内涵，培养具有海洋气质的“沈小人”。课程开发与实施始终本着“儿童视角”“儿童立场”，以做为中心，以学生发展需要为原点设计、开发、实施校本课程。课程采用校本主题活动形式，以自主探究为核心，让学习成为基于学生个体发展需要的动态生成过程。在摄影技巧社团的开展过程中，学生的拍摄技巧和体验不断加深，新的活动目标和主题不断生成，课程形态也随之完善。在此过程中，学生用手中的相机定格下美好的校园风景，培养了学生高尚的审美情操。

一、活动设计

“海韵摄影”课程的开发与实施旨在引导学生学会多角度观察身边的事物和现象，发现其中蕴含的美，在参与摄影的过程中学会摄影的基本技能，在一次次摄影体验中提高解决问题的能力，在观察事物和现象的过程中学会人性的思考，不断提高自己的审美素质和品德修养。

(一) 活动目标设计

1. 激发学生的兴趣，唤起学生问题探索的意识

著名教育家陶行知提倡在做中学，而“做”，兴趣是最好的老师。“海韵摄影”拓展性课程开发的内容，遵循学生的探究兴趣的基本原则，以观察生活的现象为引导，从摄影的角度、构成来观察世界，表现生活，使学生在摄影体验中体验摄影的魅力，引导学生发现如何观察世界，并通过摄影的结果来表现世界的问题，激起学生进一步深入研究和创造的欲望，培养学生终身探索的兴趣，养成良好的观察生活的思维习惯和创新意识。

2. 拓展学生的知识，促进学生提高解决问题的能力

“海韵摄影”中每个单元都蕴含一定的方法和技能要素，通过一次次的摄影，学生能根据特定的环境和自身器材条件选择合适的解决方案。同时发挥团队合作的精神，积极思考，反复实践，直到拍出优秀的作品。这一活动既增长了学生观察世界、体验生活的能力，又提高了适应各种环境而运用不同拍摄技能的解决问题能力。

3. 注重实践，提高学生的探索创新能力

摄影是一门创造性的活动，学生首先需要学会对生活细致入微的观察，然后通过各种不同的手法来表现，这些无不体现了摄影无穷的魅力。同时，通过不断实践，还培养了学生不断探索、创新的能力。

(二) 活动内容设计

海韵摄影社团的开设让小学生用儿童的眼光去发现美、追求美，甚至创造美。摄影的内容无论从形式还是内容都是小学生喜闻乐见的，能够为学生提供发展兴趣与特长的平台。教材的内容从浅显到专业，丰富的配图、通

俗易懂的语句带领学生进入神奇的摄影世界。

本教材在教学过程中，教师可以根据学生本身的知识水平和学校环境等因素挑选适宜的内容和难度组织学生开展教学和相关实践活动。

“海韵摄影”拓展性课程的主要教学对象是三到六年级学生，教材根据学生的年龄特点、知识积累，从学生的整体素质和体验，关注学生的学习兴趣。表1是学校海韵摄影课程内容及目标。

表1　沈家门小学“海韵摄影”课程内容及目标

标题	课程目标	课程内容	教学重点
第1课《走近摄影》	1. 初步了解摄影的种类与意义； 2. 认识摄影作品； 3. 培养摄影兴趣。	了解摄影的类型及意义。	摄影的类型
第2课《认识相机》	1. 了解相机的分类； 2. 掌握自己的相机（快门、光圈、iso）； 3. 培养经常拍照的习惯。	1. 了解相机的大致分类； 2. 掌握光圈、快门、感光度。	理解光圈、快门、感光度对照片明亮度的影响。
第3课《定格学校的美景》	1. 正确的持机方式； 2. 照片主题——拍什么。	1. 正确的持机方式； 2. 拍照片要拍什么？	1. 掌握相机的持机方式； 2. 拍照前先想清楚要拍什么，主题是什么。
第4课《激情灵动的田径场》	摄影画幅形式与拍摄视角	横幅与竖幅、平视、仰视、俯视	理解画幅及拍摄角度对照片内容的影响。
第5课《校园建筑之美》	均衡式构图、对称式构图、对角线构图、X形构图、垂直式构图	均衡式构图、对称式构图、对角线构图、X形构图、垂直式构图	重点：掌握几种构图法的运用。 难点：根据内容选择哪一种构图方法。
第6课《校内植物园》	紧凑式构图、三角形构图、S型构图、九宫格构图、对分式构图	紧凑式构图、三角形构图、S型构图、九宫格构图、对分式构图	重点：掌握几种构图法的运用。 难点：根据内容选择哪一种构图方法。

续表

标题	课程目标	课程内容	教学重点
第 7 课《精灵大舞台一》	摄影层次的体现——背景	背景的调整和选择	重点：掌握背景的选取 难点：在背景不能选择的情况下如何调整
第 8 课《精灵大舞台二》	摄影层次之前景	前景的选择和运用	前景的选取
第 9 课《校园光影》	直射光的使用	直射光在摄影中的运用	重点：运用直射光 难点：观察光线
第 10 课《校园光影之散色光》	散射光的使用	阴天、阴影，或者室内散射光的使用	难点：被摄体饱和度的调整。
第 11 课《制作电子相册》	1. 认识“数码大师”的操作界面，掌握在“数码大师”中添加图片、音乐、边框的方法； 2. 通过制作电子相册，了解多媒体作品创作的一般过程，体验创作的成就感。	运用“数码大师”给自己的摄影作品制作一份电子相册	重点：在“数码大师”中添加图片、音乐、边框的方法。

教材在呈现上遵循学生的认知规律和特点，由易到难，注重实践，开展一段充满乐趣的摄影之旅。活动既有模仿又有创新，将生活中的一点一滴融入自己的画面中，真正拓展了学生的视野和探索世界的能力。

(三) 活动评价设计

课程评价要体现素质教育的精神实质，以提升观察能力、强化动手实践能力为最终目的，关注学生在发展中的需要，突出评价的引导功能，激发学生的发展动力。评价记录表如表 2 所示。

表2 “海韵摄影”拓展性课程综合评价记录表

评价领域	评价细则	状态水平描述			考核结果
		自评	互评	师评	
态度兴趣	精神饱满				( )个 * ( )章
	积极参与				
知识运用	主题确定				
	合作交流				
观察实践创新	观察探索				
	实践动手				
	问题解决				

为充分体现过程评价，发挥学生的积极性和主动性，我们将评价分为了学生态度兴趣、知识运用、观察实践三大块，共计七个评价要素，并通过自评、互评、教师评价活动，统计每堂课的总星数，达到15星就可以得到一个金章。每学月争章一次，一学期得到3个金章，学期末就可以评为“摄影小明星”。

在评价活动过程中，也要适当变换评价方式，避免形式单一，必须讲究活动的公平、持续和定量化。

二、活动实施

“海韵摄影”拓展性课程是根据学生的年龄特征和兴趣爱好开发的，通过对周围世界观察，以摄影的活动方式记录生活、反映生活的一种活动。这一课程既强调学生的观察能力，又重视学生的动手实践能力、不断探究的能力，还需要关注学生的学习兴趣和知识经验。其目标与素质教育的目标是一致的。这一课程的开展有利于培养学生的观察能力、实践能力和创新能力。

学校每周在美综社团课开设一节摄影课，不同年级段每班只限两名摄影爱好者参加，如有摄影特长的学生可优先、破例参加摄影社团，并成为学校兴趣班的成员。每节课课时35分钟，为“海韵摄影”课程开展提供了充足的时间，摄影器材由学生自带，为拓展课程活动开展提供了物质保证。

1. 目标引领——学生探索活动的导航

教材以校园内一个特定的拍摄地点为教学目标，在学习理论和方法的基础上，从不同视角细化目标，形成具体的任务专题，使整个拍摄主题活动具有明确的目标导向，促使学生拍出满意的作品。

2. 活动体验——学生动手动脑的空间

充分详细的课堂教学环节以后，老师带领学生到特定的拍摄地点取景，通过言传身教，手把手教会学生运用相机记录美好的时刻，感受摄影技巧中主题、构图、曝光等要素对作品的影响，力求学生在自主开放的环境中收获成功的喜悦。

3. 分享呈现——学生展示成果的园地

此环节主要是学生把拍摄的照片拷贝到电脑上，与老师、同学、家人等分享，以享受劳动的快乐，以及在追求艺术道路上各种各样的缺憾和不足。酸、甜、苦、辣，讲述的具有独特滋味的“冲浪”体验也成为课堂亮点。此时的课堂涌动着个性化的思考和见解，充盈着学生通过自身体验后的自信与快乐。

三、活动成效与反思

(一) 活动成效

1. 开创了海精灵摄影品牌，形成了独特的“沈小”摄影文化

经过几年的研究，摄影拓展课程在综艺类社团课中成为拓展课程，从摄影社团中涌现出来的小小摄影家分别在舟山市、区各类比赛活动中获奖，

带队的李老师还被评为省、市级优秀辅导员，并成功开创了海精灵摄影品牌，摄影社团将成就一支专业、技艺精湛的摄影团队。

“海纳百川，有容乃大。”在摄影技巧课程的深入实践与探索过程中，摄影社团形成了独特的校园环境文化，学生、教师浸润其中，得到了长足的发展。摄影社团活动的开展激发了学生的探究兴趣，学生在课余更关注校园生活，学会用手中的相机发现与揭露校园的美与丑，更留心校内环境的保护、学校环境文化的建设，以及各种活动的开展。在2015年全区的中小学生摄影比赛中，我校学生包揽5个一等奖。在2016年又有学生获得市级一等奖，2017年的摄影队员更是斩获省一等奖。表3是《海韵摄影》学生获奖成果。

表3 “海韵摄影”学生获奖成果(截至2017年)

姓名	时间	比赛项目	获奖等级
刘懿灵	2013年5月	舟山市第十三届教育科技艺术节摄影比赛	一等奖
刘沛泽	2013年	舟山市第十三届教育科技艺术节摄影比赛	三等奖
刘书涵	2014年4月	舟山市普陀区五小星摄影比现场赛	一等奖
刘懿灵	2014年	舟山市普陀区五小星摄影比现场赛	二等奖
孙子晓	2014年	舟山市普陀区五小星摄影比现场赛	二等奖
五泽凯	2014年	舟山市普陀区五小星摄影比现场赛	三等奖
文言心	2014年	舟山市普陀区五小星摄影比现场赛	三等奖
王柏朝	2015年5月	舟山市普陀区五小星摄影现场赛	一等奖
徐千慧	2015年	舟山市普陀区五小星摄影现场赛	一等奖
陈彦臻	2015年	舟山市普陀区五小星摄影现场赛	二等奖
李滟亿	2015年	舟山市普陀区五小星摄影现场赛	二等奖
吴薇迪	2015年	舟山市普陀区五小星摄影现场赛	二等奖
刘书涵	2015年	舟山市普陀区五小星摄影现场赛	二等奖
郑茜尹	2015年	舟山市普陀区五小星摄影现场赛	三等奖
徐镱涵	2015年	舟山市普陀区五小星摄影现场赛	三等奖
王柏朝	2015年	舟山市十五届中小学生艺术节摄影	一等奖

续表

姓名	时间	比赛项目	获奖等级
徐千慧	2015年	舟山市十五届中小学生艺术节摄影	三等奖
刘向晌	2016年5月	舟山市普陀区美术作品评选摄影组	二等奖
吴奕萱	2016年	舟山市普陀区美术作品评选摄影组	三等奖
夏嘉涵	2016年	舟山市普陀区美术作品评选摄影组	三等奖
周珈伊	2016年	舟山市普陀区美术作品评选摄影组	三等奖
陈胡歆韵	2016年	舟山市普陀区美术作品评选摄影组	三等奖
段岩峰	2017年	舟山市普陀区美术作品评选摄影组	一等奖
梅译匀	2017年	舟山市普陀区美术作品评选摄影组	一等奖
翁玙婷	2017年	舟山市普陀区美术作品评选摄影组	一等奖
俞策	2017年	舟山市普陀区美术作品评选摄影组	二等奖
刘畅	2017年	舟山市普陀区美术作品评选摄影组	三等奖
段岩峰	2017年	2017年舟山市第十七届中小学生艺术节	一等奖
翁玙婷	2017年	2017年舟山市第十七届中小学生艺术节	二等奖
梅译匀	2017年	2017年舟山市第十七届中小学生艺术节	二等奖
梅译匀	2017年	2017年浙江省中小学生艺术节	一等奖

2. 教书、育人交融

每一门学科、每一种教学方法都孕育着心育的可能性，著名教育家陶行知说“在做中学”，摄影的过程，正是实践的过程。学生在观察身边的事物、环境、社会的过程中陶冶自己。比如团队协作的能力，在摄影的学习中，有些作品的拍摄需要团队协作才能完成。在做中学，各种“德”的渗透式实践教育，在摄影的过程中，学生会关注到周围的环境，配合学校和社会的各种主题活动，如小队活动、各种实景化的学习、五水共治、美丽新舟山、读书节、运动会等，都能看到我们摄影小队员的身影，他们通过相机镜头，传达美好，宣传正能量。

3. 技术与艺术的整合教育

摄影是一门艺术与技术的高度结合体，在学生学习摄影课程的实践过程中，通过教师指导，学生会意识到艺术需要技术的支撑，让学生用严谨的求学态度，认真踏实地练就基本功。通过娴熟的技术来开展活动，反映生活。

4. 教师课程整合能力得到快速提升

摄影课程的实施对提升教师素质无疑是真正的“做中学”。在课程建设开发的过程中，老师们找资料、问专家、看视频，各显所能。在课程实施过程中，老师购买专业的单反相机，与学生共同拍摄，一起研究，提高了教师的专业素养。我们还专门建立了相册资源库，对每学期、每项活动、每次颁奖都拍成照片，分门别类保存在资料库里。

(二) 活动反思

1. 缺少摄影类的专业人才

因学校日常工作比较繁重，摄影社团的成员数量又少，有时很难挤出时间带学生到外面去采风，而且目前我们的摄影教师平均年龄在35岁左右，缺少新鲜的血液加入。

2. 课程目标和内容设置还需进一步修订

课程目标决定课程的性质，有了明确的课程目标，课程组织、实施与评价才有章可循。我们的校本课程是完全基于学校自身的力量开发与编撰的。受学校条件和教师素养的影响，在每个年级的目标设置和递进上做得不够细致，导致部分课程目标不具体，内容设置不完善，需要进一步修订。

3. 课程的操作性与实践性有待提高

因为没有统一的教学标准，我们的课程实施呈粗放型，以学生活动为主，但学生的活动大多是在课外时间，所以往往缺乏教师的导控，随意性较大。沈小的摄影社团已演变成一种潮流，推动着学校文化建设的发展，孩子们希望用稚嫩的眼睛去发现校园中的美与丑，为自己的校园增光添彩。

4. 课程未来发展规划

目前，有单反或者微单相机的学生不多，而手机大都带有拍照功能，且越来越普及，相对来说价格也便宜，因此手机摄影教学的开展，更容易普及。

在做中学，以做为中心，学生知识的获得是在老师的指导下通过自己练习而掌握的。教与学都以做为中心，实践性是“教学做合一”的特征。“做”的过程才能让学生获得知识，从而逐步形成解决问题的能力。陶行知先生特别强调要亲自在“做”的活动中获得知识。因此摄影教学要注重让学生能实践、能做的教育。我们准备在未来一年内开展研究手机摄影类教学研究实践，推动手机摄影的发展，以适宜不断发展的社会形势。

【参考文献】

[1] 顾明远.教育大辞典 [M]. 上海：上海教育出版社，1998.

[2] 季银泉 . 小学课程设计与评价 [M]. 北京：高等教育出版社，2015.

（作者：舟山市普陀区沈家门小学　李春辉）

基于本土传统文化的“2 + x”拓展性课程的开发与实施

教育部《完善中华优秀传统文化教育指导纲要》提出：中小学要分学段有序推进中华优秀传统文化教育，强调把中华优秀传统文化教育系统融入课程和教材体系，创立融爱国、处世、修身于一体的传统文化育人体系，重塑民族精神和道德体系，提升国家文化软实力。但我们发现，中小学优秀传统文化教育仍面临诸多问题与挑战。一是教育内容随意，对传统文化“教什么”认识不到位，各学段教育内容缺乏一体化系统设计，各自为战。二是课内课外无法衔接，呈现“随意性”“碎片化”现象。三是教育方式单一。有些学校对“怎么教”缺乏应有的认识，存在重知识讲授、轻精神内涵阐释的现象。四是尚未形成全社会关心支持的合力。传统文化教育仍拘泥于学校、课本、课堂，缺乏全社会参与和支持，社会舆论导向还不够清晰、针对性不强，相关传统读物对青少年缺乏吸引力，家庭在未成年人传统文化教育中严重缺位。因此，独立设置传统文化经典课程，将有利于构建更加完善的传统文化教育体系，成为加速提升传统文化教育质量和水平的有力保障。

一、活动背景

我校一直以来都十分重视传统体育和传统文化的教育。自 2011 年我校就开始了“舟山船拳”“多彩的老游戏”的教学实践活动，积累了一定的实践经验。同时，我校传统节日教育和传统体育小竞赛每个学期都在进行，学校传统文化教育的氛围十分浓厚。2014年6月，我们学校被中国教育学会确定为“优秀传统文化进校园”项目首批试点学校。

以前学校开展的这些特色教育都是零散的、点状的，还没有上升到课程的层面。因此学校以地方文化、体育教育为切入口，找结合点、渗透点。通过“全员、全程、全方位”的一系列格调高雅、形式多样、极具特色的地方文化艺术活动，让学生长见识、砺精神、明志向，增强“爱我中华，爱我家乡，传承文化”的使命感。培养学生道德情操、爱国爱家乡的情感，审美素质的良性发展和感知能力、思维能力、实践能力、创造能力的初步形成，引导学生以奋发进取、健康向上的精神面貌投身于学习生活。

二、活动设计

(一)“2+x”拓展性课程目标体系建构

在学校大力支持下，我们开发了“2+x”拓展性课程，精选地方优秀经典传统文化，按照学生的认知规律，构建不同学段的课程目标体系，见表1。

表1　城东小学“2+x”拓展性课程目标体系

总目标	让学生亲近地方优秀传统文化，有重点地学习优秀传统文化，使民间艺术和本土文化得到保护和继承。培养学生正确的价值观和继承传统文化的责任感。	
分目标指向	传统民俗民风	传统体育艺术
低段目标	民俗主题教育活动的开展，让学生了解更多有关传统礼仪和传统节日的知识，对传统节日有更多的了解与喜爱。	通过开展健康多彩的传统游戏，让学生更多地参与户外集体游戏。提高学生身体协调能力、主动性、群体合作性、创造性，增强学生体质，锻炼意志，培养阳光的心态。

续表

中段目标	通过学生对舟山传统的风俗习惯和饮食文化的探究，感受传统文化魅力，激发学生热爱家乡、建设家乡的激情，并对民俗文化的传承有初步的责任意识。	全面实施船拳进校园工程，初步掌握船拳的基本动作，感受船拳的力和美；通过开展“小手牵大手”等形式带动学生家长了解船拳、练习船拳。
高段目标	通过“古城探寻”活动，帮助和影响学生建立健全更丰富、更健康的民族情感和民族认识，感受传统文化的魅力。培养学生保护传统文化、弘扬民族精神的能力。	使高段的学生都能掌握船拳的基本套路，使之传承有人；通过在各种场合的展示，把船拳由校园推广到社会。

(二)“2+x”拓展性课程内容体系的开发

表2　“2+x”拓展性课程内容和目标

课程	项目	适合年级	课程内容	课程目标
传统民俗民风	常规礼仪、节庆文化	一年级	坐、立、行、走的传统礼仪教育和传统餐桌礼仪等教育	1. 让学生了解和掌握与自己有关的传统礼仪知识； 2. 营造浓厚的礼仪氛围，让学生体验传统的礼仪文化； 3. 通过“小手拉大手”，宣传传统的文明礼仪。
		二年级	元宵、清明、立夏、端午、中秋、除夕、春节等传统节日文化教育	1. 引导学生了解本土传统节日； 2. 学生在感受传统节日的同时，学会帮助、懂得感恩、分享快乐； 3. 通过开展形式多样的活动，感受传统节日的魅力与内涵。
		三年级	婴儿满月、婚嫁、探病、年前做年糕、掸掸尘等的传统习俗教育	1. 了解本土传统的风俗习惯； 2. 感受传统习俗文化的魅力与内涵； 3. 培养学生主动传承传统习俗的意识。

续表

课程	项目	适合年级	课程内容	课程目标
	古城探寻	四年级	探寻古城传统的饮食风俗	1. 引导学生调查了解本土传统的饮食风俗及渊源； 2. 让学生在感受传统饮食风俗的同时，增强学生的爱乡情怀； 3. 培养学生传承传统饮食风俗的意识。
		五年级	探寻古城传统的风俗服饰	1. 通过参观博物馆、实地走访、查阅历史资料等了解舟山古城传统的风俗服饰； 2. 在活动中培养学生对古城服饰文化的喜爱之情； 3. 培养学生的合作意识，体验探寻的喜悦。
		六年级	探寻古城传统的祭奠风俗	1. 通过寻访了解舟山传统的祭奠风俗及渊源； 2. 进一步激发学生热爱家乡、建设家乡的激情； 3. 通过探寻活动，提高学生调查研究的能力。
传统体育艺术	多彩的老游戏	一年级	学习跳皮筋、跳绳、老鹰捉小鸡、丢手绢等传统游戏	1. 通过学习传统的游戏，让学生喜爱优秀的传统游戏； 2. 增强学生体质和身体协调能力，锻炼意志，培养开朗的心态； 3. 渗透传承传统游戏的意识。
		二年级	学习踢毽子、打陀螺、丢手绢、滚铁环、翻花绳(穿线绷)等传统游戏	1. 依托传统的游戏文化，让学生更多地参与户外集体游戏，提高学生快速反应判断能力和丰富的想象思维能力； 2. 培养学生合作性、主动性、创造性； 3. 培养学生继承传统游戏的责任感。

续表

课程	项目	适合年级	课程内容	课程目标
	传统艺术	三年级	学习拜毕观音即推门、船走浪尖神须定等船拳套路的前八节动作	1. 了解船拳的历史和产生的过程; 2. 会准确使用“拳”“掌”“踢腿”“马步”等基本动作，掌握套路的前八节动作，动作基本到位; 3.初步渗透传承船拳的意识。
		四年级	学习紧拉网绳马步桩、出拳挑网弓步拳等船拳套路的前十六节动作	1. 能正确说出前十六节每个基本动作的名称; 2. 掌握套路前十六节动作，体现力与美; 3. 培养学生主动传承船拳的意识。
	船拳	五年级	学习紧拉缆绳又三拳、回首眺望马步拳等船拳套路的前二十四节动作	1. 掌握套路前二十四节动作，能体现力与美; 2. 掌握开始表演时的起手式和结束式; 3. 培养学生自主锻炼的良好习惯。
		六年级	学习出海数日喜回家、收势等整套船拳动作	1.掌握船拳的风格特点; 2. 能完整完成船拳的整套动作，全面提升学生的精、气、神; 3. 通过在各种场合的展示，让社会各界了解船拳的力和美，培养学生传承船拳的责任感。

三、活动实施

(一)“2+x”拓展性课程各年级课时安排表

“2+x”拓展性课程以多种形态呈现，有传统民俗民风课程（包括常规礼仪、节庆文化、古城探寻等课程）和传统体育艺术课程（包括多彩的老游戏、传统艺术、船拳等课程)。课程形态多样，学生的选择性更多。各年级课时编排见表3。

表3 “2+x”拓展性课程各年级课时编排表

年级	传统民俗民风课程	传统体育艺术课程	小计
一年级	1	1	2
二年级	1	1	2
三年级	1	1	2
四年级	1	1	2
五年级	1	1	2
六年级	1	1	2
备注		每隔一周安排1节体育课，一二年级学习民俗游戏，三至六年级学习船拳。	一、二年级周课时26节，三到六年级周课时30节。

我们在保证课时总量不变的前提下，根据课程内容的特点与差异，开设点面结合长短课，分别调整为60分钟的长课、40分钟的标准课和10分钟的短课。

长课安排60分钟，主要用于中高段拓展课程的汇报分享，安排在周四下午。标准课为新授学习和低段的成果汇报(40分钟)，低段的拓展课程成果汇报安排在周三下午。短课时间为10分钟，是“2+x”拓展性课程的启动课，让学生明确下一次体验活动的内容、目标、分工等。10分钟的短课为班级自主管理课程，将阅读积淀、礼仪教育、班级常规教育化整为零，又灵活地融入课程中。

“古城探寻”课程四、五、六每个年级每学年共组织5天计30课时，安排在春秋游两天12课时和假期中进行。

(二) 拓展性课程学生的选课

除基础课程外，学校还开设了六类拓展性的选修课程，包括经典阅读、书法、趣味数学、德育微课、船拳、体艺课程等。学校建立选课平台，学生可以选择自己喜欢的课程。拓展性的选修课程，一、二年级安排在每周三下午，三至六年级安排在每周四下午。

(三)“2+x”拓展性课程实施策略

“2+x”拓展性课程的实施分为校内和校外两种方式。校内实施的主要特点是拓展性课程的实施场所是在学校，一般以班级授课制的形式呈现。校外实施的拓展性课程的实施场所是在学校以外的探寻点，可以以年级段为单位，也可以是以班级、小组或家庭为单位开展探究。

1. 校内拓展性课程的实施

“2+x”拓展性课程在校内实施的有多彩的老游戏、剪纸和伞画、船拳等。以下以舟山船拳为例介绍校内拓展性课程的实施。

(1) 课程的开发流程

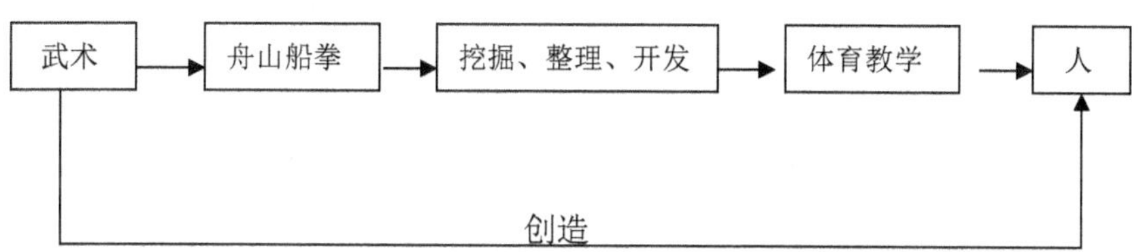

(2) 课程内容

本课程以舟山船拳基本套路组织教材内容，共设三十二节，80课时。每节为两课时，每学期安排10课时，其两课时为复习、实践内容，面向三至六年级学生开展教学。具体安排如表4。

表4　课程内容

年级	课题	实践内容
三年级上册	第一节到第四节	1.了解船拳每一个招式的意义； 2.能正确说出前四节每个基本动作的名称； 3.会准确使“拳”“掌”等基本动作。
三年级下册	第五节到第八节	1.掌握船拳每一个招式的意义； 2.能正确说出前八节每个基本动作的名称； 3.会准确使用“拳”“掌”“踢腿”“马步”等基本动作； 4.能独立打完套路的前八节动作，动作基本到位。
四年级上册	第九节到第十二节	1. 了解船拳的历史和产生的过程； 2.能正确说出前十二节每个基本动作的名称； 3. 能独立打完套路的前十二节动作，动作基本到位，在完成过程中能体现力与美。
四年级下册	第十三节到第十六节	1.能正确说出前十六节每个基本动作的名称； 2. 能独立打完套路的前十六节动作，动作基本到位，在完成过程中能体现力与美； 3.激发学生热爱船拳的感情。
五年级上册	第十七节到第二十节	1.能正确说出前二十节每个基本动作的名称； 2. 能独立打完套路的前二十节动作，动作基本到位，在完成过程中能体现力与美； 3.了解开始表演时的起手式和结束式； 4.打拳时做到站如松、静如磐石、动如脱兔。
五年级下册	第二十一节到第二十四节	1. 能正确说出前二十四节每个基本动作的名称； 2. 能独立打完套路的前二十四节动作，动作到位，在完成过程中能体现力与美； 3.学习开始表演时的起手式和结束式； 4. 展示时肢体语言丰富，形象好，感染力强。
六年级上册	第二十五节到第二十八节	1. 能准确说出船拳的演化历史和背景； 2. 船拳的基本动作能熟练地掌握，准确到位； 3. 能独立打完套路前二十八节动作，动作到位；在完成动作的同时，体现力量、节奏、流畅性，有感染力。
六年级下册	第二十九节到第三十二节	1. 会说出舟山船拳的风格特点； 2. 能熟练地掌握各种基本动作，并能很标准的使用； 3. 能完整地完成船拳的整套动作，动作到位；在完成动作的同时，体现力量、节奏、流畅性，有感染力。

（3）课程实施。校内拓展性课程面向本校三至六年级学生，四个学年共八个学期，隔周授课一课时，以本校体育教师为主，并聘请孔建荣先生到校进行技术指导。本课程统一纳入学校全学年教学计划中，由教导处统一管理，做到计划、师资、课时、教材（或资料）、纲要、备课六落实。

根据教学目标和课时的总体安排确定是整堂课还是课的部分运用。在课堂教学时，重视教师的指导，更关注学法的指导和学习能力的培养，尤其是培养学生的探究能力、合作能力、动手能力和创新能力。在课程资源开发方面，我们除了立足体育课堂教学，更多的延伸到拓展性课程的课堂中，并建议家长与孩子一起学习舟山船拳。

2. 校外拓展性课程的实施

“2+x”拓展性课程在校外实施有了解民俗文化、古城探寻等。课程同样面向本校三至六年级学生，利用每年“五一”小长假时间，组织学生通过调查、参观、编写、宣传、展示等丰富多样的形式开展活动。以下以开展亲子实践活动为例介绍校外拓展性课程的实施。

针对提供的寻访活动，根据活动主题，设计多种活动形式。可以在家长带领下，参观博物馆、实地走访、采访历史见证人、查阅历史资料、与家长研究性学习等，让学生亲身寻访体验，了解定海古城历史文化、品尝传统小吃（推荐地点：定海中大街、西大街、东大街、竹山公园、海山公园等）。

在活动中，要求学生与家长收集资料，实地走访古街，探寻定海特有的海洋文化，尝一尝传统美食，了解家乡风俗。在活动后，要求学生把探寻的经过以制作“定海古城探寻记”的方式进行记录，在“五一”小长假后上交。每个班级通过初评选出10份交学校教导处，学校开展优秀实践展示活动。

(四)课程的评价

1.评价原则

我们倡导评价理念发展性、评价内容多元化、评价主体互动化、评价方法多样化、评价方式激励性、评价过程动态化等原则。

2.评价内容

评价学生参与活动的态度，在活动中的合作精神、探究精神，社会实践、交往能力，搜集、处理信息的能力，态度与习惯，设计与操作技能，创新精神和实践能力的发展状况；学生对新的学习方法、方式的掌握情况；学生活动的成果或结果。

3.评价形式

采用多种多样的评价方式，如建立校园文化墙：张贴出船拳、民俗文化、传统游戏小知识的宣传；进行探寻活动的宣传；展示活动照片和成果。设立成果陈列室：学校专门设立一个教室用以开展与本课题相关的活动。争"五星色卡"之"实践活动卡"。学校自2015年起开展"小真人缤纷五色星星卡"评价激励活动。在拓展性课程的活动中表现好的学生就能得到"实践活动卡"，评价的依据参考表5。

表5　拓展性课程活动中学生主体表现评价表

活动主题		班级:		姓名:	
评价主体	评价内容	评价标准			选项
学生自评	1. 选题的兴趣	1. 浓厚	2. 一般	3. 不感兴趣	
	2. 搜集信息的方法	1. 多	2. 一般	3. 少	
	3. 对所搜集信息整理、加工的能力	1. 好	2. 一般	3. 较差	

续表

活动主题		**班级:**		**姓名:**	
	4. 设计开展活动的方式	1. 多	2. 一般	3. 少	
	5. 活动的开展情况	1. 很顺利	2. 一般	3. 较困难	
	6. 在活动中的表现	1. 很积极	2. 一般	3. 不积极	
	7. 与小组成员合作	1. 很愉快	2. 一般	3. 不愉快	
	8. 活动成效是否达到预期目标	1. 达到	2. 基本达到	3. 没达到	
	9. 对这次活动进一步开展的愿望	1. 很想	2. 想	3. 不想	
我要对自己说：我给自己　颗星					
家长评价	10. 孩子是否与你们讨论活动	1. 经常	2. 较少	3. 不讨论	
	11. 孩子对活动的兴趣	1. 浓厚	2. 一般	3. 不感兴趣	
	12. 孩子在活动中投入的精力	1. 很多	2. 一般	3. 较少	
	13. 孩子活动后的收获	1. 很多	2. 一般	3. 没收获	
我要对自己说：我给自己　颗星					
教师评价	14. 学生对所选主题兴趣是否浓厚	1. 浓厚	2. 一般	3. 不感兴趣	
	15. 学生是否经常请教指导教师	1. 经常	2. 较少	3. 很少	
	16. 小组成员自主合作与探究	1. 能	2. 基本能	3. 不能	
	17. 学生搜集和处理信息的能力	1. 好	2. 一般	3. 较差	
	18. 活动是否达到预期目标	1. 达到	2. 基本达到	3. 没达到	
我希望你：			我给你　颗星		
小组评价	我们给你　颗星				
我的星级	我一共得到　颗星				

通过上述评价表和进一步开发系统的评价表及评价方式方法，从不同角度帮助学生认识自身在活动中的表现情况，发现自身的长处与不足，不断

进行自我反思与评价，从而更好地发挥主体作用，更好投入到下一次的学习探究活动中。

我校以地方文化和体育教育为切入口，因校制宜地开展地方传统文化教育，建设满足学生基础性教育需要和个性发展需要的学校拓展性课程体系，形成了学校的传统文化教育特色，促进了学校综合水平的发展。

【参考文献】

[1] 柯孔标，李荆，方凌雁 . 拓展性课程开发与实施指南 [M]. 杭州：浙江教育出版社，2018：76-80

[2] 张瑶华，王旦丹 . 学习，让学生做主——基于案例的拓展性课程的实践思考 [J]. 小学教学研究，2017(20) .

[3] 毛颖 . “润泽生命” 校本课程的构建与实施 [J]. 现代基础教育研究，2017(4) .

（作者：舟山市定海区檀枫小学教育集团城东校区　李　旭）

第三编　劳动技术教育

“一平方米劳动基地——种植大蒜”综合实践活动

“一平方米劳动基地”是城东小学历史特色的延续，学校充分挖掘一平方米劳动基地的功效，进行了绿色阳光的种植和培育活动。近年来，学校在后教学楼的二楼空地中开辟了一平方米劳动基地。这个基地的活动，以班级责任田的形式不定期地进行呵护培育。在这片乐园里到处活跃着学生们的身影，他们喜欢自己动手种植，极大地满足了他们的成就感。在兴趣和责任的引领下，他们充分发挥自己的个性，形成了自己从现实生活中主动发现问题并独立解决问题的态度和能力。

一、活动背景

大蒜是好种易活的，学生可以在栽培大蒜中获得劳动体验。五年级时，笔者带领全班学生开展了“一平方米劳动基地——种植大蒜”综合实践活动。学生们在探究过程中，通过调查、实验、搜集和处理信息、操作、表达与交流等活动，实现了知识、技能、方法、情感、态度上的和谐发展。在“一平方米劳动基地——种植大蒜”综合实践活动中，研究性、探究性学习成了学生主要的学习方式，他们适时把研究性学习渗透于社区服务与社会实践，劳动教育、信息技术整合在一起，带领大家进行多渠道实践活动，拓宽学习的面与度，让学生学到书本上没有的知识，体会到参与社区服务的意义，体验劳动带来的喜悦。

在“一平方米劳动基地——种植大蒜”综合实践活动中，笔者还利用学生喜欢的网络工具，通过建立班级博客引导他们正确上网，让论坛、博客、电子邮件等对大家有益的网络工具走进学生的学习生活，逐步形成了学科综合化。同时，在这一活动中，笔者结合合作学习的手段，打破综合实践活动的班级、学校等地域的界限，使学生的自主性更强、参与面更广。通过活动，学生学会了自主选择、共同合作、亲身体验，充分发挥了他们的主体作用，挖掘了内在潜能，增强了自信心和自豪感，使学生们真正成了实践活动的主人。

二、活动设计

（一）活动目标设计

根据本活动的背景，确定目标如下：

首先，在校内开展种植大蒜活动，学生获得主动参与的劳动体验，掌握技术习得、技术探究的学习方式，培养正确的劳动态度和习惯。

其次，在老师的带领下，学生走向社区，参与社会实践和社区服务，获得实际体验，发展实践能力，增强社会责任感。

通过此次活动，学生获得亲身参与探究活动的兴趣，在经历观察、认识、研究的过程中发展探究问题的能力，培养合作与分享的意识。

（二）活动准备

建立班级博客，成立班级大蒜研究中心。

为了便于管理，全班学生成立6个活动小组，各小组自己命名：小太阳组、QQ组、小灵通组、小天使组、数码宝贝组、蒜苗（跳跳）组。

组织形式：全班活动、小组活动、个人活动。

(三) 活动步骤

1.活动一：讨论篇

讨论一：种大蒜需具备哪些条件？通过教师介绍，学生了解大蒜给人们带来的好处，激发学生对探究活动的兴趣。根据实际需要，选择合适的方法解决遇到的问题。

讨论二：根据一平方米劳动基地的大小，我们需要多少种子？培养学生通过数学知识解决实际问题的能力和实践能力。

2.活动二：调查篇

分组活动，调查周围的人爱不爱吃大蒜。让学生走出学校，融入社会生活，亲历实践，增加生活体验；学会关注社会现象，关爱他人，增长与人合作、交往的能力；学会围绕问题开展调查访问活动，提高研究性学习的能力；通过深入生活、书写调查报告，提高写作水平。

3.活动三：宣传篇

开阔学生眼界，初步获得社会经验与能力；学会交往与合作，遵守社会规范与公德，热心公益事业，关心他人与社会；初步了解自我，发展兴趣，展示才能。

4.活动四：种植篇

邀请在大蒜种植方面有经验的余师傅，让学生了解更多的大蒜种植知识，了解大蒜生长的过程，掌握种植的简单方法；激发学生对大蒜的栽种兴趣，明确研究方向；通过技术实践活动，丰富学生的劳动体验，形成对劳动的初步认识，培养认真负责、爱护公物的品质。

5.活动五：研究篇

在老师的引领下，让学生通过管理大蒜，掌握简单种植的一些方法，了解大蒜生长的一般过程，丰富自己的劳动体验；同时在观察研究记录中发扬团结协作的精神；通过体验和探究，注意知识的综合运用，自己决定活动结果呈现的形式。

6.活动六：问题篇

实践中产生新问题的研究。通过小组活动，培养学生合作交流的能力及分享学习成果的态度；通过学习，培养大家发现问题、研究问题和解决问题的能力；鼓励学生多种手段、多种途径获取知识和信息，培养大家搜集和处理信息的能力；鼓励学生大胆提出自己的新观点、新方法、新思路，激发他们探究与创新的欲望。

7.活动七：研究篇

我想知道为什么？各小组通过多种渠道查找相关资料。

8.活动八：交流篇

各小组将搜集信息的全过程和同学们参与活动的体验展现出来。

三、活动实施

本次活动分三个阶段实施：宣传发动阶段、实践探究阶段、问题生成阶段。

第一阶段——宣传发动

(一) 活动一：讨论篇

1.讨论一：种大蒜需具备哪些条件

(1) 放录像。对于大蒜，同学们一定不陌生吧！在全国肿瘤防治宣传周上，专家们把大蒜、西红柿和绿茶列为三大抗癌佳品。专家医生说：“这三种食物的防癌作用比较突出，应该经常食用，可以减少癌症的发生，保障身体健康。”大蒜这一神奇而古老的药食两用珍品，被称作“健康保护神”。世界上首家大蒜研究所在德国，它的宗旨就是向全世界人民宣传吃大蒜的学问。

(2) 分组讨论——顺利开展种大蒜的活动需要具备哪些条件

同学1：我们需要请种大蒜的技术人员给我们做指导。

同学2：需要水、阳光、温度、湿度，这样大蒜才能生长。

同学3：需要购买大蒜种子呢！

同学4：我们要好好给大蒜浇水、施肥、除草，否则大蒜是长不出来的。

……

(3) 讨论结果。

小灵通组负责去请一位种大蒜的技术人员给大家做指导。

QQ组负责上网查找如何种大蒜的资料，并把资料写在班级黑板报上。

2.讨论二：根据一平方米劳动基地的大小，我们需要多少种子

(1) 数码宝贝组活动。测量地的长和宽。

(2) 小灵通组活动。走访蒜农——学校食堂师傅余伯伯：种大蒜的行距和间距各是多少？行动反馈：决定每棵大蒜间距约8cm，行距25cm。

(3) 蒜苗组的活动。解决问题：在这块地上可以种几行？播多少颗大蒜种子？买多少大蒜种子不会浪费？

(二) 活动二：调查篇

1.各组展开活动

(1) 数码宝贝组访问家人或周围的亲戚朋友。

(2) 小太阳组访问老师。

(3) 小灵通组、蒜苗（跳跳）组采访陌生人的《关于大蒜的调查》。

(4) QQ 组的报告。

2.填写活动表现评价表

教师设计“一平方米——种植大蒜”活动表现评价表，如表 1 所示，要求学生在完成调查活动后，填写评价表。

表 1 “一平方米——种植大蒜”活动表现评价表

小组名称：____________

参加活动情况评价	组员	活动时间	活动地点	组织者	活动内容	表现评价	
						自我评价	小组评价

（说明：自评、小组评价均采取等级制，评定等级为：优、良、合格、不合格。）

(三) 活动三：宣传篇

1.搜集资料

搜集关于大蒜功效的资料。

2.讨论如何宣传大蒜的功效

(1) 成立宣传走访组。

“走访”组：印制宣传单或制作展板，把宣传大蒜知识单发给居民。

“宣传”组：我们不仅要在班级宣传，还要向学校宣传，向社区宣传。

(2) 提出活动申请。

向学校有关领导提出走访组“出校门，走向社区宣传”的活动申请。

3.学生分工

(1)“走访”组。“走访”组根据搜集的大蒜保健资料负责印宣传单。

(2)“宣传”组。“宣传”组负责关于“大蒜功效”的展板。

4.进行宣传

各小组学习有关“公民宣传表达自己主张的权利和义务”，进行了具体实施方案的讨论。经过讨论，制订了两个活动方案。

活动1：考虑社会宣传的具体实施方案，各小组分别设计了如下问题。小太阳组：提前多久向社区服务站提出进行社会宣传的申请？QQ组：申请当中应该说明哪些内容？数码宝贝组：我们的活动主题是什么？蒜苗(跳跳)组：我们的活动时间定在什么时候比较好？小天使组：我们进行宣传活动的线路是怎样的？小灵通组：宣传的口号怎么定？

活动2：为利于更多的人受到宣传的积极教育，各小组的行动方式如下。小灵通组：画出线路图，去社区进行宣传；QQ组：去广场进行宣传(如图1)；小太阳组：去公园进行宣传；蒜苗(跳跳)组：去商业区的空地上进行宣传；小天使组：去附近的菜场进行宣传。

图1　学生在广场进行宣传

根据学校批准的时间和线路，师生一同走出校门，进行“大蒜功效”的宣传。

第二阶段——实践探究

(一) 活动一：种植篇

1.邀请学校食堂的余师傅来到班级的一平方米大蒜基地

余师傅向学生讲解栽培知识。

2.分组活动

(1) 活动1：整理土地和播种。

小太阳组负责整地。

小天使组负责松土。

QQ组负责刨坑。

蒜苗（跳跳）组、数码宝贝组负责种植。

小灵通组负责浇水。

整个过程如表2所示。

表2　大蒜种植过程

种植过程	活动剪影	种植过程	活动剪影
整地		松土	
刨坑		种植	
浇水		观察记录	

(2) 活动 2：在劳动中提出不懂的问题。

学生提出了很多问题，比较集中的问题有以下几个：

大蒜种子的皮可不可以剥掉？

为什么肥料不能直接接触大蒜的种子？

种好了大蒜要不要马上浇水？

施肥之后为什么还要把地整一遍？

(二) 活动二：研究篇

第一，解决大蒜管理中的问题，引导学生向成人学习、向同伴学习、向网络学习；第二，各小组按各自分工对大蒜实施管理、观察，写好研究小报告；第三，进行整理汇总：小太阳组的活动日记，小灵通组的《可爱的大蒜》画，小天使组的活动观察记录，数码宝贝组的“问题系列”，蒜苗 (跳跳) 组在行动，QQ 组查找相关资料解决问题。

第三阶段——问题生成

(一) 活动一：问题篇——实践中产生新问题的研究

1.第一板块：体验展示

首先，学生汇报自己的发现，并说说体验：你遇到过困难吗？你为大蒜付出过爱心吗？在学校种大蒜，你和同学们合作吗？

教师进行小结：爱因斯坦说过这样一句话——提出一个问题往往比解决一个问题更重要！我们要做生活的有心人，从身边的小事中去质疑。在我们的观察记录中，不仅记录了大家和大蒜朋友的喜怒哀乐，还记录了同学们提出的问题。

2.第二板块：提出问题

小组讨论，提出照顾大蒜中的问题，请组长把问题写在问题卡上；整理问题；小组看问题，要求大家对解决了的问题打“√”，未能解决的打“O”；汇报打“O”的问题；集体讨论解决打“O”的问题；讨论决定选择最有趣的问题作为自己或本组的研究小课题；进行汇报。

3.第三板块：评价本次活动

通过今天的活动，同学们又有什么收获呢？教师进行小结：“纸上得来终觉浅，绝知此事要躬行”，希望同学们根据小组计划行动起来，好好体验大蒜朋友带来的乐趣。

(二) 活动二：研究——我想知道为什么

指导学生们围绕选定的主题，在组长的带领下，利用双休日时间开始实践活动。为了获取信息，各小组查阅报刊书籍，采访，到市图书馆、学校阅览室、网上查找相关资料。

(三) 活动三：交流篇

整理资料，确定汇报形式；各小组采用不同方法进行小组汇报，交流展示；再进行总结回顾。在答辩式总结交流过程中，问题的设计指向学生在活动中目标的达成，一般涉及以下几个方面：你为什么选择这个小课题进行研究？选择这个主题后，你们是怎样策划活动的？本次活动主要通过哪些方式来进行？搜集信息的主要途径是什么？能举例说明怎样分析搜集到的信息吗？你的研究报告分哪几方面？重点是什么？你认为你们的活动有什么意义？在本主题活动中，你们运用了平时学到的哪些知识？哪些知识是课本上学不到的？请举例说明在活动过程中体会最深的是什么？在活动过程中发现了什么新的问题？学生在自己的交流平台（班级博客）上进行交流。最后，每位组员总体评价，完成表格，如表3所示。

表3　“一平方米——种植大蒜”组员总体评价表

姓名：__________

评价内容	具体内容	评价等级			总评
		优	良	合格	
情感态度	积极参与活动				
	主动提出设想、建议				
	不怕困难和辛苦				
合作交流	主动和同学配合				
	乐于帮助同学				
	认真倾听同学的观点和意见				
学习技能	活动方案构思新颖				
	会用多种方法搜集处理信息				
	实践方法、方式多样				
实践活动	积极动脑、动手参与				
	会与别人交往				
	活动有新意				
成果展示	实验论文、调查报告等				
	表演、竞赛、汇报等				
	成果有新意				

四、活动效果

通过“一平方米劳动基地——种植大蒜”综合实践活动，为学生的成长提供了更为广阔的发展空间。随着实践活动的不断展开，新的目标、新的主题不断生成，调查的内容和范围不断充实、扩大，学生在这个过程中的认识和体验不断加深。他们不仅仅是简单地学习“种大蒜”，而且学到了如何实现学科知识和生活知识的整合、科学精神与人文精神的统整、实践与探索的统一。“一平方米大蒜基地”不是停留在种植大蒜的层面，而是从问题再引申出去，主动挖掘研究的价值、德育的功能，主动将之建设成集多门课程教育功能于一体的综合基地。

【参考文献】

[1] 赵荣辉 . 劳动教育正当性之思 [J]. 当代教育科学，2016(4) .

[2] 瞿葆奎 . 劳动教育应与体育、智育、德育、美育并列？——答黄济教授 [J]. 华东师范大学学报：教育科学版，2005(3) .

[3] 丁超，周宏奎 . 超级大蒜的引种与开发 [J] . 中国蔬菜，2007(8) .

（作者：舟山市定海区檀枫小学教育集团城东校区　郭小芬）

“新居民家庭亲子消防”综合实践活动设计与实施

我们学校是一所公办新居民子女学校，全校学生来自各地，几乎所有的新居民家庭以租房为主，居住条件较简陋，居住空间狭窄。同时由于他们安全意识淡薄，消防常识缺乏，一旦发生火情，势必酿成火灾，造成严重后果。因此对他们进行消防教育活动刻不容缓。该活动有四大亮点：一是亲子进消防；二是亲子排隐患；三是亲子共绘疏散图；四是亲子消防知识赛。本研究认为，综合实践活动中提升亲子新居民家庭消防安全意识，学习消防知识，提高自救能力，倡导家庭珍爱生命，注意防火安全，共同创造平安的生活环境。

一、活动背景

火灾是当前世界各国人民面临的一个共同的灾难性问题。它给人类社会造成了生命、财产的重大损失。随着社会的进步，火灾的危害性也日趋严重。近年来，我国每年发生火灾约 4 万起，死亡 2000 多人，受伤 3000 ~ 4000 人，造成直接财产损失 10 多亿元，尤其是重特大火灾时有发生。然而，我们通过观察及调查发现，我国居民，尤其是新居民防火意识薄弱、消防知识缺失，消防机构对居民消防知识宣传教育有忽视，尤其对广大中小学生缺乏必要的消防安全教育；再加上现在各类建筑物缺乏相应的防火设施及装备，或者即使有，也形同虚设。综上，这些问题都暴露出当前社会消防隐患不断增加，防火形势日趋严重。

为了有效提升全社会的消防安全意识，我们必须坚持“从娃娃抓起”的教育方针，发挥学校教育的作用，从小树立小学生消防意识，使其掌握基本的消防知识和自护自救本领，从而达到“教育一个孩子，带动一个家庭，影响整个社会，确保一方平安”的安全教育目的。为进一步挖掘消防教育内涵，提升教育实效，辐射家庭、社会。我们组织开展了“亲子消防”主题教育实践活动。精心组织孩子和家长牵手，投身于共学消防知识、技能等活动中，旨在提高家长、学生消防安全综合能力，从而带动家庭、社区的防火教育，筑牢防火安全的“基石”。

二、活动设计

(一) 活动目的

通过活动的开展，让学生与家长了解、掌握基本的消防安全知识，认识基本的消防设施设备及火灾预防知识，提高家庭的消防意识。让学生及其家长在寓教于乐中学习报警、灭火、自护逃生、简单消防器材的使用等技能，共同提升自防自救能力。使学生与家长亲身体验“消防”，懂得“火灾无情，珍爱生命”的意义；在活动中，进一步增进父母与孩子间的感情。

(二) 活动重难点

让学生与家长知道如何处理火灾事故及自我保护的方法，使学生与家长增长一些火灾的防范常识。

三、活动内容

为了让学生与家长了解、掌握基本的消防安全知识，本次活动分成准备阶段、实施阶段、总结阶段。内容涉及“亲子进消防”“亲子排隐患”“亲子共绘疏散图”“亲子消防知识赛”“亲子共学消防操”。

（一）亲子进消防

1. 参观定海消防大队营区

前年暑假，定海消防大队营区里欢呼声阵阵，一片其乐融融的热闹景象。我校20个学生家庭，走进定海消防大队营区，参观消防队营房、认识消防车辆与装备、体验消防官兵生活、学习消防安全知识……实实在在过了一把“消防瘾”。

活动中，在消防队员的带领下，学生和家长先后观看了消防车辆上的各种装备器材及部队寝室与各库室。在消防队员宿舍内，“豆腐块”似的整齐被子和帅气的大檐帽又引起了学生和家长的浓厚兴趣和强烈的好奇心，消防队员并现场为学生表演了叠被子和整理内务，如图1所示。

图1　消防员向学生展示叠被子

接着在消防器材装备展示过程中，官兵们用通俗易懂、生动活泼的语言耐心细致地为学生和家长们介绍各种器材装备的名称、功用和使用方法，既满足了学生的好奇心，又传授了消防知识，可谓是一举两得。在官兵讲解过程中，时不时有充满稚气的童音响起。对于学生提出的问题，官兵们耐心地进行解答。在参观器材库时一些家长对那些形状怪异的器材也好奇地问它是干什么用的，战士们都一一讲解了其性能和用途。活动现场，多名学生家长还自告奋勇戴上消防头盔，穿上作战服，真正过了一把消防瘾。

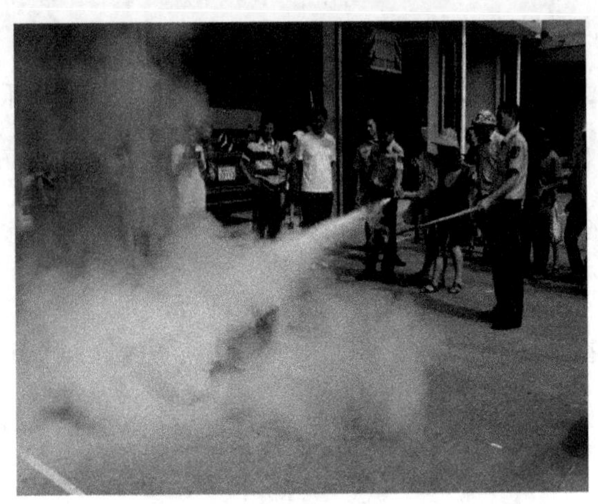

图2　体验灭火

然后消防官兵对发生火灾如何报警、逃生，安全用火、用电、用气及灭火器的使用等消防基本常识进行了深入浅出地讲解，还现场示范了如何用灭火器来扑灭初期火灾。家长也兴致勃勃地拿起灭火器，在消防官兵的指导下真实体验了一回灭火的滋味。勇敢的学生也耐不住好学的劲儿，在家长的鼓励和消防战士的帮助下，成功当了一回小小“消防员”，孩子和家长们的参与热情一次次地达到了高潮。最后是消防业务技能表演，消防官兵们为大家表演了快速着战斗服、水带连接、油盆灭火等，迅速、干练的动作给在场的每一名学生和家长留下了深刻的印象。

2. 举行家庭消防趣味运动会

在暑期的亲子进消防队活动中，我校20个学生家庭还举行了家庭消防趣味运动会。该家庭消防趣味运动会项目设置新颖有趣，将防火、灭火、逃生自救常识融入各个比赛项目，注重提高运动会的参与性和知识性。以生命教育为宗旨，以消防实践活动为载体，让学生和家长更加充分了解“怎样报警、如何正确灭火与火场逃生”常识，深刻掌握“四个能力”内容，培养每个家庭成员的生命意识和生存能力。通过亲身参与配合消防趣味运动会，引导学生家长“珍爱生命，关注消防安全”，树立良好人生观、价值观，从我做起，筑牢基础，努力学习，为创建和谐校园、回报社会做出应有的努力。

现场每一个学生和家长都积极参与到活动中来。第一个项目是水带保龄球：甩水带撞击8米处的6个矿泉水瓶（满），这项目类似平时玩的保龄球。用卷好的水带抛向由6个矿泉水瓶组成的正三角形。两组家庭同时比赛，每个家庭的撞击总数最多的为胜。

第二个项目是接力灭火。每个家庭为一组，先是学生从起点出发，在5米处开始连接水带卡扣3个（每个相隔5米），达到妈妈所站的位置后，妈妈抱起灭火器（4kg）运送30米，到达爸爸所站的位置后，爸爸开始穿戴消防员战斗服，并接过灭火器到达起火油盆处，快速灭火后并返回终点。两组家庭同时比赛，整个项目过程需要每个家庭成员互相配合，才能到达最好的效果。20组比赛中用时最短的家庭为胜。整个运动会比赛现场的气氛热闹非凡，人声鼎沸，大伙你争我赶，把活动现场的气氛推上了高潮。接力灭火比赛如图3。

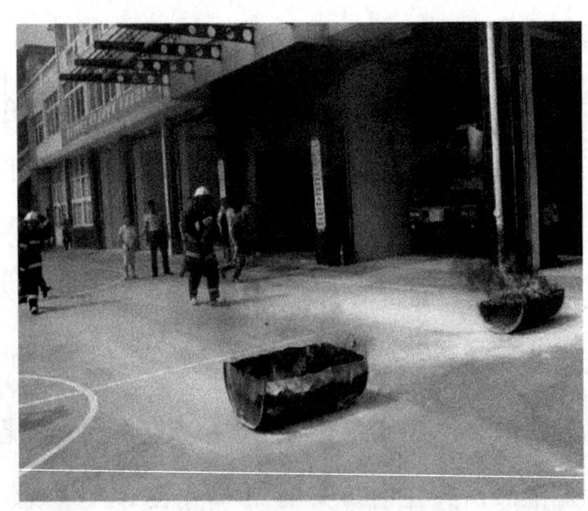

图3　接力灭火比赛

(二)亲子排隐患

在全国“119”消防日来临之际，学校开展了“人人参与消防，共创平安和谐”的消防宣传活动。活动期间，我校学生和家长一起用实际行动消除家庭火灾隐患。学校下发了一张安全消防自查表，表格设计的调查题目涉及水电线路、易燃物、烹饪、电器、居家习惯、家庭成员素质、吸烟习惯等方面。“你能安全地扑灭油锅火灾吗？”“当炉灶有火时，总有大人留在厨房吗？”“你家中备有灭火器或其他灭火工具吗？”通过自查，学生及家长查出家里的火情隐患，检测家庭安全等级。安全等级分为：

A——非常安全（23–25分），但不代表没有火灾隐患，消防安全仍不能忽视。

B——安全（21–23分），家中消防安全环境严峻，存在火灾隐患，火灾危险性存在。

C——不安全（16–20分），家中消防安全环境恶劣，火灾隐患多，火灾危险性大。

D——非常不安全（少于16分），家中消防安全环境非常恶劣，火灾隐患很多，火灾危险性很大。

根据等级，家长与学生就能判断家中是否存在消防安全隐患。

（三）亲子共绘疏散图

为了更好地增强学生和家庭的消防意识，我校还开展了“我与父母共绘家庭疏散图”活动，目的是让每个家庭成员通过此项活动，都能了解火灾等灾害的紧急疏散逃生方式，熟悉家庭紧急疏散的路线图，万一发生灾害知道怎么自救逃生，起到“教育一个孩子，带动一个家庭，影响整个社会”的作用。活动中，每个家庭首先需要绘制一张家庭平面图，在图上标出所有可能撤离的出口，尽量给每个房间画出两条逃生路线，还要重点关注火灾发生时家里其他需要帮助的成员，并在户外确定一个会合点，在户外给消防队打电话报警。从全校学生提交上来的作业看，95%以上的家庭都实际绘制了各有特色的家庭火灾紧急疏散示意图。同学们制作的一张张家庭疏散图，大多以颜色来进行区分：安全地带填上绿色；黄色部分表示“可能存在火灾隐患”，指的是家中常用电器设备；厨房等“存在较大火灾隐患”的区域则以红色表示。有的逃生图，清楚地标注着下楼的路线和方式方法，并特意注明了拨打“119”火警电话需要说明的内容。还有的疏散逃生线路图，标注了家庭灭火器的放置位置和紧急报警按钮。部分学生根据绘制的逃生路线图，与家长一起进行了一次家庭逃生演练。

（四）亲子消防知识赛

为了普及学生消防知识，掌握防火、灭火和逃生自救等常识，增强学生的消防安全意识，结合“119”消防宣传教育活动，我校进行了小学生消防知识竞赛，学生每人都上交了一份消防知识问卷。针对小学生自身特点开展，内容以家庭防火常识及火场逃生自救知识为主。

与学校组织的消防知识竞赛最大的不同是此次竞赛活动由学生将资料带回家和家长共同完成。这是我校首次家长、学生联合消防安全知识竞赛，目的是共同提高学生和家长的消防安全意识，问卷采取选择和判断题形式，通过家长和孩子共同完成知识竞赛，进一步增强了学生和家长学习消防知识的热情。在家长反馈意见中，许多家长纷纷表示这种形式的消防教育很好，让孩子和家长在一起答题、讨论，在共同学习消防知识的同时，无形中提供了一个增进父（母）子间亲情交流的机会。

（五）亲子共学消防操

我校结合学校实际，创编了一套一分钟二十秒并配有音乐的消防操。全操以消防安全教育为主题，将学生的运动特点和消防自救常识融合，用简单的健身操动作，演示操作消防器材、灭火、报警及逃生的基本要领。组织全校学生学会了这套消防操，并在每天的大课间进行。同时通过“小手拉大手”的形式，让学生成为家长的老师，教家长学会消防操。让学生家长在锻炼身体的同时掌握了消防安全知识和消防技能，增强消防意识，提高自护自救能力。

四、活动效果

“亲子学消防”系列活动，是我校开展学生德育教育的重要内容，也是学校安全教育活动的延伸，是学校教育活动向家庭、社会纵深发展的延续，是对办“大教育”的有益尝试和积极探索，是学校教育的有益补充。实践证明，让家庭成员（主要是父子、母子）共同走进消防——“与消防的零距离接触”，不仅促进了家长对学校消防教育工作的了解和支持，同时也使他们亲身学到了很多的消防知识，掌握了更多的防火灭火能力，懂得了基本的火场逃生技能和自防、自救的方法……通过他们也能影响到社区的其他居民、其他家庭，从而使我校的消防教育走向社会，发挥了辐射、带动的作用，真正实现“教育一个孩子、带动一个家庭、影响周边社会、确保一方平安”。就学生来说，亲身参与消防活动，对自己了解基本的消防知识，掌握自护自救本领，从小树立消防安全意识有着极大的促进作用；同时，也培养了学生从小向周边群众宣传消防常识、从事消防志愿活动的意识。

“亲子学消防”活动形式对学生、家长而言，活动兴趣高、参与性强、实效好。原因有三方面：一是“亲子学消防”活动新，载体宽，内容丰富，实践性，体验性强，家长、孩子们喜闻乐见，参与积极性高，亲子间活动力强，合作度高，成效好；二是“亲子学消防”活动，是家长和学生（有时还有教师参加）共同参与，家长在主观上都有想成为自己孩子学习榜样的愿望，因而在活动的各个环节都力争做得更加完美，让孩子学习，个体积极性很高；三是学生也希望自己在父母前表现得更好，因此参与活动的积极性也高，学习愿望更加迫切，活动效果就好。

“亲子学消防”活动，密切了家校联系，拉近了家校距离，充分发挥了家校教育的合力，使广大家长更了解学校对孩子的教育，更期待孩子的成功。在“亲子学消防”活动中，折射出家长的热情。我们相信这种热情，不止体现在本次活动上，还将会延伸到学校教育的方方面面。

本次活动虽然取得了一定的成效，但也发现了一些不足之处，需要在以后的工作中加以改进。

“亲子学消防”系列活动，创造了父母与孩子一起零距离接触消防、学习消防的机会。在活动内容安排、设计上要注重多元、避免单一。既要有参观学习类，如参观消防队营房、走进消防队荣誉室、观摩消防演练、认识消防器材等，也要有实践体验类，如使用灭火器、制作疏散图、排查消防隐患、开展消防疏散演练等。活动既要注重知识性，也要注重趣味性，寓教于乐，才有利于提高活动的效果。

本活动需要得到家庭的支持，而且需要家庭成员（主要是父母）有一定的时间来参与活动。所以合理安排活动时间很重要，要选择家长相对空余的时间，使活动更有成效。

活动需要精心策划，提前构思。尤其是“亲子进消防”要提前与消防队衔接、沟通，对活动过程的安排要准确、科学。

总之，“亲子进消防”活动，进一步提高了学生、家长的消防安全意识，增强了学生、家长的自防自救能力，同时也营造出“全民关注消防，生命安全至上”的浓厚氛围，让我们共同努力，使这朵教育之花开得更绚丽！

【参考文献】

[1] 周广连，梁云红 . 建筑消防设施 [M]. 南京：江苏教育出版社，2009（08）.

[2] 李引擎，边久荣，熊宏，等 . 建筑安全防火设计手册 [M]. 郑州：河南科学技术出版社 .1998.

[3] 陈华彪 . 浅谈综合实践活动方法指导的有效引领 [J]. 教学月刊小学版，2014(09）.

（作者：舟山市定海区海润学校　吴　娜）

“变废为宝”环保时装秀活动的开发与实施

综合实践活动的开发与实施强调学生乐于探究、勤于动手和勇于实践，注重学生在实践性学习过程中的感受和体验，促进学生与生活的联系，为学生的个性发展提供开放的空间。本活动以二年级的环保时装秀活动为例，从四个方面展开：一是多种途径，搜集材料；二是材料多元，变废为宝；三是内容丰富，创意无限；四是评价多维，舞台走秀。我们开展这样的活动课程就是希望把“废物”的美好，用时装这个最醒目的形式展现出来，从而提高小学生的环保意识、创新能力，为广大学生提供一个展现自我、增加自信的舞台，让学生们自己做设计师、做模特，在表演的同时学习践行绿色环保理念。

一、活动背景

随着人类环保意识日益增强，资源的循环使用越来越受到重视。保护地球，保护人居环境，已成为当代人的共识。如何保护环境无疑是一个大课题，它的内容广泛，涉及方方面面，“废物利用”是其中一个重要的组成部分。细心的人才会发现，自己的身边遍地是宝。如果把一些别人认为是垃圾的东西重新整理起来，把废物当作新的材料，就能为我们的生活增添无限的色彩。如果你懂得运用生活中淘汰的废物，再加上一点巧思、创意，就能赋予这些随处可见、平凡无奇的小东西新的生命，不仅能为家里增添新意，还能享受创作的乐趣，也能为环保尽一份力。而作为小学生，从小就养成这种习惯是相当有益的。

但是对二年级的学生来说，宣传环保理念，只能用绿色的理念把环保形象化，让学生知道，环保无处不在。本次综合实践活动从废旧物品的妙用入手，利用环保时装秀的形式，用自己的想象力和创造力改造身边的“废物”，变“废”为“宝”。本实践活动利用身边“废物”设计出不同时尚风格的服饰，学生通过自己动手动脑，再次创造美好的生活。这次综合实践活动设计符合二年级学生的年龄特点：二年级学生喜欢探索、尝试、折折、剪剪、贴贴等动手操作，而且积累了一定的剪、折、贴技能和合作等方面的经验，能熟练地使用剪刀、双面胶等进行创作活动。活动培养了学生的审美情趣、动手操作能力、创新思维能力、大胆表演能力和环境保护意识，一举多得。

二、活动设计

(一) 活动目标设计

利用生活场景，搜集各种废旧材料，了解废旧材料特点，增强学生对废物再利用的认识和了解，养成节约资源的习惯。

根据废旧材料的特点，进行梳理、归类，培养学生分析和整合材料的能力。运用剪、贴、粘、拼等方法，展开奇思妙想，制作适合自己的时装，培养动手能力、创新能力和合作能力。

通过舞台走秀的形式向全校师生展示自己创作的时装，增强自信心，让学生在欣赏时装秀的同时，对环保产生更深层次的认识。

（二）活动内容设计

学生通过搜集、整理各种废旧材料，根据材料特点设计不同主题、不同类型的环保时装，完成作品后多维度进行评价修改，最后通过走秀形式展示自己的环保时装。

根据活动内容，确定以下活动重点和难点：学生根据废旧材料的特点，对这些多样的材料进行梳理、归类，培养学生分析和整合材料的能力，能够运用剪、贴、粘、拼等方法，进行服装设计创作。了解时装设计的基本知识，培养学生的创新能力和设计思维能力，并能把保护环境意识融入设计理念中。

三、活动实施

本次综合实践活动分三个阶段实施：准备阶段、实施阶段、汇报评价阶段。

（一）准备阶段——开题

1. 创设情境，激发兴趣，引出活动

今天，老师要带你们看一场精彩的演出，想看吗？播放课件视频——《儿童时装秀》。

老师提问：你们刚才看到了什么？这些衣服漂亮吗？那你知道这些漂亮的衣服是谁设计的吗？当学生知道是孩子们自行设计制作时，表示很惊讶，流露出羡慕的神情。你们想不想也来这样的一场环保时装秀呢？教师板书主题“环保时装秀”后，问：要开展这样的走秀活动，我们首先需要做什么？师生围绕主题进行讨论，总结得出：先要找材料，然后才能制作。

2. 明确材料，自由组成活动小组

顺着学生的兴趣点，继续提问：那些小朋友穿的衣服都是用什么材料制作的呢？老师引导学生讨论并联系生活实际明确：这些漂亮时装的原料来自我们生活中的废弃物，如报纸、挂历纸、包装袋、塑料袋、环保袋、不能使用的光盘、瓶盖等，是我们每一个家庭都有的。这些废旧物品如果不能重新使用，就成了垃圾；如果我们发挥想象，这些被我们抛弃的废旧物还是会有它的用处的，会给我们的生活带来美好。

生活中既然有这么多可供我们利用的废旧物，我们也可以像这些小朋友一样，把它们制作成漂亮的时装，走上舞台秀一秀。选定能力强的同学为组长，自由招募组员，分成若干组开展活动。

3. 以小组为单位，进行讨论，开展搜集活动

我们要求学生做生活的有心人，主动去搜集可以利用的废旧物，一个星期后进行汇报。首先他们在组长的带领下开展讨论：去哪里搜集材料？可以搜集那些废旧物品？然后分头行动。也可以在家长带领下借鉴网上的环保时装秀材料进行有目的地搜集。

(二) 实施阶段

实施阶段是本次实践活动的重点和难点，不仅要到处去搜集材料，还要对搜集到的废旧材料进行整合、处理，并根据材料性质进行时装的制作，形成各种系列时装。

1. 多种途径，搜集材料

别看二年级的学生年龄小，他们收集到的废旧材料资源在质量、形态上较为完整，数量也较多，大多材料搜集来自这三类：

(1) 校园废物材料搜集。学生每天有六个小时在学校，校园是他们搜集

的首站。学生们三个一群、五个一伙，通过寻找，发现校园里留下许多使用过的旧书本、旧报纸等，可以进行利用，制作环保服装。细心的学生甚至发现校园里搞活动用过的横幅也是制作服装的好材料。这一环节不但培养了学生的观察能力，同时又增进了同学的感情，一举多得。

（2）家庭废物材料搜集。家庭是最熟悉的场所，每一个学生都自主进行了材料搜集活动。家里包食品用的漂亮塑料袋、包装纸，以及装衣服、鞋袜的盒子，还有精巧的糖果纸、果冻盒、塑料吸管、易拉罐、鸡蛋壳、牛奶瓶、废旧纸箱、旧衣服、光碟等生活废旧资源都是可以利用的材料。

（3）大自然废物材料搜集。双休日，学生们外出游玩，漫步在树林、花丛之中，捧起几片凋落的花瓣，拾起几片秋天的落叶，留意路边的石子、枯落的树皮，在体味生活的同时，感受到了大自然创造的美，也搜集了大自然赋予的环保材料。

他们搜集的这些废旧材料，为变废为宝创意环保时装秀这个活动的顺利开展打下坚实的基础。

2. 整合材料，变废为宝

学生搜集的这些材料五花八门，存在着差异，又各有特点。利用好这些材料，变废为宝，可以增强学生对废物再利用的认识和了解，养成节约资源的习惯。把这些材料进行梳理、归类、整合，形成了七大系列服饰材料。

（1）编织袋系列。编织袋俗称蛇皮袋，是塑料的一种，一般家庭都可见这种废旧材料，取材容易，而且编织袋有质感，只需裁剪和缝制就可以制作衣服了。

（2）报纸系列。报纸是最常见、数量最多的废旧材料，学生容易创作，只需要裁剪和粘贴就可以，但是容易破损。

（3）纸盒系列。学生在家长的帮助下，用大大小小的纸盒拼装在一起，制成了各种盒子服饰。

(4) 塑料袋系列。这种材料每户家庭都有，而且随处可见，取材容易，颜色也比较丰富，制作工艺简单。女孩子的公主裙，不论裙摆长的、短的都是这个系列。

(5) 环保袋系列。推崇“绿色环保”理念的今天，这种废旧材料现在取材相当方便，很多商家都是用环保材料制成的袋子来装商品，上个街就能拎回来好几个，而且五颜六色，质感柔软，有韧性，制作工艺复杂的环保服饰需要这种材料。

(6) 旧衣服系列。不能穿的衣服进行裁剪、缝制、拼接、装饰，制成环保服饰。

(7) 大自然资源系列。树叶、枝条、树皮、小花，经过加工制成装饰品，点缀一下，起到画龙点睛作用。

3. 创意无限，制成时尚新颖的环保时装

如何利用好这些废旧物品资源呢？学生在老师和家长的指导下，查阅服装历史资料图片，通过巧妙的构思、无穷的创造，从主题选取到设计、制作、上色、道具搭配，利用各自搜集的废旧材料设计出了一套套造型别致、新颖时尚的环保服装，内容丰富，创意无限。

(1)“我的世界”系列。这种环保服装设计的灵感来源于《我的世界》这款游戏。学生在家长的帮助下把各种各样的纸盒进行拼接、裁剪、折、粘等方式，制成了盒子服饰。学生作品如图 1 所示。

(2)“我心中的英雄”系列。每一个男生的幼小心灵中，都暗自揣着一个小小的英雄梦。这个梦想带着期待，带着善良，时不时地在内心世界中进行着预演。如果遇到需要帮助的人，他们会毫不犹豫地上演一场英雄戏码。男生们穿上了亲手制作的环保服饰：铠甲勇士、奥特曼、变形金刚、超人、蜘蛛侠……做了一回英雄，过了一把瘾。

(3)“漂亮公主”系列。男生想成为英雄，女生们则最想成为《冰雪奇缘》里勇敢、睿智、漂亮的艾莎公主。身穿长裙犹如“天使之羽”，轻盈脱俗，即使是白色污染也可以变成实现美好梦想的源泉；穿着时尚又可爱的短裙女生热情有活力，废旧物品制作的衣服显示了女生力行于实践环保，竭尽所能保护地球的善言善行。学生作品如图2所示。

(4)《西游记》组合系列。《西游记》是我国经典小说之一，是最成功的带有神话色彩的文学巨著。学生穿上了废旧布料制作的衣服，演绎了唐僧师徒西天取经的历程，把经典文学与环保有机结合在一起。学生作品如图3所示。

(5)“时尚帅哥靓妹”系列。废旧的环保袋，经过精心设计，变成了一套套时尚潮流的服饰，加上用心的配饰，学生走在时尚的前沿了。学生作品如图4所示。

图1　盒子服饰图　2　塑料袋制作的服饰　图3　废旧布料制作　图4　环保袋制作的服饰

从搜集废旧材料，到环保服装的制作，老师精心组织，时时指导学生，一起参与，共同商讨，用什么废旧物品设计什么款式的服饰，完成什么系列的环保服，然后把同系列的时装进行合并组合。当有的学生在遇到困难的时候会寻求老师的帮助，而老师把这个“包”推给了能力强的学生，建构了积极有效的生生互动。有的学生在没有老师帮助的情况下自己动脑做出了一些

“创新”。例如：一个学生在用绉纸打蝴蝶结进行装饰时，由于小手肌肉群控制能力差不会系，他就把绉纸绕起来，然后用透明胶粘贴固定；一个学生用双面胶直接进行装饰，他觉得这样比较好看，教师对他们的做法都给予了肯定。让每一个学生全身心参与活动，培养动手能力、创新能力和合作能力，并在活动中践行绿色环保的理念。

(三) 作品交流展示，评价修改阶段

学生们的作品完成之后，我们进行多维度评价展示，并根据不足进行二度修改，甚至三度修改，让设计的环保时装一步一步趋于完美。具体见表 1。

表 1　二年级段创意环保时装秀评价表

评价内容 评价对象	环保	美观	质量	展示效果	其他
自我评价					
同伴评价					
老师评价					

1. 评价对象多元

根据完成的作品，先在家里进行自我评价修改；再拿到班级分小组进行同伴评价，与同学一起讨论、交流自己的设计思路，汲取同伴的优秀制作方法；最后是老师评价，回家进行自主改进。

2. 评价内容丰富

从服装的环保、美观、质量、展示效果等方面进行评价；其他方面可以是合理搭配色彩，达到较好的视觉效果；也可以是设计理念是否新颖，是否把环保意识融入了创作中，等等。每一方面采取打“☆”形式，最多五星。

在评价活动过程中，让学生在相互的观察、帮助中学会了装饰、设计和表演，努力倡导自主的、探究的、合作的现代儿童学习方式。

(四)舞台走秀，成果汇报阶段

1.人人参与初赛选拔，体验快乐

利用一个下午的时间，我们在篮球馆里划分了模拟舞台，进行了初赛选拔。我们先把二年级段248个学生，根据材料分成了若干系列，然后让每一个学生都穿上自己制作的精美环保时装，自编模特动作、造型动作，按照系列进行走秀活动，使每一个学生都能体验这次活动的快乐。

2. 舞台走秀，汇报表演展示

作品展示的最后一个活动环节就是汇报表演——舞台走秀，根据评价结果我们在248个学生中挑选了100个学生走上舞台进行汇报展示。学生们在音乐声中，穿着自己用废旧物品亲手制作的精美环保服装，像一个个小模特，自信地走上舞台，一个个造型、亮相，收获着成功的喜悦。学生们在欣赏时装秀的同时，对环保也有了更深的认识。载歌载舞的欢乐气氛，把活动推向了高潮。

四、活动效果

1.活动培养了每一个学生的动手能力和创新能力

这次实践活动符合学生的认知基础和兴趣指向，从观看时装秀开始就激发了他们的探索欲望，点燃了动手创造的欲望，鼓励学生在制作技能及方法上不拘一格，在探索中发现和创新，培养学生的动手能力和创新能力。

同时，在活动中，根据学生的不同情况加以引导：能力弱的学生可以按照老师的范例进行模仿活动；中等能力的学生引导他们进行有创造性的设计装饰活动；能力强的学生则引导他们自己设计时装款式及相配套的服饰配件，如帽子、手镯等。这样的活动引导让我们的每一个学生动手能力和创新能力都得到了有效激发。

2. 活动培养了学生的观察能力和环保意识

那些成人眼里的垃圾成为学生们心中的宝贝。学生们从学校、家里和社区搜集到废旧物品后，通过观察，对这些废旧材料进行分析、整合，挑选适合的材料进行创作，从而提高了学生珍惜可利用资源的环保意识。保护环境，创造和谐社会，促进学生们争当环保小卫士的决心。活动结束后，郑同学在日记中写道：

“在环保时装秀的制作过程中，我用塑料袋、废报纸做了一条裙子。原来，废物改造后也能变得这么美丽。上台时，我十分自豪地展示着自己的成果。这次活动让我明白了塑料袋、废纸等东西并不是完全无用的“垃圾”，其实每一样物品都有自己存在的价值。用垃圾，可以制成漂亮的衣服；用废纸，可以制造出再生纸；用易拉罐，可以做成新铁片……我以后一定要做个环保小卫士。”

3. 活动培养了学生互帮互助的合作意识

学生无论是在合作搜集废旧材料的过程中，还是在制作环保时装的过程中，都是互帮互助、相互合作。有好的制作材料大家一起共享，有好的方法大家相互借鉴，有的学生遇到困难时会寻求老师的帮助，有时老师也会把这个任务推给能力强的学生，建构了积极有效的生生互动和师生互动。在这种积极、有效的探索和互动中，他们自由表达，大胆表现了童真与童趣，培养了学生团结互助的合作意识。

4. 活动使每一个学生都得到发展，获得成功的喜悦

这次活动给予学生宽松、自主的空间，从搜集废旧材料、选择材料、分

析整合材料，一直到设计制作、修改服装，经历了两个月的时间，学生只要有空，只要有心，随时随地就可以开展活动。同时，整个活动尊重学生的自主选择和自由表现。自主选择材料，自主设计时装的款式和装饰，甚至在表演时，也是要求学生根据自己的服装特色和个人特点，选择符合自己气质的亮相动作和造型动作。每一个学生都是参与者，也是评价者，学生们在相互观察、帮助中学会了装饰、设计和表演，这种自主的、探究的、合作的学习方式使每一个学生都得到发展，获得成功的喜悦。

平时胆子较小的陈同学收获成功后在日记中写道：

“那一次环保时装秀活动让我收获了许多。我利用废旧床单设计了唐僧的服装。在时装秀的那一天，我穿上唐僧衣服，等候上场。听着有动感的音乐，我害怕了。在同学的催促下我硬着头皮走上了舞台，在心里时刻想着‘这只是个时装秀，我要克服心里的困难，不要害怕，加油！’我想着这一段话，完成了时装秀，赢得了阵阵掌声，我的心里充满了力量。下次我绝不会再害怕上台了。”

整个活动过程，一切从学生的兴趣和需要出发，给他们一个想象的空间、一个操作的平台、一个创造的契机，引导他们进入一种有目的的探索创造过程，收获是令人满意的，对老师和学生都是一种全新的挑战。

（作者：舟山市定海区舟嵊小学　丁红波）

“包装的学问”综合实践活动的开发与实施

普陀山瑶莲观音莲花茶是舟山独有的花茶，合适的包装对提升莲花茶的知名度有一定的促进作用。我们开展了“包装的学问”综合实践活动，从普陀莲花茶的包装问题入手，引导学生感知所需包装纸大小就是求长方体的表面积，体验相同长方体叠放使其表面积最小的最优策略，环环相扣，层层递进。在这次活动中既探究了知识，又使学生感受数学与生活的密切联系，还培养了学生有序思考的能力。

一、活动背景

《包装的学问》是我校五年级校本课程《快乐数学》中的一个内容，是在学生学习了长方体、正方体特征及表面积计算等相关知识的基础上设计的一节综合实践课。在这节课中，学生进一步探究几个相同长方体组合成新长方体的多种方案及使其表面积最小的最优策略。

包装问题在日常生活与生产中经常遇到，通过研究包装问题，使学生综合应用表面积等知识来讨论如何节约包装纸，它不仅培养学生的节约意识，更体现了数学的优化思想；有助于培养学生空间观念，提高解决实际问题的能力，感受数学与实际生活的密切联系，同时有利于学生感悟数学思想，积累数学活动经验。

二、活动设计

（一）活动理念

综合实践活动课要以问题为载体，以学生自主参与、解决问题为主线，所以教学中强调问题情境与学生所学的知识和生活经验相结合，鼓励学生独立思考、合作交流，自主设计解决问题的思路，使学生感悟数学思想，积累数学活动经验。

（二）活动目标

（1）探索几个相同长方体组合成新长方体的基本方法，计算表面积，并比较出最节约的包装方法，体验策略的多样化及其优化思想，进一步发展学生的空间观念。

（2）让学生经历、体验解决问题的全过程，积累基本的数学活动经验，培养学生的应用意识和创新意识。

（3）在探索的过程中感悟节约和环保意识，体会数学与生活的密切联系。

（三）活动思路

（1）从生活中常见的包装精美的礼物入手，提出有现实意义的学习内容，既激发学生的兴趣，又让学生感受数学的应用性。

（2）从最简单的包装一盒莲花茶入手，感知所需包装纸大小就是求长方体的表面积。

在小组研究包装两盒莲花茶的问题时，学生发现可以把两个盒子上下面、前后面、左右面分别重叠。在研究包装方法多样化的基础上，再探究最节省的包装方法，学生初步感知重合的面积越大，包装的面积越小。通过思考和动手操作为不同层次的学生搭建解决问题的平台，使每一个学生都能找到解决问题的途径。

在研究三盒莲花茶的包装问题时，学生可以根据自己的学习能力选择适合自己的方法，或是分别计算出三种方案，或是直接应用刚才的结论计算，从而探索三盒莲花茶的最优包装策略。

(3) 四盒莲花茶的包装方法很多，让学生通过合作探究、分层展示，在比较中得出四盒包装的最优方案。在训练学生有序思维的同时，既巩固了重叠面积越大越节约包装纸的规律，也使学生意识到最节约的方案不仅仅是把长方体的大面重合在一起，完善拓展了规律。在此基础上，再联系两盒、三盒的包装，进一步探索出相同长方体叠放使其表面积最小的最优策略。

(4) 在回顾与方法梳理中，总结数学活动经验，提升数学思想，增强学习数学的兴趣。

三、活动实施

(一) 创设情境，引出话题

通过展示包装的精美礼物，引导学生思考两个问题：包装一个礼品，要考虑哪些数学问题？怎样才能把礼物包装得既美观又节约包装纸？

今天我们从节约包装纸的角度来研究包装中的学问。

(二) 提出问题，合作探究

1. 独立解决，包装一盒莲花茶

出示一盒普陀观音莲花茶，介绍观音莲花茶：花香形美，富含人体不可缺少的植物蛋白质，越来越受到人们的青睐。为了提高观音莲花茶的知名度，需要对莲花茶进行包装。包装一盒莲花茶至少要用多少包装纸（不计接口处），其实就是求长方体的表面积。通过测量发现，一盒观音莲花茶长10厘米，宽6厘米，高4厘米，学生独立计算出包装一盒莲花茶所需包装纸：$(10\times6+10\times4+6\times4)\times2=248$（平方厘米）。

2. 小组合作，包装两盒莲花茶

（1）提出问题：如果将两盒莲花茶包装成一大盒（接口处不计），有几种包装方法？每种包装方法各需多少包装纸？

（2）小组合作，明确要求。学生小组合作，画图或用长方体学具摆一摆，确定有几种不同的包装方法，再分别计算出每种方法所需包装纸的面积，并把有关数据填到活动记录表中。活动记录表如表1所示。

表1　活动记录表

包装方法	草图	长（厘米）	宽（厘米）	高（厘米）	包装纸的面积（平方厘米）
方法一					
方法二					

（3）小组汇报，展示成果。

方法一：把两个长方体上下重叠，得到一个大长方体，长10厘米，宽6厘米，高是$4\times2=8$厘米，表面积是：

$(10\times6+10\times8+6\times8)\times2=376$（平方厘米）

方法二：把两个长方体前后面重叠，得到长12厘米，宽10厘米，高4厘米，表面积是：$(10\times12+10\times4+12\times4)\times2=416$（平方厘米）

方案三：把两个长方体左右面重叠，得到长20厘米，宽6厘米，高4厘米，表面积是：

$(20\times6+20\times4+6\times4)\times2=448$(平方厘米)

引导学生比较三种方案，发现第一种方案最节约包装纸。观察包装方案，进一步思考：计算包装纸的面积是否还有其他方法？交流中得到方法：用两个长方体面积减重叠部分的面积，如方案一，原来一个长方体的表面积是248平方厘米，这样两个小长方体表面积的和496减去两个重叠面的面积120，最后等于376平方厘米。

继续引导学生讨论：如果不计算，是否有办法知道哪一种包装方法最节约?

在讨论中发现两个长方体拼在一起，肯定有两个面被重叠，重叠部分不用包装，重叠部分的面积越大，拼成长方体的表面积就越小。方案一重叠了两个较大的面；方案二重叠了两个中等的面；方案三重叠了两个较小的面，所以肯定是方案一最节约包装纸。(板书：重叠部分的面积越大，包装纸的面积越小)

3. 应用规律，包装三盒莲花茶

将三盒莲花茶包成一包，怎样包装最节约包装纸？学生想象包装方案，计算出最优方案所需的包装纸，在交流汇报中得出结果：重叠的四个面最大时最节省包装纸。

(三) 实践应用，拓展提高

1. 争做小设计师，包装四盒莲花茶

学生独立思考：把四盒莲花茶包在一起，设计一个最节省的包装方案。每个同学把想到的最节省的方案在四人小组内交流，每个小组得出最省包装纸的方案；接着全班交流反馈最节省的方案，在讨论中质疑：重叠6个大面和重叠4个大面4个中面，这两种包装哪种更节省？重叠6个大面的方案中明明是把最大的面重叠起来的，为什么还不是最节省的？通过质疑进一步得到结论：包装不仅要考虑大面重叠，还要考虑重叠面的数量及各个面之间的大小关系，做到具体问题具体分析。

2. 了解生活中包装的大学问

（1）节约型香烟外包装。出示节约型香烟外包装，介绍这种香烟的包装是把十小盒排成五排二列，接近于正方体，从而减少外包装的使用面积，它比现行传统的长条形外包装节约21%以上的包装材料。这种新型的包装方法在提倡环保、节约资源的现今社会中有着很强的实用意义。引导学生思考：节约型香烟外包装为什么能有效地节约包装材料？传统的长条形包装方法又有什么优势呢？

（2）欣赏生活中的包装。出示几组礼品盒、手提饼干盒、瓷制茶具、巧克力等典型图例，引导学生思考：生活中的包装，除了考虑节约，还会考虑哪些因素？

（包装有时还要考虑美观、携带、稳固、创意等。）

（四）回顾总结，梳理经验

活动后让学生结合本节课的学习，谈谈收获和体会。在交流中感受小小的包装中蕴含着有趣的数学问题，并要求学生课后开展小调查，看看超市里哪种商品的包装没有节约包装纸，分析厂家为什么要这样包装，再为它设计一个最节约的包装方案。

四、活动反思

《包装的学问》是针对五年级学生掌握了正方体、长方体的表面积计算，也有了合并、分割正方体和长方体的已有经验基础而自行开发的一节综合实践课。反思整个课堂设计，通过创设有效的问题情境，让学生积极动脑提出问题、探究问题，提高学生解决数学问题的能力。

1. 创设情景，提出问题

上课伊始，让学生欣赏精美的礼物，引出“包装一个礼品，要考虑到哪些数学问题”，从学生已有的生活经验入手，激活学生的思维，充分调动学生的积极性。

2.实践操作，探究问题

动手操作是培养学生创造性思维的有效途径，综合实践课特别要注重学生的动手操作能力。在教学中，设计了“包装一盒”“包装二盒”“包装三盒”“包装四盒”的内容，为学生创造动手操作的条件，帮助学生获取知识，以便更好地解决问题。包装一盒莲花茶，对学生来说比较容易，因为前面已学过了长方体的表面积，所以学生只要计算出一个长方体的表面积，就知道需要多少包装纸。包装两盒时，学生只通过想象是很难把所有的方案一一列举出来的，这时安排了足够多的时间让学生小组合作，去动手操作、比较、交流，给予他们自主思考、自主探究的时间，让他们充分体验解决问题的基本过程和方法。当学生体验解决策略多样化的同时，再引导他们进一步探究最优策略，通过探究最后得出：重叠面越大，其表面积越小，所用包装纸越省，这样就充分体现了数学学习中的优化思想。

3.合作探究，解决问题

课标指出：课堂应该以学生为主体，以师生互动、生生互动、合作探究为主要教学方式。所以，在探究四盒的包装中，有部分学生认为“把大面积重叠后包装方式最省纸”，这时再次给学生足够多的时间思考，引导学生对“重叠 6 个大面和重叠 4 个大面 4 个中面，这两种包装哪种更节省”“重叠 6 个大面的方案中明明是把最大的面重叠起来的，为什么还不是最节省的”这两个问题进行质疑，再次让学生在小组内交流。因为6个大面重叠、4个大面和4个中面重叠很难从直观上比较，则需要通过计算才能得出结论。在小组内合作讨论，既发挥了学生的主体作用，组内成员相互合作，小组之间合作、竞争，激发了学习热情，又挖掘了个体学习潜能，增大了信息量，使学生在互补促进中共同提高。

总之，这节与现实生活紧密联系的综合实践活动课既提高了学生学习的兴趣，同时使每个学生在课堂上动起来，让他们在探索、尝试、展示成果的过程中体验成功的喜悦。

（作者：舟山市定海区舟嵊小学 梅 英）

“手工 DIY 毛线编织”综合实践活动设计与实施

毛线编织不仅是中国也是世界盛行的手工艺品，深受广大人民的喜爱和重视。毛线编织物柔软、光洁、润滑，既是装点家居、美化生活的理想装饰，也是人们随身携带的精美小饰品。毛线编织是一门综合艺术。它在增强学生审美情趣的同时提高了学生的动手能力；丰富学生课余生活的同时陶冶了学生的情操；发掘学生潜能的同时激发了学生的自信心和成就感。学生平时难得机会自己动手 DIY 编织自己喜爱的东西，学校开设“手工 DIY 毛线编织”这一活动，目的是培养学生的耐心、细心的学习品质，提高学生的观察力、创造力，从而使他们更加热爱生活，在生活中发现美、创造美，用自己的双手编织美好的未来。

一、活动背景

随着电脑、手机的家庭化、智能化，人们将大量业余时间用于上网、玩游戏、微信和 QQ 聊天，自己亲自动手 DIY 的事情和氛围越来越少，连钉钮扣、洗衣服等这些最基本、简单的事都销声匿迹了。毛线编织是最基本的手工劳动 DIY，它在培养学生动手能力的同时，也培养学生的耐心、恒心。在现实生活中，有的学生心情浮躁缺少耐心、恒心，所以开展毛线实践活动对我校学生很有意义。

基于此，我们开展了“手工 DIY 毛线编织”这一综合实践活动。这项活动通过丰富多彩的毛线编织综合实践活动，既培养学生的兴趣爱好，发展学生的个性特长；更能展示学生的创新能力、自主管理能力，也丰富了学生的课余生活。通过开设毛线编织综合实践活动，可以让学生在毛线编织活动中学习、成长，感受传统文化的魅力，感悟人生的哲理，同时不断创新、实践，用手中的针和线，编织出一片广阔天地，为自己的未来描绘一副美好的蓝图；由此也彰显了学校办学特色。

二、活动设计

(一) 活动目标

通过编织实践兴趣活动，使学生的编织特长得到更好的发展，提高学生的欣赏水平及创造能力。通过丰富多彩的毛线编织，培养学生动手能力、审美能力及创造能力，陶冶学生的情操，激发学生对美好生活的热爱，培养学生良好的学习品质。具体分为三种目标：认知目标、技能目标和情感目标。

1. 认知目标

了解毛线编织的历史意义及它的起源、文化，在生活中的作用；了解编织原理；能看懂操作示意图，以及走针路线。

2. 技能目标

培养学生透过毛线编织的图案图解，掌握简单的编织常识，如棒针和钩针的基本编织方法和技巧。培养学生利用知识解决实际问题的能力，发展学生技术思维、技术应用、技术创新、技术评价等技术素质。

3. 情感目标

培养学生的细心、耐心精神，培养审美意识、环保意识和团结合作精神。让学生在编织实践活动过程中有情感体验，培养学生劳动态度、劳动观念和良好习惯的养成。

(二) 活动重难点

活动重点是激发学生的创意，动手DIY编织一至两件毛线作品。活动难点是毛线编织的技巧，如加针和减针、起头和收口。

(三) 活动内容设计

1. 认识毛线编织

毛线编织是一种传统且流行的手工艺，将毛线根据各种花式用编织工具编织起来，可以做成各种毛线织品，如毛衣、帽子、围巾等。毛线编织物具有轻软、保暖性好、色泽鲜艳、花式繁多、经久耐用、携带方便与随时可以翻新等特点。初学者首先要认识毛线编织中的材料、工具、服饰用品及其花式。

(1) 毛线编织材料。毛线编织的主要材料是毛线。毛线按材质分，有纯毛、化纤、棉线、混纺等；按粗细分，有粗毛线、细毛线、中粗毛线等；按花色分，有单色的、彩色的。

(2) 毛线编织工具。毛线编织有棒针编织和钩针编织，所以毛线编织的工具有棒针和钩针。

棒针的粗细是以号数来区分的，使用时，必须根据所织的花样和毛线的粗细而加以选择。棒针有三种：一种是一端有一圆球形物体的棒针，通常用作编织平面织物(一来一回编织叫片织)，圆球的作用是阻隔已编织之活结脱出，这种针的长度常为30厘米以上。另一种是两端均尖形的棒针，用途较广。它可以编织平面织物，又可以编织圆形织物(绕圈编织，叫圈织)。

第三种是环形棒针。编织时直针通常最少使用两支，圈织时则需要四支，个别类型则需五支针同时进行，所以直针在环编时就要不停换针。而环针则解决了频繁换针的麻烦，也可以避免直针换针编织时接缝位置产生针目缝隙过大的现象；而且在编织针目非常多的织物时，有更多选择的环针则成为必需品；而家有小宝宝的，用环针编织时也可以减少一些危险。钩针是进行钩针毛线编织的重要工具，有多种尺寸与规格，大至3.5mm、小至0.75mm。材质上，铝制与塑胶制是较常见到的，最常用的钩针大小是2.5mm（B号）到19mm（S号），比较特殊的细长钩针被称为突尼斯钩针，织法混合了钩针编织与棒针编织。

（3）毛线编织物。毛线编织物柔软、光洁、润滑。透过棒针或者钩针可将一条线在空中发展，编织成各色各样的织物，进而将织物组合成保暖、贴身、舒适的衣着，如毛衣、帽子、围巾等；又可以合成装点家居、美化生活的理想装饰品等，如玩偶、蛋兜、钥匙挂件等。

2. 学习毛线编织方法

（1）基本针法。毛线编织方法是用灵活的双手握持棒针、钩针，将一条毛线在空中环绕，绕满无数个小环，透过棒针、钩针将线打活结，织成一环，接着从第一环穿入，勾线，勾出另外一环，就能逐渐组成一排线串；新的一排可再返回到旧的一排上，于是线串上环织出无数排线串，就形成了一片编织。棒针编织是一排一排往上环绕。钩针编织有所不同，它是一针一针地环绕，而且最后一排仅有一个活动环串在钩针上。

这样，经过不断重复地环绕，通过不同方向、不同绕圈方法的变化可以编织出不同的针法和花样。毛线编织的基本针法很多。例如：棒针有上针（又叫反针）和下针（又叫正针），并由上下针变化可以组合成罗纹针、搓衣板针、桂花针、交叉针、麻花针等；钩针的基本针法有辫子针（又叫锁针）、短针，并由此可以变化出中长针、长针、长长针（又叫卷针）、狗牙针等。针法变化无穷，罗列不尽。只要学会基本针法，掌握变化技巧，就能把一条线编织出各种美丽的服装和可爱的小物件。几种主要的基本针法和变化针法如表1所示。

表1　毛线编织的基本针法和变化针

工具	基本针法	基本针法符号	变化针
棒针	上针（反针）	–	罗纹针、搓衣板针、桂花针、交叉针、麻花针、铜钱花 菠萝花、阿尔巴尼亚针 、鱼骨刺针 、渔网针 、凤尾花 玉米花、狗牙针、菊花（太阳花）、四平针法、水草花 围墙针、扇子花、玫瑰花、心形花……
	下针（正针）	l	
钩针	辫子针（锁针）	o	中长针、长针、长长针（又叫卷针）、狗牙针、前半针 （外半针）、后半针（内半针）……
	短针	x	

（2）毛线编织技巧。毛线编织简单易学，只需要针和毛线，就能编织出各种美丽的服装和可爱的小物件。学生学习编织只要掌握编织要领和技巧，就能学好毛线编织，顺利入门甚至成为“编织达人”。

毛线编织的要领在于掌握编织的基本针法，编织入门技巧在于起针、加针和减针、变化新花样等。从表1中可以看出由最基本的针法通过精心变化、逻辑变化、规律变化从而成为其他美丽花样。最常见的是通过编织花样来编织毛衣、饰品。学生可以透过毛线编织的图解、示意图等灵活运用各种编织针法和技巧来拓展编织出精美的作品。毛线编织的要领技巧比较多，下面列出我们常见的一些。

棒针要领：棒针持线、持针方法，棒针双针双线起针方法，绕线起针方法，单罗纹起针方法（机械边），单罗纹变双罗纹方法，直针用法，环形针用法，各种基础针法。

钩针要领：钩针持线、持针方法，活结起针方法，环形起针方法，钩针配合毛衣针起针方法等。

3. 实践操作毛线编织

学生在掌握毛线编织基本针法的基础上，通过技巧变化新花样，结合编织图解等精心策划设计，可以编织出无穷无尽的花样，从而编织精美的毛线作品，如网结蛋兜、金鱼蛋兜、蝴蝶结等。并延伸拓展学习，创新编织复杂的作品，如笑脸蛋兜、仙人球等。并且让有兴趣的学生可以课外去百度搜索创新作品及编织方法，还可以把自己 DIY 手织的心爱作品赠送给我们的亲朋好友，既增进了感情，还有创意。

三、活动实施

活动实施阶段要求学生运用已有的知识技能和经验，尝试运用一定的方法，在特定实践情境中开展实践活动，通过搜集与处理各种第一手和第二手资料，分析与解决问题，开展研究、服务、劳动实践和技术实践等活动，在活动中学习，在活动中发展。毛线编织综合实践活动要充分关注学生的过程体验，关注学生的情感、态度、价值观，把学生完成作品的耐心与毅力作为本活动的重点。为了使活动顺利实施进行，该活动由下列阶段组成：准备阶段、欣赏阶段、实践操作阶段和评价阶段；最后各小组撰写实践报告，并以表述性文本形式汇报实践活动的成果。

(一) 准备阶段

活动准备阶段的主要任务是学生在教师的指导下提出问题，明确学习活动主题和项目；组建活动小组；制订活动方案；准备活动中所需要的毛线编织物、视频、毛线材料、编织工具等。准备阶段尤其要注重培养学生的问题意识、规划能力，引导学生学会搜集与处理信息，为活动的实施奠定必要的认知基础，并提供充分的准备。

(二) 师生双边活动阶段

1. 欣赏阶段

展示编织物的实物和图片，教师介绍编织及编织材料、工具等，使学生了解编织在我们生活中的运用，激发热爱祖国传统工艺的感情。学生在课堂上欣赏多姿多彩的编织物，触摸实物的柔软，感受到作品的美，形成直观感觉，从而激发学生的编织热情及动手制作的欲望，激发学习兴趣。

2. 实践阶段

实践编织学习活动，以项目为载体，如网结蛋兜、金鱼蛋兜、蝴蝶结等，引导学生动手实践，学习编织技术，了解编织材料等方面的技术信息；并延伸拓展学习，创新编织复杂的作品，如笑脸蛋兜、仙人球等，开阔学生的视野，促进创新能力的提高。

首先让学生看懂毛线编织中的各种符号、图案和编织方法，掌握持针、持线姿势，从起针开始学起，慢慢地练习基本针法，然后掌握要领、运用技巧，变化新花样。例如，从简单的网格蛋兜到复杂的金鱼蛋兜，编织方法不断深入，学生的编织技能得到深入发展，对编织有了更多的认识和体会。引导学生在编织实践中体会到：经过双手的创造性劳动，一根线都能成为有用的物品，产生新的价值。

通过实践编织学习活动，使学生知道编织是我国民间的传统工艺，了解编织品与人们生活的密切联系，学习多种编织技法，设计编织物品，在实践活动中，培养认真细致的劳动态度和勇于探索的科学精神。学生围绕一个主题进行设计制作，综合运用学到的编织技法，合理选择编织材料，开展小组设计活动，进行分工合作，使学生在这个设计制作活动中，体现“手工编织乐趣多”。

在编织活动中，努力寻找能激发学生学习兴趣，培养学生探究意识的教学方法，使学生在编织活动中提高技术素养。开展手工编织的实践活动可以应用下列策略：

策略1：拆一拆。基本技能和态度的习得都是以每个学生的个体经验和亲身实践为基础的。在实践活动中，要激发学生对编织技术的关注，鼓励学生通过观察获得知识和技能信息。让学生拆一拆。思考：这个花样是怎么做出来的？通过组织观察活动，帮助学生加深对新事物、新技能的印象。学生充满探究的兴趣，对编织技法的学习更主动、更投入。

策略2：比一比。毛线编织以项目为载体，培养学生的劳动态度，提高劳动技能，形成劳动素养。在实践活动中，“比一比”是学生掌握编织技能的重要环节。教师要充分了解学生的技能水平，给学生提供充分的实践时间。在获得实践体验的基础上，组织开展“比一比”的活动。比谁的制作方法准确？哪个小组分工更合理？谁的编织效果最好？例如，在编织“网结蛋兜”活动中，学生掌握了编织两两打结的步骤和方法。在两人合作编织的过程中，有的小组迅速完成网结蛋兜编织，有的小组却动作缓慢，这是为什么呢？在“比一比”活动评价中，有学生发现，因为编织网结蛋兜时是将线绳架在一个塑料瓶上进行的，两人合作时，这个塑料瓶因为受力不均匀，总是东倒西歪的，影响了小组合作的速度。如果在瓶子里装上水，瓶子重心稳定，编织过程中不会出现瓶子倒下现象，两人合作就会更加顺利了。比一比，让我们收获了技能操作中的新经验。

策略3：改一改。培养创新能力是新课程改革的重点，在综合实践活动中，创新精神的培养尤为重要。教师应该关注学生编织方法的改进、作品造型的变化、编织材料的合理选择等，使创新意识渗透到每个细节中。“改一改”这个方法的设计，让学生带着问题去实践和尝试，体验编织的乐趣。

(三) 评价阶段

1. 过程评价

注重学生亲身参与和全员参与，强调活动计划规定的课时活动量的参与情况和参与态度的考核。活动实施点名制度，不能无故缺席、旷课，有事必须提前向指导老师请假。鼓励学生发挥自己的个性特长、施展自己的才能，激励学生积极进取、勤于实践、勇于创新，不断促进学习能力的发展，对学生的每一点进步都要给予及时肯定。同时重视学生自觉参与评价，教师评分与学生互评相结合。

2. 总结评价

在学期结束时，要举办全校性的编织作品展览会，展示学生的学习成果。以合作小组为单位，交流学习，展示成果，小组派代表解说。教师鼓励学生大胆交流，自主探究，并肯定学生的活动成果。对优秀作品进行等级评价。各等级的标准如下：优秀级是作品完整、美观、平整、无错针漏针，花色搭配合理，有创意；良好级是作品完整、美观、平整、无错针漏针，花色搭配合理。合格级是作品完整美观，稍微错针漏针。通过等级评价开展竞赛，调动学生竞争意识，激发学生的研究兴趣，就能更好地开展实践活动，并与作品打分相结合。

(四) 成果报告阶段

综合实践活动课程强调“突出学生的主体地位，引导学生主动发展”。

综合实践活动成果报告是对整个活动研究行动的综合表述，是活动研究资料中最具价值也最为系统的表述性文本。学生参与活动，经历活动过程，获得亲身体验，总结研究成果、撰写成果报告尤为重要。

学生在毛线编织实践活动中主动探究、自主学习，促进自我社会性能力发展。综合实践活动成果的具体操作流程如下：成立学生活动研究学习小组—确定主题—拟订方案—开展探究实践—总结报告—成果展示评比—参加上级评比—获奖者取得综合素质测评A级。每一次实践活动，课题小组成员们都会展开讨论，妥善地解决实践中的各种问题，并及时做好记录，写好体验日记。在这些丰富多彩的综合实践活动中，学生既体验了劳动的快乐，又感受了编织技术的神奇与力量，进而成为“毛线编织达人”。

（五）活动实施中的困难与补充规划

1. 活动实施中的困难

活动中出现问题也是客观存在的。比如：学生缺乏耐心和坚持，左右手十指配合有难度，所以不能顺利进行有难度的操作活动；活动两周一次，间隔时间长，编织操作动作容易忘记，等到第二次编织时，又要重新复习教学，无法顺利进行新知识的衔接；男生大多数对毛线编织不感兴趣，男女比例差距较大；评价体系不够完善，如评价学生的责任心、合作、交往、自主创新等社会化能力以什么为评价标准。

2. 活动实施的补充规划

（1）增强教室内手工DIY建设。教室环境布置成DIY小基地。教室里吊挂一些由各种编织品装饰成的作品。设立“编织作品展示区”，开设“编织角”，提供给学生操作练习，在实践中不断提高编织水平。

（2）充分利用家长资源。可以常常发动家长收集相关的图片、实物，筛选出适合学生欣赏和制作水平的材料，并布置相应的活动区域，让学生随时摸、看、玩、做，提高学生对美的敏锐捕捉、鉴赏能力。同时，家长和孩子一起研究编织技巧。

(3) 开展学生实践活动。在节假日，同学们有了更多空余时间，可以编织手套、围巾等，并向家长等请教，把自己亲手编织的作品作为礼物赠送家人或朋友。这不仅温暖了自己，也温暖了别人。

(4) 学生的评价体系需进一步完善。在实践活动中，有少数学生偷懒，滥竽充数。原来的考评只针对小组和班级等群体，不够全面。下一阶段，将完善学生的评价体系。在不影响学困生的自尊前提下，也可以对个人评价，那就要进一步完善评价的标准。

(5) 进一步开展研究性学习活动。研究性学习的总目标是根据学生身心发展的情况，通过形式多样的学习活动，密切学生与生活的联系，发展学生的创新能力、实践能力以及培养良好的个性品质。

四、活动成效

(一) 营造了愉快学习的氛围

在实践活动中，我们一开始就要考虑到学生特点，理解学生的思想，采用人性化的教学，努力创造宽松愉快的氛围，教师的一言一行、每一个表情、甚至每一个眼神，都会对学生产生极其重要的影响。教师一定要表现出亲和力，用温和的语言和灿烂的笑容，让学生感觉到来自教师的鼓励和支持。

(二)收获了毛线编织的乐趣

本次活动使学生能初步分辨各种毛线、编针,学会和掌握手工编织的基本针法,会编织简单的小物件和饰品;培养学生仔细观察的能力和动手操作的实践能力,从而提高学生热爱劳动,珍惜劳动成果的品质;使学生感受美,激发学生对美好生活的热爱;培养学生团结协作、吃苦耐劳的精神,让学生享受劳动的快乐。学生获得亲身体验,总结研究成果,撰写成果报告。例如,2017 年 5 月,我校日研究性学习成果《趣味 DIY》获得定海区综合实践活动成果评比三等奖。

(三)学到了一门特殊技能

这一活动不但给学生带来了乐趣,还丰富了学生的课余生活,让他们多了一项技巧。学生们逐步掌握了毛线编织的起头方法和上针、下针的基本针法,并运用所学的上下针编织“新”的针法,如桂花针、罗纹针;进步快的、想象力丰富的学生能编织“更新”的针法,如搓衣板针、双桂花针、双罗纹针等复杂针法。学生们在享受校园美好生活的同时,也学到了一门技能。

(四)明确了熟能生巧的道理

学习是一个循序渐进的过程,可谓熟能生巧,学习编织更是如此。对小学生来说,初学握针,有一定的难度。学生的条件也不一样,有的条件好,有的可能就差一些,所以我们要针对每个学生的特点因材施教,循序渐进,不要揠苗助长。这样,学生在学习的过程中既掌握了知识,又不会感觉到学习的困难,在轻松愉快的体验中信心倍增。

【参考文献】

[1] 顾艳丽，罗生全 . 基于走班制的学校课程结构变革 [J]. 教学与管理 .2017(13) .

[2] 李镇西 . 得失寸心知 [J]. 教师月刊，2015(4)，38.

[3] 曹永国 . 教学提问：理性审视与理念重建 [J]. 教育科学研究，2013(01)，37.

[4] 王洪席 . 我国综合素质评价政策的演进历程及特征分析——基于(1999—2014 年) 政策文本的分析 [J]. 课程 . 教材 . 教法 .2016(12) .

附教学案例：

《编织蛋兜》

教学目标：

(1) 了解蛋兜的来历和挂蛋兜的意义。

(2) 学会用相邻毛线两两打结的基本编织方法编织蛋兜。

(3) 体验编织带来的乐趣，培养学生热爱自然的意识，鼓励学生环保从我做起。

教学重点： 两两打结

教学难点： 多绳打单结，首尾连接打结

教学准备：

毛线、鸡蛋、塑料瓶、剪刀、蛋兜成品

教学方法： 启发式、实践操作式、比赛式、参与式

教学过程：

一、看一看

教师拿出蛋兜成品让学生欣赏。

打开多媒体播放。

问：(1) 你看到了什么？

(2) 它有什么用？

(3) 它是用什么材料做成的？

二、查一查

带着问题，打开百度搜索有关蛋兜的资料。

(1) 蛋兜的来历。

(2) 为什么要挂蛋兜？

(3) 你佩戴过蛋兜吗？当时什么感受？

知识链：

蛋兜是中国华夏文明传承下来的、端午节（立夏）节气的民族传统习俗。端午节送蛋、挂蛋兜的习俗已延续两千多年，蕴含着丰富的文化内涵。

蛋兜来源于几千年以前，传说天上有个瘟神，每到端午节都要溜到下界害人。受害者多为小孩，轻则发烧厌食，重则卧床不起。母亲们纷纷到女娲庙祈求。女娲后来告知各位母亲，在每年端午节，都让孩儿在胸前挂上一只蛋兜，可保平安。

从此，端午节挂蛋的习俗逐渐流传开来。每到这天，家里的大人们便将蛋煮熟挂在孩子胸前，祈求一个夏天的平安。后来，挂蛋习俗发展为相互送蛋，为送蛋送福气之意。

三、学一学

编织蛋兜的步骤：

第一步：取线；

第二步：挂线；

第三步：打结；

第四步：收口；

第五步：装蛋。

讲解的同时，教师示范，学生跟做。

第一步：取线

(1) 取一根长的（A 线）用作挂脖子上的带子。大约 90 厘米左右，可以绕过你自己的脖颈。

试试围一下脖子吧。够长了吗？

★思考题：

因为毛线细，挂在脖子上会感到痛，怎么办？你有好办法吗？

(2) 再取短的六根 (B 线)，均为 70 厘米长。

第二步：挂线

一个同学拉着 A 线的两端，或者绑在椅子上。

一个同学挂线：从 B 线中间折回掉在 A 线上，每根单独打结。

(★注意：等距离打结。)

第三步：打结

(1) 每相邻两股 B 线，相邻的两端打结。

(2) 接着编下一排，方法一样，距离上一排 1 厘米

(3) 依次打出几个菱形块状，编 5 排。

★问题出来了：

线头看起来繁乱。第一条线和最后一条线，很难连接的。你有好办法吗？

我们可以用一个空瓶子，把挂绳系在瓶颈处，令线头自然下垂，这样看是不是整齐清楚多了。再也不担心拿错线头。

第四步：收口

1. 收挂绳

把 A 线的两端打结，就可以了。

2. 收尾巴

编织到足够长度，下面尾巴收口。可以普通打结方式或者另外取一线扎几圈，要整齐。

第五步：装蛋

拉开兜口，放进鸡蛋，再拉紧口子。一个蛋兜完成了。

四、做一做：实践操作

（一）小组合作活动：完成一只蛋兜。

材料准备齐了吗？

小组长分配任务，

小组实践操作编织活动。

比赛下：看哪组做得又快又好？

温馨提醒：

(1) 操作活动中注意安全。

(2) 共用工具、材料要排队。

(3) 小心剪刀安全。

(4) 活动完成后及时整理物品。

（二）尝试修改

挂上脖子试试，有什么不妥当吗？

(1) 挂绳够长了吗？

(2) 蛋装得进去吗？

(3) 会漏蛋吗？

(4) 够漂亮吗？

(5) 你想再点缀装饰吗？

如穿珠子、贴花等。

五、展一展：作品成果

1. 展示各小组作品成果

2. 评价

(1) 小组自评

可以说说自己组作品的优点，说经验等；再说说自己作品不足之处。

(2) 组间互评。

(3) 师评。

3. 优胜小组

合计总分。总分最高者，为优胜小组。

(作者：舟山市定海区小沙初级中学　贺玉芬)

“同撒家乡土，共育海润花”综合实践活动

舟山群岛新区，是中国首个国家级群岛新区，是长三角城市群组成部分。2011年6月30日，国务院正式批准设立浙江舟山群岛新区，舟山成为中国继上海浦东新区、天津滨海新区、重庆两江新区后又一个国家级新区。随着新区建设的逐步递进，外来居民占舟山本土居民的比例也越来越多。为了使这些为舟山新区做出贡献的新居民们安心建设，经教育局多方考察，在定海区石礁中心小学的原址上，定海区首家公办民工子弟学校成立了。2014年8月，定海区海润学校正式招生，学生来自全国多个省市。他们说着不同的方言，有着不同的习惯，却因为父母的工作成为远离家乡的候鸟，成了我们舟山的新小居民。而生活习惯和学习习惯的千差万别，使得他们想要融入我们舟山需要更多的精力。作为以“融和精神”为办学主题的海润学校，就担负了这样一个功能：让我们的新小居民更好地融入我们学校、融入定海，真正成为新小定海人，使“流动的花儿”开得更有活力。因此，在学校领导的群策群力下，我们进行了此项综合实践活动：“同撒家乡土，共育海润花”综合实践活动。

一、活动背景

融和，是一种平等的对待、一种尊重的态度、一种包容的雅致，本质就是合作与宽容，注重人际关系的和谐，团结协作，胸怀宽广，容纳百川。海

润学校就是以“海纳百川，润泽致远”为办学理念。在这样的理念指引下，我校为使全体学生更好地融入舟山这个第二故乡，使学生更好地融入海润这个大家庭，特提出了“融合”教育。融合教育一开始是面对特殊儿童的教育，而我们学校的“融合教育”是基于我们学校的特殊学情而言。由于我校是首家公办外来民工子弟学校，学生来自四面八方。为了让不同习俗、不同习惯的学生凝聚在一起，帮助学生尽快地适应我们这里的生活环境，让舟山定海成为学生的第二故乡，从心理上接受舟山是我的第二故乡，开展了一次这样的综合实践活动。当时，为了想一个响亮又好听的活动名称，老师们集思广益。最后，在全体老师的集体智慧下，“同撒家乡土，共育海润花”诞生了。

二、活动设计

（一）活动目的

通过活动，让来自五湖四海的泥土融入舟山的土地，就像来自五湖四海的学生一样融入定海、融入海润，一起用心种下“希望的种子”，培育出多姿多彩的鲜花，学生们像鲜花一样茁壮成长；让来自全国各地的学生走进舟山，融入定海，在海润这一大家庭中绽放出最鲜艳的笑容；培养学生的责任感，在今后的生活和学习中养成细心照料自己和别人的好习惯。

（二）活动内容设计及前期准备工作

1. 校园“融和”环境渗入日常学习生活中

图1　主题文化墙

海润学校有“海纳百川，润泽致远”主题文化墙建设（如图1），也是海润学校的办学理念。我们的校训是“知书达礼，包容共进”，我们的校风是“诚信勤俭，守纪奋进”，我们的教风是“敬业修德，博学爱生”，我们的学风是“励志乐学，善思敏行”，表达了海润学校开放的办学理念和时代精神等特征，希望海润学子能够有大海的胸怀，互相包容。其次，惠民楼的“融”文化墙，操场上的“融和”墙、田径场旁的“融和”标志，都体现了海润学校希望通过融和教育，为学生走进舟山，融入定海，终身发展奠定基础。这些文化主题墙润物无声中陶冶学生的心灵，学生在这样的学习环境下耳濡目染，为本次活动奠定了心理基础。

2. 活动前期策划准备

辅导员与学校领导、中队干部们一起策划活动方案；在放寒假前由班主任通知班级里的学生：“请回老家过年的同学在假期结束时从家乡带一小袋泥土回学校。”有的学生问了：“老师，那我们不回老家过年的人怎么带泥土呢？”老师说道：“此次活动不只是带泥土一项，如不回老家过年的同学可以制作一张有关保护花木的小卡片，也可以是宣传小卡等。当然，既想带泥土，还想制作卡片的也可以，可以任选一种，也可以两样都完成！”学生听了这个通知，觉得很新奇，因为以前都没有这样的寒假实践作业，这是第一次这样布置的。有的学生说：“今年我家要回老家过年，我能带老家的泥土回来呢。”有的学生说：“今年我家已经说过了不回老家过年，因为今年我老家的爷爷奶奶、大伯二伯阿姨舅舅都在舟山呢，老家也没亲戚，所以我们今年在舟山过年，这样我只能选制作卡片这项任务了！”有的学生哇哇大叫：“我的画画很不好的，为什么今年我们不回老家过年呢？不然带个泥土多方便啊，也不用花太多精力的，真不凑巧。”有的学生还悄悄地跟同桌说道：“你回老家的时候帮我也带点泥土回来吧。我的画画也不行，也不回老家过年的，就用你家乡的泥土好了，反正你的家乡也是我的家乡呢！”说完，不等同桌回应，就用肩膀碰了碰同桌一下，笑了笑，同桌也是笑着点点头，一切尽在不言中了。但不管怎么说，同学们带着这样的寒假活动回老家过年，在舟山过年的学生也都提前制作有关保护花草的精美卡片。最后，各班级准备活动需要的花草和桶、铲子等工具。

3. 让来自五湖四海的泥土“融”入班级的“小家庭中”

开学了，孩子们从五湖四海汇聚到海润这个大家庭中来，他们热烈讨论着过年的欢乐时光，还一起分享着自己家乡的泥土。有的学生说：“你家的泥土怎么是红色的呢，土不是灰褐色的吗？”有的学生说：“我们家乡的土都是红色的，直到来到定海我才知道泥土还有灰褐色的呢！”有的学生说：“我们家乡的土跟你们的都不一样，我们的是黑色的，还比你们的要细腻！听说黑泥土最有营养呢……”这位学生话还没说完，就有其他学生不同意了：“谁说的？是红泥土最有营养。好像还听到过什么红土地的……”学生们互相争论着、玩笑着，看看别人的泥土，还吹嘘自己家乡的泥土最有营养了。每个教室都洋溢着欢声笑语。最后在班主任的带领下，学生把各自从家乡带来的泥土倒入了班级的塑料桶里，一时间不同颜色、不同质地的泥土泾渭分明地待在塑料桶里。有的学生迫不及待地用手在塑料桶里搅了搅，不同颜色、不同质地的泥土都混合在一起，再也分不清到底是从哪里带来的泥土了。这样，不同的泥土先在班级里进行了“融和”，就像一个班级的学生一样，本来孩子们都是分散在祖国的四面八方，现在都聚集到了同一个班级里。

三、活动实施

2018年3月5日上午8：30，随着《运动员进行曲》的播放，海润学校举行了开学典礼。开学典礼上，大队辅导员宣读了播种活动方案，讲解了播种过程中的注意事项。随后校长宣布：海润学校“同撒家乡土，共育海润花”播种活动正式开始。接着，每班派出的学生代表带着自己亲手制作的小卡片，提着装满家乡土的塑料桶和铲子跟着班主任来到了自己班级的种植区里。

图2　孩子们开心地挖着小坑

在音乐声中，孩子们动手把花木箱里的杂草清理出来，他们认真地在自己班级的责任区里清除杂物，刨土松土。有的孩子没抢到铲子、小锄头等，就不顾脏乱徒手进行清理工作。老师们也跟学生一起劳动。这时候没有老师和学生的区别，只有一个个勤劳的小蜜蜂。等学生清理干净自己班级的花木箱后，手拿小锄头的学生就用小锄头在种植区里挖了一个坑（如图2），他们把土松了松，用小锄头把土块敲碎、整细。旁边的学生还在边上说“不够大不够大，继续挖”“你挖得不好，我来挖”等，有的学生还抢着去挖。老师在一旁看着，还一边说：“注意安全，小锄头使用要当心，不能争抢。”学生们精心地挖着坑，没工具的学生也用手帮助把坑挖得更深，把花木的家整理得更好一些。这时候，管理自己班级花木的学生就小心翼翼地把花木放到坑里，提着自己家乡土的学生们也围拢起来。他们互相帮助，一个扶一个埋，用家乡土埋下了一个个希望的“种子”，希望自己家乡的泥土能使海润的花儿们开得更艳，长得更好。等学生们都种好自己班级的花木后，提前准备好精美卡片的学生们就上前去，仔细观察着花木箱里的花木，有的还围着花木走了一圈，边走边观察，想要自己的小卡片挂着显眼点，又要和整个花木箱合为一体。选中所要挂的花木后，学生们细心地用早就准备好的小卡片上的彩带在花枝上认认真真地打了好几个结，又用手轻轻地拽了拽，小卡片牢牢地挂在花枝上，学生们笑开了颜。一个个心愿卡迎风招展，绽放活力。他们读着自己准备的有关保护花草之类的小心愿等，在心里默默许下了要好好照顾花木、使我们的花儿茁壮成长的愿望。而此时花坛中的花儿正像是海润学子，不断汲取海润知识，充盈自身，绽放出最灿烂的笑容。

活动在学生们的依依不舍中结束了。大家整理好自己班级的花木箱，把泥土整理平整，把花木箱的外面一圈擦得干干净净，又把拔掉的杂草放进了垃圾桶，拿来扫帚把地上洒落的碎泥土扫进垃圾桶，还把带来的铲子、小锄头和塑料桶等在洗手台那里洗得干干净净，整齐地把铲子和小锄头放进塑料桶里，交给了学校的后勤处。有一个学生看到花木箱的边缘木头处还有点泥渍，就拿来一块干净的抹布小心地轻拭着，直到看不到一丁点的泥渍为止。擦完后，又从左到右，从上到下检查了好几遍，直到看不出什么不干净的才离开。看着自己亲手种植的花木，还用了从遥远家乡带来的泥土，孩子们对自己班级的种植区有了一份责任感：要好好照顾自己的小花木。

图3　孩子们细心照料

播种活动的结束并不意味着这项活动已经结束。有学生主动认领花木，专人专管。种植只是一时，而养护却是长久的；要使花木长势良好，需要后期精心养护。放学时，等大家要做值日时，就有学生从教室的卫生角里拿出一个水壶，来到自来水龙头处，用水壶接了满满一壶水，双手提着水壶来到自己负责的花木箱旁，看看花儿的生长姿态，用水壶里的水给花儿浇水。浇完水后，放下水壶，看看有没有小草钻出来，如果有的话，学生们就把花木箱里面的杂草拔掉，使花木箱里的花儿开得更好！就这样，学生们每隔2～3天就要给自己班级的花木浇浇水、除除草（如图3）。对学生们来说，遗忘是常见的事情，但这件事情却是不需要老师提醒的，学生们记得非常清楚，即使有个别学生忘记了，还有其他学生给他们记着呢。因为这是他们亲自从家乡带来的泥土、亲自动手种植的花木，承载着学生们美好的心愿：愿花儿茁壮成长，愿自己和花儿一样！

四、活动效果和反思

“同撒家乡土，共育海润花”是我校开展德育活动的其中一项，也是根据我们海润学校的特色进行的。本次活动发布在学校的微信公众号里，社会反响良好。教育局网站也发布了我们这次活动的报道信息。虽然活动只有短短的半天，但象征意义巨大。学生们不辞辛苦从家乡带来了泥土，他们带的不仅是泥土，更是自己对舟山的憧憬、对定海这个第二故乡的想象、对海润这个大家庭的认可。当然学生们也得到了锻炼，受益匪浅：亲自松土挖坑，亲自动手种植花木，不仅增强了学生们的动手能力，还增加了责任感，对海润这个大家庭，有了更深的认识，为更好地融入舟山、走进定海打下基础。海润学校从自身的校情出发，开展这样的综合实践活动，也是给海润的学子们种下一个希望：海润学校必定会像园丁们一样，辛勤浇灌来自全国各个地方的学子，使他们在海润茁壮成长，为第二故乡——舟山定海贡献出一份力量。

教育是润物无声的，一次好的教育活动，不仅需要创新，还要符合本校的特色，更要有踏实稳健、周密细致的策划。“同撒家乡土，共育海润花”播种活动将会成为我们海润学校的传统特色活动，如何让活动更具有教育意义、更符合我校特色，这也是我们的任务。我们全校老师集思广益，除了全校性的活动，每个班级还要开展相应的后续活动，如主题班会、黑板报、手抄报、宣传画、我和花儿的系列故事等，不断完善，使我们的综合实践活动开展得越来越好。下一年的同一时段，我们的播种活动会再次展开，相信会比第一次更完美。

（作者：舟山市定海区海润学校　杨燕娜）